Zürcher Studien zum Verfahrensrecht

Herausgegeben im Auftrag der Juristischen Abteilung
der Universität Zürich
von W. J. Habscheid, R. Hauser, A. Kölz und H. U. Walder

Simon Andreas Trippel

Gemeindebeschwerde und Gemeinderekurs im Kanton Zürich

(§ 151 und 152 Gemeindegesetz)

Schulthess Polygraphischer Verlag
Zürich

Zürcher Studien zum Verfahrensrecht

Diese Reihe setzt zusammen mit den
Zürcher Studien zum öffentlichen Recht
Zürcher Studien zum Privatrecht
Zürcher Studien zum Strafrecht
Zürcher Studien zur Rechtsgeschichte
Zürcher Studien zur Rechts- und Staatsphilosophie
die Zürcher Beiträge zur Rechtswissenschaft fort.

Abdruck der
der Rechts- und staatswissenschaftlichen Fakultät
der Universität Zürich vorgelegten Dissertation

© Schulthess Polygraphischer Verlag AG, Zürich 1988
ISBN 3 7255 2630 3
Druck: Huber Druck AG, Entlebuch

Maja
und meinen Eltern

Ich danke Herrn Rechtsanwalt lic.iur. Hanspeter Brunner ganz herzlich für sein im Zusammenhang mit dieser Arbeit stets gezeigtes Interesse und seine moralische Unterstützung. Danken möchte ich auch Herrn lic.iur. Markus Notter für seine kritische Durchsicht des Manuskriptes.

Ferner bin ich Herrn lic.iur. Hansrudolf Thalmann, stv. Direktionssekretär der Direktion des Innern des Kantons Zürich; Herrn Dr. Markus Zingg, Bezirksratsschreiber des Bezirkes Zürich und Herrn lic.iur. Viktor Brun, stv. Bezirksratsschreiber, für die mir erteilten Auskünfte zu Dank verpflichtet.

Die Arbeit wurde im Januar 1988 abgeschlossen.

Richterswil im Januar 1988   Simon A.Trippel

INHALTSÜBERSICHT

Inhaltsübersicht	I
Inhaltsverzeichnis	II
Literatur- und Quellenverzeichnis	V
Abkürzungsverzeichnis	XIII
I. Teil Grundlagen	1
A. Einleitung	1
B. Begriffe	3
C. Übersicht über die geltende Regelung	29
D. Historische Entwicklung	43
II. Teil Verfahren	55
A. Einleitung	55
B. Beschwerdeverfahren	57
C. Rekursverfahren	108
Anhang	140

INHALTSVERZEICHNIS

Inhaltsübersicht	I
Inhaltsverzeichnis	II
Literatur- und Quellenverzeichnis	V
Abkürzungsverzeichnis	XIII

I. Teil Grundlagen	1
A. Einleitung	1
B. Begriffe	3
1. Allgemeine Begriffe des zürcherischen Gemeinderechts	3
a) Gemeinde	3
b) Gemeindearten	11
c) Gemeindeorgane, Gemeindebehörden und Gemeindeämter	15
d) Gemeindelegislative und Gemeindeexekutive	20
2. Spezielle Begriffe im Zusammenhang mit den Rechtsmittelmöglichkeiten des zürcherischen Gemeinderechts	21
a) Rechtsmittelbezeichnungen	21
(1) In der zürcherischen Verwaltungsrechtspflege im allgemeinen	21
(2) In der Gemeindegesetzgebung	23
b) Bezeichnung der Anfechtungsobjekte	26
(1) Gemäss § 19 VRG	26
(2) Gemäss § 151 und 152 GG	27
C. Übersicht über die geltende Regelung	29
1. Im Kanton Zürich	29
a) Auf Verfassungsstufe	29
b) Auf Gesetzesstufe	29
2. In den Kantonen St.Gallen, Aargau, Thurgau und Schaffhausen	31
a) Allgemeines	31
b) Anfechtungsobjekte und Rechtsmittelbezeichnungen	33
c) Rechtsmittelgründe	35
(1) Bei der Anfechtung von Verfügungen von Gemeindebehörden	35
(2) Bei der Anfechtung von Beschlüssen der Stimmberechtigten oder eines Gemeindeparlamentes	37
d) Legitimation	38
e) Rechtsmittelinstanzen	39
f) Verhältnis zu anderen kantonalen Rechtsmitteln	40
g) Abstrakte Normenkontrolle	41
h) Folgerungen	41
D. Historische Entwicklung der Rechtsmittelmöglichkeiten in der Gemeindegesetzgebung des Kantons Zürich	43
1. Die Zeit vor 1869	43
2. Die Zeit von 1869 bis 1926	48
3. Das Gemeindegesetz von 1926	49
4. Die Revision von 1983	53

II. Teil **Verfahren**	55
A. **Einleitung**	55
B. **Beschwerdeverfahren**	57
1. Zuständigkeit	57
a) Allgemeines	57
b) Gesetzliche Regelung	58
2. Anfechtungsobjekt	61
a) Allgemeines	61
b) Gesetzliche Regelung	63
(1) Beschlussform	63
(2) Inhalt	64
3. Verhältnis zu anderen Rechtsmitteln	66
a) Allgemeines	66
b) Aufsichtsbeschwerde	66
c) Allgemeine Verwaltungsrechtspflege	68
d) Gemeinderekurs	69
e) Wahl- und Abstimmungswesen	70
(1) Allgemeines	70
(2) Abgrenzung	71
f) Erziehungswesen	74
g) Kirchenwesen	75
h) Bau- und Planungswesen	75
i) Bürgerrechtserteilung	77
4. Beschwerdefähigkeit	78
a) Allgemeines	78
b) Gesetzliche Regelung	80
5. Beschwerdelegitimation	81
a) Allgemeines	81
b) Gesetzliche Regelung	82
6. Beschwerdefrist und Beschwerdeschrift	85
a) Allgemeines	85
b) Beschwerdefrist	85
c) Beschwerdeschrift	86
7. Beschwerdegründe	86
a) Allgemeines	86
b) Gesetzliche Regelung	88
(1) Rechtswidrigkeit	89
(2) Sachliche Gründe	90
(3) Verfahrensfehler	94
c) Kognition der Beschwerdeinstanz	96
8. Beschwerdeerledigung	97
a) Allgemeines	97
b) Wirkung der Beschwerde	97
c) Verfahren	98
d) Beschwerdeentscheid	99
(1) Bei materiellen Mängeln	100
(2) Bei formellen Mängeln	101
(3) Inhalt des Beschwerdeentscheides und Kostenfolgen	102
9. Weiterzug	103
a) Allgemeines	103
b) Gesetzliche Regelung	103
10. Vollstreckung	106

C. Rekursverfahren 108
   1. Zuständigkeit 108
   2. Anfechtungsobjekt 110
      a) Verfügungen und Entscheide 110
      b) Erlasse 112
      c) Nicht anfechtbare Beschlüsse 113
      d) Anordnende und erlassende Behörde 116
          (1) Oberste Gemeindebehörde 116
          (2) Amt 117
   3. Verhältnis zu anderen Rechtsmitteln 118
      a) Allgemeines 118
      b) Aufsichtsbeschwerde 119
      c) Verwaltungsrekurs 120
      d) andere im Gemeindegesetz vorgesehene Rechtsmittel 121
      e) Wahl- und Abstimmungswesen 122
      f) Erziehungs- und Kirchenwesen 123
      g) Bau- und Planungswesen 123
      h) Polizeiwesen 123
      i) Steuerwesen 124
      k) Zivilrechtspflege 124
   4. Rekursfähigkeit 125
   5. Rekurslegitimation 126
      a) Gegenüber Anordnungen 126
      b) Gegenüber Erlassen 128
   6. Rekursfrist und Rekursschrift 130
   7. Rekursgründe 130
   8. Rekurserledigung 133
      a) Wirkung des Rekurses 133
      b) Verfahren 133
      c) Rekursentscheid 134
          (1) Inhalt 134
          (2) Kosten- und Entschädigungsfolgen 134
          (3) Reformation, Kassation und Rückweisung 135
   9. Weiterzug 137
   10. Vollstreckung 139

Anhang mit Gesetzestexten 140

LITERATUR- UND QUELLENVERZEICHNIS

Wichtigere **RECHTSQUELLEN** ohne historische Gesetze:

Offizielle Sammlung der Gesetze, Beschlüsse und Verordnungen des Eidgenössischen Standes Zürich (**OS**), laufende Gesetzessammlung seit 1831, je mehrere Jahre in einem Band, heute Band 50 (seit 1987)

Sammelwerk der Zürcherischen Gesetzgebung, 3 Bände 1913/14, systematisch geordnete Sammlung der 1913/14 geltenden Erlasse

Zürcher Gesetzessammlung (**ZG**), 6 Bände und Registerband 1961/62, systematisch geordnete Sammlung der am 1. Januar 1961 in Kraft stehenden Erlasse

Zürcher Gesetzessammlung (**GS**), 7 Bände, das Register ist im Band 7 enthalten, systematisch geordnete Sammlung der am 1. Januar 1981 in Kraft stehenden Erlasse

Verfassung des eidgenössischen Standes Zürich (Kantonsverfassung) vom 18. April 1869 mit den bisherigen Änderungen (GS 101; zit. **KV**)

Gesetz über die Konflikte (Konfliktsgesetz) vom 23. Juni 1831 (GS 175.1)

Gesetz über die Bezirksverwaltung vom 10. März 1985 (OS 49, 369; zit. **Bezirksverwaltungsgesetz**)

Gesetz über das Gemeindewesen (Gemeindegesetz) vom 6. Juni 1926 (GS 131.1) mit Änderungen vom 14.6.1981, 4.9.1983, 23.9.1984 und 10.3.1985 (OS 48, 197; OS 48, 785; OS 49, 155; OS 49, 363; zit. **GG**)

Gesetz über den Rechtsschutz in Verwaltungssachen (Verwaltungsrechtspflegegesetz) vom 24. Mai 1959 (GS 175.2) mit Änderungen vom 14.6.1981, 19.6.1983, 2.12.1984, 10.3.1985 und 6.9.1987 (OS 48, 197; OS 48, 753; OS 49, 232; OS 49, 363; OS 50,221; zit. **VRG**)

Gesetz über die Wahlen und Abstimmungen (Wahlgesetz) vom 4. September 1983 (GS 161) mit Änderungen vom 23.9.1984, 10.3.1985 (OS 49, 155; OS 49, 406; zit. **WG**)

MATERIALIEN:

Entwurf eines Gesetzes des Regierungsrates betreffend das Gemeindewesen vom 4. Brachmonat (Juni) 1853, ABl. 1853, S. 267 ff. und 275 ff.

Entwurf eines Gesetzes der grossrätlichen Kommission an den Grossen Rat betreffend das Gemeindewesen, Beilage zum ABl 1854, S. 416

Geprüfter Entwurf eines Gesetzes des Grossen Rates betreffend das Gemeindewesen vom 18. April 1855, ABl 1855, S. 216 ff.

Weisung des Regierungsrates an den Grossen Rat zu dem Gesetzesentwurf betreffend das Gemeindewesen vom 12. Christmonat (Dezember) 1865, ABl 1865, S. 1983 ff.

Bericht der Kommission des Kantonsrates zum Gesetzesentwurf betreffend das Gemeindewesen vom 7. Brachmonat (Juni) 1874, ABl 1874, S. 1168 ff.

Bericht des Kantonsrates an das zürcherische Volk zum Gemeindegesetz vom 5. Mai 1875, ABl 1875, S. 924 ff.

Protokoll der Expertenkommission für das Gemeindegesetz 1926 (zit. **Prot. Expertenkommission GG**)

Antrag und Weisung des Regierungsrates an den Kantonsrat vom 22. September 1921 zur Totalrevision des Gemeindegesetzes, ABl 1921, S. 1007 ff. (zit. **Weisung RR Gemeindegesetz 1926**)

Antrag der Kommission des Kantonsrates vom 28. Februar 1923 zur Totalrevision des Gemeindegesetzes, ABl 1923, S. 387 ff.

Beleuchtender Bericht des Regierungsrates zur Abstimmung vom 6. Juni 1926 über das Gemeindegesetz, ABl 1926, S. 381 ff. (zit. **Bericht RR Gemeindegesetz 1926**)

Antrag und Weisung des Regierungsrates an den Kantonsrat vom 26. Mai 1982 zur Totalrevision des Wahlgesetzes, ABl 1982, S. 861 ff. (zit. **Weisung RR Wahlgesetz**)

Protokoll der Kommission des Kantonsrates zum Wahlgesetz 1983 (zit. **Kommissionsprotokoll WG**)

Protokoll der Redaktionskommission des Kantonsrates in der Legislaturperiode 1979-1983 (zit. **Prot. Redaktionskommission**)

Antrag der Kommission des Kantonsrates vom 27. Januar 1983 zur Totalrevision des Wahlgesetzes, ABl 1983, S. 293 ff.

Beleuchtender Bericht des Regierungsrates zur Abstimmung vom 4. September 1983 über das Wahlgesetz (zit. **Bericht RR Wahlgesetz**)

Protokoll des Kantonsrates (zit. **Prot. KR**), ab 1869

Protokoll des Grossen Rates (zit. **Prot. GR**), bis 1869

LITERATUR:

Aeppli Gion Felix, Formelles Übertretungsstrafrecht im Kanton Zürich, Zürcher Diss., Zürich 1971 (zit. **Aeppli Übertretung**)

Aeppli Hans, Das Zürcherische Gesetz über das Gemeindewesen (vom 6. Juni 1926), Zürich 1933 (zit. **Aeppli Gemeindegesetz**)

Aeppli Hans, Zur Revision des Gemeindegesetzes im Kanton Zürich, ZBl 20 (1919), S. 9-12, 17-18, 25-28, 33-37 (zit. **Aeppli Revision**)

Aeschlimann Arthur, Das Anfechtungsstreitverfahren im bernischen Verwaltungsrecht, Berner Diss., Bern 1979

VII

Auer Andreas, Die schweizerische Verfassungsgerichtsbarkeit, Basel/Frankfurt a.M. 1984

Baumann Andreas, Die Kompetenzordnung im aargauischen Gemeinderecht, Basler Diss., Veröffentlichungen zum aargauischen Recht, Band 35, Aarau/Frankfurt a.M. 1986

Baumgartner Urs L., Die Legitimation in der Verwaltungsrechtspflege des Kantons Aargau unter besonderer Berücksichtigung von § 38 Abs. 1 des Verwaltungsrechtspflegegesetzes, Zürcher Diss., Zürcher Studien zum Verfahrensrecht, Band 30, Zürich 1978

Bayerdörfer Manfred, Die Beschwerdevoraussetzungen nach baselstädischem Verwaltungsrecht, Basler Diss., Basel/Frankfurt a.M. 1984

Bernet Martin, Die Parteientschädigung in der schweizerischen Verwaltungsrechtspflege, Zürcher Diss., Zürcher Schriften zum Verfahrensrecht, Band 69, Zürich 1986

Bosshard Urs, Die Sondergerichte des Kantons Zürich, Zürcher Diss., Winterthur 1981

Bosshardt Oskar, Das Zürcherische Verwaltungsgericht, SJZ 57 (1961), S. 272 ff.

Bosshart Dieter Rudolf, Die Anfechtungsobjekte der allgemeinen Verwaltungsgerichtsbarkeit in Bund und Kantonen, Zürcher Diss., Zürich 1965 (zit. **Bosshart Anfechtungsobjekte**)

Bosshart Eduard, Zürcherische Verwaltungsrechtspflege, Kommentar zum Gesetz über den Rechtsschutz in Verwaltungssachen, Zürich 1960 (zit. **Bosshart Kommentar**)

Brühwiler Lukas, Zum Stand der freiburgischen Verwaltungs- und Staatsrechtspflege, ZBl 84 (1983), S. 473-494

Bütikofer Gottfried, Die Rechtssetzungsbefugnis der Gemeinde (Ein Beitrag zur Lehre von der Gemeindeautonomie unter besonderer Berücksichtigung des zürcherischen Rechts), Zürcher Diss., Zürich 1950

Direktion des Innern, Mustergemeindeordnung vom 31. März 1980, veröffentlicht in der Sammlung der Kreisschreiben der Direktion des Innern (zit. **MusterGO**)

Epprecht Edwin, Die ausserordentliche Gemeindeorganisation im Kanton Zürich, Zürcher Diss., Zürich 1938

Etter Christoph, Die Gewaltendifferenzierung in der zürcherischen Gemeinde (unter besonderer Berücksichtigung der Gemeinden mit ordentlicher Organisation und Organisation mit fakultativer Urnenabstimmung), Zürcher Diss., Zürich 1967

Fagagnini Hans Peter, Kanton und Gemeinden vor ihrer Erneuerung, Eine interdisziplinäre Studie über den inneren Aufbau des Kantons St.Gallen, St.Galler Diss., Bern 1974

Fehr Otto, Verwaltungsrechtspflege im Kanton Zürich, Zürcher Diss., Aarau 1941

Fleiner-Gerster Thomas, Grundzüge des allgemeinen und schweizerischen Verwaltungsrechts, unter Mitarbeit von Josef Zurkirchen, 2.A., Zürich 1980 (zit. **Fleiner**)

Geiger Willi, Die Gemeindeautonomie und ihr Schutz nach schweizerischem Recht, St.Galler Diss., Zürich/St.Gallen 1950

Giacometti Zaccaria, Allgemeine Lehren des rechtsstaatlichen Verwaltungsrechts (Allgemeines Verwaltungsrecht des Rechtsstaates), 1. Band, Zürich 1960 (zit. **Giacometti Verwaltungsrecht**)

Giacometti Zaccaria, Das Staatsrecht der schweizerischen Kantone, Zürich 1941 (zit. **Giacometti Staatsrecht**)

Glaus Pius, Konzeption der Gemeindeautonomie mit besonderer Darstellung der Autonomie der sanktgallischen Gemeinde, Zürcher Diss., Zürcher Studien zum öffentlichen Recht, Band 50, Zürich 1984

Grisel André, Traité de droit administratif, Volume I et II, Neuchâtel 1984

Grunsky Wolfgang, Grundlagen des Verfahrensrechts, 2.A., Bielefeld 1974

Guldener Max, Schweizerisches Zivilprozessrecht, 3.A., Zürich 1979

Gygi Fritz, Bundesverwaltungsrechtspflege, 3.A., Bern 1983 (zit. **Gygi Rechtspflege**)

Gygi Fritz, Verwaltungsrecht, Eine Einführung, Bern 1986 (zit. **Gygi Verwaltungsrecht**)

Gygi Fritz/Stucki Rudolf, Handkommentar zum bernischen Gesetz über die Verwaltungsrechtspflege, Bern 1961 (zit. **Gygi/Stucki**)

Häfelin Ulrich/Haller Walter, Schweizerisches Bundesstaatsrecht, Ein Grundriss, Zürich 1984 (zit. **Häfelin/Haller**)

Hagmann Werner E., Die st.gallische Verwaltungsrechtspflege und das Rechtsmittelverfahren vor dem Regierungsrat, Zürcher Diss., Zürcher Studien zum Verfahrensrecht, Band 41, Zürich 1979

Haller Sandra, Die Kognitionspraxis des aargauischen Verwaltungsgerichts, ZBl 84 (1983), S. 404 ff.

Hangartner Yvo, Grundzüge des schweizerischen Staatsrechts, Band I, Organisation, Zürich 1980 (zit. **Hangartner Staatsrecht**)

Hangartner Yvo, Neuere Entwicklungen der Gemeindeautonomie, ZBl 84 (1983), S. 521 ff. (zit. **Hangartner Gemeindeautonomie**)

Hangartner Yvo, Rechtsstellung der Gemeinden, in: Das neue st.gallische Gemeindegesetz, Veröffentlichungen des Schweizerischen Institutes für Verwaltungskurse der Hochschule St.Gallen, Neue Reihe Band 15, St.Gallen 1980, S. 25 ff. (zit. **Hangartner Gemeindegesetz**)

Haubensak Urs/Litschgi Peter/Stähelin Philipp, Kommentar zum Gesetz über die Verwaltungsrechtspflege des Kantons Thurgau, Schriftenreihe der Staatskanzlei des Kantons Thurgau, Nummer 1, Frauenfeld 1984

Heiniger Ernst, Der Gemeinderat, Zürcher Diss., Zürich 1957 (zit. **Heiniger Gemeinderat**)

Heiniger Thomas, Der Ausnahmeentscheid, Untersuchungen zur Ausnahmeermächtigung und Ausnahmebewilligung, Zürcher Diss., Zürich 1985 (zit. **Heiniger Ausnahmebewilligung**)

Hinderling Adrian, Die reformatorische Verwaltungsgerichtsbarkeit, Zürcher Diss., Winterthur 1957

Imboden Max/Rhinow René, Schweizerische Verwaltungsrechtssprechung, 2 Bände, 6.A., Basel/Stuttgart 1986 (zit. **Imboden/Rhinow**)

Jaag Tobias, Rechtssatz und Einzelakt, Zürich 1986

Jagmetti Riccardo, Die Stellung der Gemeinden, ZSR 91 (1972) II, S. 221 ff.

Jud Elmar Mario, Besonderheiten öffentlichrechtlicher Dienstverhältnisse nach schweizerischem Recht, insbesondere bei deren Beendigung aus nicht disziplinarischen Gründen, Freiburger Diss., St.Gallen 1975

Kälin Walter, Das Verfahren der staatsrechtlichen Beschwerde, Bern 1984

Keel Ruedi, Aufgaben der Gemeinden, Gemeindeautonomie, Staatsaufsicht, in: Das neue st.gallische Gemeindegesetz, Veröffentlichungen des Schweizerischen Institutes für Verwaltungskurse der Hochschule St.Gallen, Neue Reihe Band 15, St.Gallen 1980, S. 35 ff.

Keller Konrad, Probleme des zürcherischen Gemeinderechts, ZBl 69 (1968), S. 201 ff. und 225 ff.

Kilchenmann Jakob Daniel, Die bernische Gemeindebeschwerde, Berner Diss., Bern 1980

Kleiner Hans Carl, Schulgesetzgebung von Bund und Kanton Zürich, Zürich 1953

Knapp Blaise, Grundlagen des Verwaltungsrechts, Basel 1983

Kölz Alfred, Die Beschwerdebefugnis der Gemeinde in der Verwaltungsrechtspflege, ZBl 78 (1977), S. 97-124 (zit. **Kölz Beschwerdebefugnis**)

Kölz Alfred, Die Legitimation zur staatsrechtlichen Beschwerde und das subjektive öffentliche Recht, in: Mélanges André Grisel, Recueil de travaux offert à M.André Grisel, hrsg. von Jean-François Aubert und Philippe Bois, Neuchâtel 1983, S. 739 ff. (zit. **Kölz Legitimation**)

Kölz Alfred, Die Vertretung des öffentlichen Interesses in der Verwaltungsrechtspflege, ZBl 86 (1985), S. 49 ff. (zit. **Kölz Vertretung**)

Kölz Alfred, Kommentar zum Verwaltungsrechtspflegegesetz des Kantons Zürich, Zürich 1978 (zit. **Kölz Kommentar**)

Kölz Alfred, Prozessmaximen im schweizerischen Verwaltungsprozess, Zürcher Diss., Zürcher Schriften zum Verfahrensrecht, Band 4, 2.A., Zürich 1974 (zit. **Kölz Prozessmaximen**)

Kölz Alfred, Vollzug des Bundesverwaltungsrecht und Behördenbeschwerde, ZBl 76 (1975), S. 361 ff. (zit. **Kölz Behördenbeschwerde**)

Kölz Alfred/Häner Isabelle, Verwaltungsverfahren und Verwaltungsrechtspflege im Bund und im Kanton Zürich, Skriptum, Zürich 1984/87 (zit. **Kölz/Häner**)

Küchenhoff Günther/Küchenhoff Erich, Allgemeine Staatslehre, 8.A., Stuttgart etc. 1977 (zit. **Küchenhoff**)

Leber Martin, Die Beteiligten am Verwaltungsprozess, Recht 3 (1985), S. 22-29

Mahon Pascal, La décentralisation administrative, Etude de droit public français, allemand et suisse, Genève 1985

Marti Hans, Die staatsrechtliche Beschwerde, 4.A., Basel und Stuttgart 1979

Mettler Max, Das Zürcher Gemeindegesetz unter besonderer Berücksichtigung der Praxis systematisch dargestellt, nachgeführt von Hansrudolf Thalmann, 3.A., Wädenswil 1977 (zit. **Mettler/Thalmann**)

Mettler Max, Die zürcherische Gemeinde, in: Die direkte Gemeindedemokratie in der Schweiz, Eine Sammlung von Aufsätzen von verschiedenen Autoren, hrsg. vom Institut de science politique de l'Université de Lausanne, Zürich 1952

Moser Hans Peter, Die Rechtsmittelbefugnis in der zürcherischen Verwaltungsrechtspflege (Vernehmlassung des Verwaltungsgerichts), ZBl 83 (1982), S. 297 ff.

Müller Georg, Bundesverwaltungsrecht I, Dokumentation zur Vorlesung, Zürich 1985 (zit. **Müller Bundesverwaltungsrecht**)

Müller Georg, Legitimation und Kognition in der Verwaltungsrechtspflege, ZBl 83 (1982), S. 281 ff.

Nauer Wilhelm, Das Gemeindewesen des Kantons Zürich, Berner Diss., Zürich 1898

Noll Peter, Strafprozessrecht, Vorlesungsskriptum, Zürich 1976

Pfisterer Thomas, Die verfassungsrechtliche Stellung der aargauischen Gemeinden bei der Erfüllung der öffentlichen Aufgaben, Veröffentlichungen des Schweizerischen Institutes für Verwaltungskurse der Hochschule St.Gallen, Neue Reihe Band 19, St.Gallen 1983

Pfleghard Heinz, Regierung als Rechtsmittelinstanz, Zürcher Diss., Zürcher Studien zum öffentlichen Recht, Band 47, Zürich 1984

Rhinow René, Ermessen im Verwaltungsrecht, Recht 1 (1983), S. 89 ff.

Riemer Hans Michael, Die Einleitungsartikel des Schweizerischen Zivilgesetzbuches (Art. 1-10 ZGB), Eine Einführung, Bern/Zürich 1987

Rübel Eduard, Kirchengesetz und Kirchenordnung der Zürcher Landeskirche, Zürich 1968

Ruckstuhl François, Der Rechtsschutz im zürcherischen Planungs- und Baurecht, ZBl 86 (1985), S. 281 ff.

Rüesch Adrian, Tafeln zum st.gallischen kantonalen Recht, Band I, St.Gallen 1986

Saladin Peter, Das Verwaltungsverfahrensrecht des Bundes, Basel 1979

Schaffhauser René, Bibliographie zum schweizerischen Gemeinderecht 1900-1977, St.Galler Beiträge zum öffentlichen Recht, Band 10, St.Gallen 1980

Schenker Marcel, Das Recht der Gemeindeverbände, unter besonderer Berücksichtigung in den Kantonen Bern, Luzern, Nidwalden, Zug, St.Gallen, Graubünden, Aargau, Waadt, Neuenburg und Jura, St.Galler Diss., St.Galler Beiträge zum öffentlichen Recht, Band 17, St.Gallen 1986

Scherrer Josef, Die Demokratie in der ordentlichen Gemeindeorganisation des Kantons St.Gallen, Zürcher Diss., Zürich 1965

Schiesser Fridolin, Die akzessorische Prüfung, Ein Beitrag zur Lehre vom akzessorischen Prüfungsrecht unter besonderer Berücksichtigung der bundesgerichtlichen Rechtsprechung, Zürcher Diss., Zürcher Studien zum öffentlichen Recht, Band 45, Zürich 1982/84

Schmid Hans, Die rechtliche Stellung der römisch-katholischen Kirche im Kanton Zürich, Zürcher Diss., Zürich 1973

Schoch Claudia, Methode und Kriterien der Konkretisierung offener Normen durch die Verwaltung, Eine Untersuchung von Theorie und Praxis anhand ausgewählter durch die Bundesverwaltung zu erteilender wirtschaftspolitischen Bewilligungen, Zürcher Diss., Zürcher Studien zum öffentlichen Recht, Band 51, Zürich 1984

Schollenberger J., Grundriss des Staats- und Verwaltungsrechts der schweizerischen Kantone, 3 Bände, Zürich 1898-1900

Schwager Klaus, Die Verwaltungsrechtspflege im Kanton Thurgau, Zürcher Diss., Netstal 1967

Schwander Ivo, Zur Beschwerdebefugnis in den Verwaltungsverfahren und Verwaltungsgerichtsverfahren, ZBl 79 (1978), S. 469 ff.

Schwarzenbach Hans Rudolf, Grundriss des allgemeinen Verwaltungsrechts, 9.A., Bern 1983

Siedlungen und Gemeinden des Kantons Zürich, Ausgabe 1985, herausgegeben vom Statistischen Amt des Kantons Zürich, Statistische Mitteilungen des Kantons Zürich, Heft 114 Dritte Folge, Zürich 1985, (zit. **Siedlungsverzeichnis**)

Sommer Eduard, Fragen der Weiterentwicklung der zürcherischen Verwaltungsrechtspflege, ZBl 78 (1977), S. 145 ff.

Staatskalender des Kantons Zürich 1985/86, hrsg. von der Staatskanzlei des Kantons Zürich, Zürich 1985, S. 49 ff. (zit. **Staatskalender 1985/86**)

Steinmann Gerold, Die Unbestimmtheit verwaltungsrechtlicher Normen aus der Sicht von Vollzug und Rechtssetzung, Berner Diss., Bern 1982

Sträuli Hans, Verfassung des eidgenössischen Standes Zürich vom 18. April 1869, mit Anmerkungen und einer geschichtlichen Einleitung, Winterthur 1902

Sträuli Hans/Messmer Georg, Kommentar zur zürcherischen Zivilprozessordnung, 2.A., Zürich 1982 (zit. **Sträuli/Messmer**)

Strehler Rolf, Die Verwaltungsgerichtsbeschwerde im Kanton Thurgau, Zürcher Diss., Entlebuch 1987

Streiff Ullin, Die Gemeindeorganisation mit Urnenabstimmung im Kanton Zürich, Zürcher Diss., Zürich 1961

Stüssi Heinrich, Kommentar zum Gesetz betreffend das Gemeindewesen vom 27. Juni 1875, Mit den seitherigen Abänderungen und bezüglichen Entscheiden, Zürich 1889

Thürer Daniel, Bund und Gemeinden, Beiträge zum ausländischen öffentlichen Recht und Völkerrecht, Band 90, Berlin 1986 (zit. **Thürer Gemeinden**)

Thürer Daniel, Das Willkürverbot nach Art. 4 BV, Referat zum Juristentag 1987, ZSR 106 (1987) II, S. 413 ff. (zit. **Thürer Willkürverbot**)

Tinner Rolf Andreas, Finanzkontrolle in den Zürcher Gemeinden, Zürcher Diss., Zürcher Studien zum öffentlichen Recht, Band 42, Zürich 1983 (zit. **Tinner Finanzkontrolle**)

Tinner Rolf, Der Ausbau der Verwaltungsgerichtsbarkeit im Kanton Zürich, ZBl 58 (1957), S. 513 ff. (zit. **Tinner Ausbau**)

Ule Carl Hermann, Verwaltungsprozessrecht, 9.A., München 1987

von Werra Raphael, Handkommentar zum Walliser Verwaltungsverfahren, Bern 1967

Wädensweiler Jürg, Der Rechtsschutz im Planungs- und Baugesetz (PBG) des Kantons Zürich, Zürcher Diss., Zürcher Studien zum Verfahrensrecht, Band 74, Zürich 1987

Wartmann Thomas, Die Genehmigung kommunaler Erlasse durch kantonale Behörden nach aargauischem Recht, Zürcher Diss., Zürich 1974

Wettstein Walter, Die Gemeindegesetzgebung des Kantons Zürich, Kommentar, Zürich 1907

Winzenried Hans, Die Gemeindebeschwerde nach bernischem Recht, Berner Diss., Bern 1948

Wyss Thomas, Die dienstrechtliche Stellung des Volksschullehrers im Kanton Zürich, Zürcher Diss., Zürich 1986

Zimmerli Ulrich, Die neuere bundesgerichtliche Rechtsprechung zur Gemeindeautonomie, ZBl 73 (1972), S. 257 ff.

Zuppinger Ferdinand, Zürcher Steuergesetze, Textausgabe in zwei Bänden, 3.A., Zürich 1987 (zit. **Zuppinger I und II**)

ABKÜRZUNGSVERZEICHNIS

A.	Auflage
a.A.	anderer Ansicht
a.a.O.	am aufgeführten Ort
a.M.	anderer Meinung
ABl	Amtsblatt des Kantons Zürich (Zürich)
Abs.	Absatz
AGS	Aargauische Gesetzessammlung
AGVE	Aargauische Gerichts- und Verwaltungsentscheide (Aarau)
allg.	allgemein(en)
alt	alte Fassung
Art.	Artikel
BEZ	Baurechtsentscheide Kanton Zürich (Zürich)
BG	Bundesgesetz
BGE	Amtliche Sammlung der Entscheidungen des schweizerischen Bundesgerichtes
BRV	kantonale Bürgerrechtsverordnung
BRZ	Entscheid(e) des Bezirksrates Zürich
BV	Bundesverfassung der Schweizerischen Eidgenossenschaft
bzw.	beziehungsweise
E.	Erwägung
Einl.	Einleitung
f.	und folgend
ff.	und folgende
GBRR	Geschäftsbericht des Regierungsrates
GG	Gemeindegesetz
gl.A.	gleicher Ansicht
gl.M.	gleicher Meinung
GOG TG	Gemeindeorganisationsgesetz des Kantons Thurgau
GS	Zürcher Gesetzessammlung 1981
GVP	St.Gallische Gerichts- und Verwaltungspraxis (St.Gallen)
hrsg.	herausgegeben
i.V.m.	in Verbindung mit
insb.	insbesondere
KV	Kantonsverfassung des Kantons Zürich
m.E.	meines Erachtens
MusterGO	Mustergemeindeordnung der Direktion des Innern
N	Note
nGS	Gesetzessammlung des Kantons St.Gallen Neue Reihe
Nr.	Nummer
OG	Bundesgesetz über die Organisation der Bundesrechtspflege
OS	Offizielle Sammlung der Gesetze des Kantons Zürich
PBG	Planungs- und Baugesetz
Pra	Die Praxis des Bundesgerichts (Basel)
Prot.	Protokoll
RB	Rechenschaftsbericht des Verwaltungsgerichts
rev	revidierte Fassung
RR	Regierungsrat
RRB	Beschluss (Beschlüsse) des Regierungsrates
S.	Seite

sGS	systematische Gesetzessammlung des Kantons St.Gallen
SJZ	Schweizerische Juristen-Zeitung (Zürich)
spez.	speziell
SR	Systematische Sammlung des Bundesrechts
TVR	Thurgauische Verwaltungsrechtspflege (Frauenfeld)
u.a.	unter anderem
vgl.	vergleiche
Vorbem.	Vorbemerkung(en)
VRG	Verwaltungsrechtspflegegesetz
VRSchG SH	Gesetz über den Rechtsschutz in Verwaltungssachen des Kantons Schaffhausen
VStG	Gesetz betreffend die Streitigkeiten im Verwaltungsfache
VvVG	Bundesgesetz über das Verwaltungsverfahren
WG	Wahlgesetz
z.B.	zum Beispiel
ZBl	Schweizerisches Zentralblatt für Staats- und Gemeindeverwaltung (Zürich)
ZG	Zürcher Gesetzessammlung 1961/62
Ziff.	Ziffer
zit.	zitiert
ZR	Blätter für zürcherische Rechtsprechung (Zürich)
ZSR	Zeitschrift für Schweizerisches Recht (Basel)

I. Teil   Grundlagen

A. Einleitung

Gegenstand der vorliegenden Arbeit sind die in den § 151 und 152 des zürcherischen Gemeindegesetzes[1] geregelten Rechtsmittel der **Gemeindebeschwerde** und des **Gemeinderekurses**. Sie erlauben es, Beschlüsse einer Gemeindebehörde und eines Gemeindeparlamentes sowie Beschlüsse der Stimmberechtigten einer Gemeinde anzufechten.[2] Bei ihrer Behandlung treten vor allem zwei Schwierigkeiten auf. Es sind dies die verwirrende Begriffsvielfalt und die bis anhin geringe wissenschaftliche Behandlung des zürcherischen Gemeinderechts. Erstere äussert sich in der Verwendung von gleichen Begriffen mit verschiedenen Inhalten und dem Gebrauch verschiedener Begriffe mit gleicher oder ähnlicher Bedeutung. Die geringe wissenschaftliche Durchdringung zeigt sich neben der bestehenden Begriffsunsicherheit in der spärlichen Literatur zu den Rechtsmitteln des zürcherischen Gemeindegesetzes. Abgesehen von den Schriften, die sich mit der Gemeindeautonomie und der Gemeindeorganisation beschäftigen, wurde zum zürcherischen Gemeinderecht und seinen Rechtsmitteln bisher wenig veröffentlicht. Es kann dazu auf das Literaturverzeichnis verwiesen werden.

Eine weitere Schwierigkeit besteht darin, dass die erstinstanzlichen Beschwerde- und Rekursentscheide der Bezirksräte nicht veröffentlicht werden. Zudem wurde sogar die Publikation der wenigen bis 1981[3] im Geschäftsbericht des Regierungsrates abgedruckten, wichtigeren zweitinstanzlichen Rekurs-

---

[1] Gesetz über das Gemeindewesen (Gemeindegesetz) vom 6. Juni 1926 (GS 131.1; zit. GG) mit revidierten Rechtsmittelbestimmungen vom 4. September 1983 (OS 48, 785), in Kraft seit 1. Januar 1985 (OS 49, 140)

[2] zu den Begriffen siehe hinten S. 3 ff.

[3] vgl. GBRR 1981, S. 380 ff.

entscheide ab 1982[4] leider eingestellt.[5] Heute werden Entscheide des Regierungsrates nur noch vereinzelt im "**Zentralblatt für Staats- und Gemeindeverwaltung**" (ZBl), in den "**Blättern für Zürcherische Rechtsprechung**" (ZR) und in der seit 1981 erscheinenden Zeitschrift "**Baurechtsentscheide Kanton Zürich**" (BEZ)[6] veröffentlicht, was deren Auffinden erschwert und eine Auseinandersetzung mit ihnen weitgehend verunmöglicht.[7] Bereits vor der Einstellung der Publikation der Rechtsmittelentscheide im Geschäftsbericht des Regierungsrates wurde die zürcherische Veröffentlichungspraxis als unzureichend kritisiert und sie als "bestenfalls jener von Appenzell Innerrhoden ebenbürtig" bezeichnet.[8] Demgegenüber kennen andere Kantone übersichtliche Sammlungen auch von Regierungs- und Verwaltungsbehörden gefällten Entscheiden.[9]

Die vorliegende Darstellung gliedert sich in zwei Teile. Ausgehend von den vorgenannten Schwierigkeiten der Begriffsvielfalt und der geringen wissenschaftlichen Durchdringung des zürcherischen Gemeinderechts wird im ersten Teil zunächst eine Klärung der verwendeten Begriffe versucht. Dann wird die gesetzliche Regelung im Kanton Zürich derjenigen von vier anderen Kantonen gegenübergestellt und schliesslich wird auf die historische Entwicklung eingegangen. Der zweite Teil beinhaltet sodann die eigentliche, detaillierte Auseinandersetzung mit dem Beschwerde- und Rekursverfahren des zürcherischen Gemeindegesetzes.

---

[4] vgl. GBRR 1982, Inhaltsverzeichnis S. 503

[5] Gemäss mündlicher Auskunft der Direktion des Innern aus zwei Gründen; einerseits um den Umfang des Geschäftsberichtes des Regierungsrates nicht weiter anschwellen zu lassen und andererseits wegen des damit verbundenen Aufwandes. Eher seltsam berührt dann die weiterhin geübte Praxis des Regierungsrates, seine nicht für die Veröffentlichung bestimmten Entscheide in gepflegtem, einspaltigen Blocksatz setzen zu lassen.

[6] Erscheint seit 1981 und enthält Entscheide von Verwaltungsgericht, Regierungsrat und Baurekurskommissionen und wird vom Verein zürcherischer Gemeinderatsschreiber und Verwaltungsbeamter (VZGV) herausgegeben.

[7] Auf Gesuch hin konnte ich Einsicht in die Praxis des Bezirksrates Zürich sowie in gewisse Entscheide des Regierungsrates nehmen (siehe auch hinten S. 56).

[8] Pfleghard, S. 252 ff. und spez. S. 257 und 257

[9] vgl. z.B. die aargauischen Gerichts- und Verwaltungsentscheide (AGVE); die st.gallische Gerichts- und Verwaltungspraxis (GVP) und die thurgauische Verwaltungsrechtspflege (TVR)

B. Begriffe

Es ist hier auf gewisse Begriffe einzugehen, um über deren Verwendung Klarheit zu schaffen. Es geht dabei um Begriffe des zürcherischen Gemeinderechts, wie sie im Gemeindegesetz und in der dazu veröffentlichten Literatur und Rechtsprechung benutzt werden. Auf der einen Seite handelt es sich um **allgemeine Begriffe**, die oft verwendet und als bekannt vorausgesetzt werden, obwohl ihnen häufig ein eindeutiger Inhalt fehlt.[1] Daneben sind Begriffe anzuführen, die speziell im Zusammenhang mit den Rechtsmittelmöglichkeiten des Gemeindegesetzes geprägt wurden. Bei diesen spezielleren Begriffen geht es einerseits um die Benennung der verschiedenen **Rechtsmittel** und andererseits um die Bezeichnung ihrer **Anfechtungsobjekte**. Sie werden im folgenden zum besseren Verständnis zusammen mit den entsprechenden Begriffen des Verwaltungsrechtspflegegesetzes[2] dargestellt.[3]

1. Allgemeine Begriffe des zürcherischen Gemeinderechts

a) Gemeinde

Die Staatsorganisation von Bund und Kantonen wird neben anderen fundamentalen Grundsätzen wie beispielsweise der Volkssouveränität und der Gewaltenteilung durch das Prinzip der Dezentralisation geprägt.[4,5] Unter

---

1 vgl. nachstehend S. 3 ff.
2 Gesetz über den Rechtsschutz in Verwaltungssachen (Verwaltungsrechtspflegegesetz) vom 24. Mai 1959 (GS 175.2; zit. VRG)
3 vgl. nachstehend S. 21 ff.
4 vgl. Knapp, N 1372 ff.;
Hangartner Staatsrecht, S. 93 und 151 f.;
Jagmetti, S. 235
5 vgl. zur Dezentralisation in der Schweiz z.B.:
Mahon, S. 147 ff.;
Fleiner, § 42 N 8 ff.;
Giacometti Staatsrecht, S. 69 ff.;
Gygi Verwaltungsrecht, S. 46 ff.;
Knapp, N 1325 ff.;

Dezentralisation versteht man die Besorgung von staatlichen Aufgaben durch verschiedene innerstaatliche Hoheitsträger. Eine dezentralisierte Staatsorganisation liegt vor, wenn neben der zentralen Organisation des Staates rechtlich selbständige administrative und politische Einheiten bestehen.[6] Diesen innerstaatlichen Hoheitsträgern steht regelmässig eine gewisse Freiheit zu, die mit dem Begriff Autonomie bezeichnet wird.[7] Da es sich bei ihnen um Hoheitsträger handelt, die funktionell vor allem Verwaltungstätigkeiten ausüben, werden sie auch **Selbstverwaltungskörper** genannt.[8] Sie bilden zusammen mit der zentralen staatlichen Organisation die Staatsorganisation im weiteren Sinne.[9] Sie haben, verfassungsmässige Garantien vorbehalten, keinen Anspruch auf eine rechtliche Existenz. Ihre Rechtsstellung ergibt sich aus der entsprechenden Gesetzgebung, die ihre Organisation, Aufgaben und Autonomie regelt.[10]

Die Selbstverwaltungskörper können in drei Hauptkategorien unterteilt werden, in öffentlich-rechtlichen Körperschaften, Anstalten und Stiftungen. Von diesen drei Arten der Selbstverwaltungskörper interessieren hier die öffentlich-rechtlichen Körperschaften näher. Während öffentlich-rechtliche Stiftungen bestimmten öffentlichen Zwecken gewidmete Vermögensmassen und öffentlich-rechtliche Anstalten ebenfalls bestimmten öffentlichen Zwecken dienende Zusammenfassungen von sachlichen und persönlichen Mitteln darstellen, sind öffentlich-rechtliche Körperschaften mitgliedschaftlich organisiert.[11] Sie sind mit Rechtspersönlichkeit versehene, mitgliedschaftlich verfasste und mit Hoheitsgewalt ausgestattete Verwaltungsträger, denen gesetzlich die Besorgung von Verwaltungsaufgaben ganz oder teilweise übertragen ist.[12] Die **Gemeinde** ist eine

---

Schwarzenbach, S. 230;
Mettler/Thalmann, S. 45

[6] vgl. Knapp, N 1337 und 1347;
Hangartner Staatsrecht, S. 93 und 151

[7] vgl. Hangartner Staatsrecht, S. 151;
Knapp, N 1338 f.

[8] Giacometti Staatsrecht, S. 70;
Häfelin/Haller, N 172

[9] vgl. Hangartner Staatsrecht, S. 151

[10] vgl. Hangartner Staatsrecht, S. 152

[11] vgl. Gygi Verwaltungsrecht, S. 53 ff.;
Hangartner Staatsrecht, S. 151 f.
Schwarzenbach, S. 242 f.

[12] vgl. Fleiner, § 45 N 30 f.;
Gygi Verwaltungsrecht, S. 54;
Hangartner Staatsrecht, S. 151;

solche öffentlich-rechtliche Körperschaft.[13] Da sich ihr Herrschaftsbereich auf ein räumlich abgegrenztes Gebiet bezieht, wird sie auch als Gebietskörperschaft bezeichnet.[14,15] Die Gemeinde ist die unterste Stufe im schweizerischen Staatsaufbau und gilt als die staatsrechtlich und politisch wichtigste Erscheinungsform der Dezentralisation.[16] Sie ist als Körperschaft vom Staat mit Hoheitsgewalt ausgestattet. Dadurch kann sie Aufgaben selbständig besorgen, die ihr vom staatlichen Recht überlassen oder übertragen werden. Sie stellt dadurch eine der kantonalen Verwaltungsorganisation angegliederte, aber dezentralisierte Handlungseinheit dar.[17] Ihre Stellung erlaubt ihr eine eigenständige Aufgabenerfüllung und ermöglicht ihr in einem gewissen Umfang ein eigenverantwortliches Handeln. Sie kann deshalb einen selbständigen, vom Kanton unabhängigen, politischen Willen bilden und verwirklichen.[18] Die Gemeinde bildet damit als innerkantonaler Herrschaftsverband mit abgeleiteter Herrschaftsgewalt eine Teilordnung des kantonalen Rechts[19] und tritt in der juristischen Form einer demokratisch organisierten[20] kantonalrechtlichen Körperschaft auf.[21] Eine Besonderheit in der Stellung der Gemeinden besteht darin,

---

Müller Bundesverwaltungsrecht, S. 19

[13] Glaus, S. 10;
Fleiner, § 47 N 29;
Grisel, S. 249;
Hangartner Staatsrecht, S. 151;
Knapp, N 1376;
Mettler/Thalmann, S. 15

[14] vgl. Gygi Verwaltungsrecht, S. 45 f.;
Jagmetti, S. 246 f.;
Grisel, S. 249;
Knapp, N 1376;
Mettler/Thalmann, S. 16

[15] Gygi bezeichnet die Kirchgemeinden und Hangartner die Bürgergemeinden nicht als Gebiets-, sondern als Personalkörperschaften (Gygi Verwaltungsrecht, S. 68; Hangartner Staatsrecht, S. 151). Vgl. dazu auch hinten die Einteilung der Gemeinden in verschiedene Typen nach ihren Grundlagen und ihrem Zweck S. 11 Fussnote 54.

[16] vgl. Mahon, S. 174;
Baumann, S. 16;
Grisel, S. 248;
Hangartner Staatsrecht, S. 152

[17] Glaus, S. 22 ff.

[18] vgl. Geiger, S. 11

[19] Glaus, S. 6 und 8

[20] Glaus, S. 11 ff. mit weiteren Hinweisen;
Giacometti Staatsrecht, S. 70;
Hangartner Gemeindeautonomie, S. 522 und 529

[21] vgl. vorne S. 4 Fussnote 12

dass sie älter sind als der schweizerische Bundesstaat. Sie entstanden aus den mittelalterlichen Markgenossenschaften, die für die gemeinsame Bewirtschaftung des im gemeinsamen Eigentum stehenden Bodens sorgten. Im Verlaufe der Zeit übernahmen sie darüber hinaus lokale öffentliche Aufgaben. Mit der Entstehung des modernen Staates wurden den Gemeinden von diesem weitere Aufgaben zugewiesen. Die vom Staat übertragenen Aufgaben nahmen mit der Zeit immer mehr zu.[22] Die Gemeinden haben deshalb heute eine Doppelstellung. Sie wirken einerseits als herkömmliche Träger der Selbstverwaltung im lokalen Bereich und andererseits als **örtliche Vollzugsorgane**[23] der Kantone und des Bundes,[24] wobei sie unter kantonaler Aufsicht stehen.[25]

Soweit eine Gemeinde zuständig ist, innerhalb der Schranken der Verfassung und der Gesetze ihre Angelegenheiten selbständig zu ordnen, spricht man deshalb auch vom **eigenen Wirkungskreis** der Gemeinde. Demgegenüber umfasst der **übertragene** Wirkungskreis alle übrigen kommunalen Aufgaben, zu deren Erfüllung die Gemeinde vom Staat verpflichtet ist.[26] In der heutigen Doktrin

---

22 vgl. dazu Schollenberger Band I, S. 297 ff.;
Pfisterer, S. 10 ff.;
Fleiner, § 47 N 2 ff.;
Grisel, S. 252 f.;
Hangartner Staatsrecht, S. 152 f.;
Schwarzenbach, S. 240;
Mettler/Thalmann, S. 2

23 § 14 Abs. 2 GG spricht von "Vollziehungsorganen der Landesverwaltung".

24 Gygi Verwaltungsrecht, S. 47 und 69;
Hangartner Gemeindegesetz, S. 25;
Hangartner Staatsrecht, S. 153;
Etter, S. 17;
Keel, S. 36;
Mettler/Thalmann, S. 45 und 360 f.;
vgl. auch § 14 GG

25 vgl. Grisel, S. 249 und 272 ff.;
Gygi Verwaltungsrecht, S. 71;
Mettler/Thalmann, S. 359 ff.

26 Grisel, S. 258 ff.;
Jagmetti, S. 318. f.;
Fleiner, § 47 N 47 f.;
Schwarzenbach, S. 239 f.;
Gygi Verwaltungsrecht, S. 69;
Glaus, S. 67.;
Mettler/Thalmann, S. 46 ff.

Im zürcherischen Gemeindegesetz findet sich diese Unterscheidung in § 14 GG. Dort ist unter Absatz 1 festgehalten, dass die Gemeinden "ihre Angelegenheiten im Rahmen des übergeordneten Rechts selbständig" ordnen, während sie nach Absatz 2 "in Angelegenheiten allgemein öffentlicher

wird diese herkömmliche Unterscheidung wegen der ständig zunehmenden Verflechtung der verschiedenen Wirkungskreise als problematisch erachtet und deswegen teilweise abgelehnt.[27]

Vom eigenen und übertragenen Wirkungskreis ist nach heutiger Auffassung der **autonome** und der **nichtautonome** Bereich der Gemeinde zu unterscheiden.[28,29] Früher wurde der eigene Wirkungskreis dem autonomen Bereich und der übertragene Wirkungskreis dem nichtautonomen Bereich der Gemeinde gleichgesetzt.[30] Das trifft heute nicht mehr zu.[31] Bei der Frage nach dem eigenen oder übertragenen Wirkungskreis geht es um die Kompetenz der Gemeinde, ob sie eine bestimmte Aufgabe selbständig regeln darf oder nicht. Bei der Frage nach ihrer Autonomie geht es dagegen um das Ausmass ihrer Freiheit bei der Erledigung einer kommunalen Aufgabe, unbesehen davon, ob sie sich

---

Natur ... gemäss den besonderen Bestimmungen der eidgenössischen und kantonalen Gesetze und Verordnungen als Vollziehungsorgane der Landesverwaltung" dienen.

27 vgl. zum Problem der Unterscheidung des eigenen vom Übertragenen Wirkungskreises und zur Aufgabenverflechtung z.B.: Glaus, S. 67 f.;
Pfisterer, S. 19 f.;
Wartmann, S. 24 f.

28 vgl. im übrigen zur Gemeindeautonomie z.B.:
Pfisterer, S. 1 ff.;
Thürer Gemeinden, S. 261 ff.;
Glaus, S. 46-76;
Gygi Verwaltungsrecht, S. 69 f.;
Grisel, S. 260 ff.;
Hangartner Gemeindeautonomie, S. 521 ff.;
Hangartner Staatsrecht, S. 153 f.;
Schwarzenbach, S. 241 f.;
Bütikofer, S. 35 ff.;
Fagagnini, S. 27 ff.;
Zimmerli, S. 257 ff.;
Mettler/Thalmann, S. 49 ff.

29 Vgl. zur Rechtsprechung und den verschiedenen Lehrmeinungen bei der Abgrenzung zwischen dem autonomen und nichtautonomen Bereich der Gemeinden die Übersicht bei Glaus, S. 61-76

30 vgl. z.B. BGE 65 I 132; 83 I 123 sowie
Glaus, S. 73;
Hangartner Gemeindegesetz, S. 28;
Zimmerli, S. 259

31 vgl. z.B. BGE 93 Ia 160; 93 Ia 431 sowie
Gygi Verwaltungsrecht, S. 69 f.;
Schwarzenbach, S. 241;
Mettler/Thalmann, S. 49 (überholt S. 360)
Bei der Bestimmung des Autonomieumfanges erübrigt sich deshalb die Beibehaltung der Unterscheidung in einen eigenen und übertragenen Wirkungskreis (vgl. dazu Glaus, S. 29 und 94; Gygi Verwaltungsrecht, S. 69).

diese Aufgabe selber geben konnte oder sie ihr vom Kanton oder Bund übertragen wurde. Eine Gemeinde ist gemäss der bundesgerichtlichen Rechtsprechung dann in einem Sachbereich autonomen, wenn das kantonale Recht diesen Bereich nicht abschliessend regelt, sondern ihn ganz oder teilweise der Gemeinde zur Regelung überlässt und ihr dabei eine **relativ erhebliche Entscheidungsfreiheit** in der Gestaltung dieses Bereiches einräumt.[32] Demgegenüber ist eine Gemeinde im nichtautonomen Bereich tätig, wenn es ihr an der erwähnten erheblichen Entscheidungsfreiheit fehlt. Der Gemeinde wird damit im autonomen Bereich bei der Erfüllung ihrer Aufgaben im Verhältnis zum übergeordneten Kanton ein gewisses Mass an Unabhängigkeit gewährt.[33] Sie darf hier das ihr durch die Verfassung und die Gesetze eingeräumte Ermessen vielfach frei von einer kantonalen Ermessenskontrolle ausüben, oder zumindest dürfen die kantonalen Aufsichts- und Rechtsmittelinstanzen ihre Akte nur mit Zurückhaltung überprüfen. Soweit ihre Akte von einer Ermessenskontrolle frei sind, dürfen sie nur einer Rechtskontrolle unterworfen werden.[34,35,36] Diese der Gemeinde zustehende Unabhängigkeit wird mit dem Begriff **Gemeindeautonomie** bezeichnet und ist in allen kantonalen Verfassungen ausdrücklich oder stillschweigend verankert.[37]

---

[32] vgl. den Grundsatzentscheid BGE 93 I 160 sowie zur neueren bundesgerichtlichen Rechtsprechung zur Gemeindeautonomie: Pra 76 (1987) Nr. 18 und 19; ZBl 83 (1982), S. 322, 420 und 492; ZBl 77 (1978), S. 250 und 550; ZBl 78 (1977), S. 220; BGE 112 Ia 63; 111 Ia 284; 110 Ia 199; 109 Ia 328; 108 Ia 76; 108 Ia 86; 108 Ia 193; 108 Ib 238; 106 Ia 208; 104 Ia 44; 104 Ia 126; 104 Ia 138; 103 Ia 184; 103 Ia 320; 103 Ia 479; 102 Ia 161; 101 Ia 395; 100 Ia 84; 100 Ia 92; 100 Ia 203; 100 Ia 290

[33] Glaus, S. 47

[34] Pfisterer, S. 227 ff.;
Hangartner Gemeindeautonomie, S. 525 ff.;
Hangartner Gemeindegesetz, S. 30 f.;
Hangartner Staatsrecht, S. 153 f.;
Gygi Verwaltungsrecht, S. 70;
Schwarzenbach, S. 241 f.

[35] In der heutigen Lehre wird die strikte Trennung von Rechts- und Ermessenskontrolle als problematisch erachtet und weitgehend abgelehnt. De lege lata spielt sie jedoch eine Rolle. Dies gilt auch für das Gemeinderecht, wo diese Unterscheidung für die Umschreibung der Zuständigkeiten und der Überprüfungsbefugnis der jeweiligen Rechtsmittelinstanzen gesetzlich vorgesehen ist (vgl. dazu auch Pfisterer, S. 243 ff., 290 ff. und 360 ff., der die Auswirkungen der heutigen Auffassung auf das Gemeinderecht im Kanton Aargau untersucht, und Haller, S. 404 ff.).
Vgl. ferner zum Problem der Abgrenzung von Rechts- und Ermessenskontrolle z.B.: Müller Georg, Die Legitimation und Kognition in der Verwaltungsrechtspflege, ZBl 83 (1982), S. 289 f.; Rhinow René, Vom Ermessen im Verwaltungsrecht, Recht 1 (1983), S. 87 f.; Schoch Claudia, Methode und Kriterien der Konkretisierung offener Normen durch die Verwaltung, Zürcher Diss., Zürich 1984, S. 11 ff.; Steinmann Gerold, Die Unbestimmtheit verwaltungsrechtlicher Normen aus der Sicht von Vollzug und Rechtsetzung, Berner Diss., Bern 1982, S. 59 f. .

[36] vgl. zur Regelung im Kanton Zürich hinten S. 130 ff.

[37] vgl. Thürer Gemeinden, S. 264;

Die bundesgerichtliche Umschreibung der Gemeindeautonomie legt jedoch weder ihren materiellen Inhalt fest noch garantiert sie die Gemeindeautonomie als solche.[38] Sie muss vielmehr in jedem Einzelfall aufgrund der entsprechenden kantonalen Verfassung und Gesetzgebung näher bestimmt werden.[39] Erst eine Analyse der kantonalen Gesetzgebung im betreffenden Sachbereich ergibt, wieweit eine Gemeinde in Sinne der bundesgerichtlichen Praxis als autonom zu gelten hat. Trotzdem die Gemeindeautonomie nicht aus dem Bundesrecht abgeleitet werden kann, stellt dieses bemerkenswerterweise den Gemeinden mit der staatsrechtlichen Beschwerde ein Rechtsmittel zur Verfügung, mit dem sie sich auf Bundesebene gegen die Verletzung der ihnen aufgrund des kantonalen Rechts zustehenden Autonomie wehren können.[40]

Ist eine Gemeinde in einem Bereich autonom, so kann sie mit der staatsrechtlichen Beschwerde verlangen, dass die kantonalen Behörden in einem Rechtsmittel-, Aufsichts- oder Genehmigungsverfahren ihre Kognitionsbefugnis

---

Hangartner Staatsrecht, S. 153;
Hangartner Gemeindeautonomie, S. 523;
Giacometti Staatsrecht, S. 74;
Bütikofer, S. 37

[38] vgl. Thürer Gemeinden, S. 262-264;
Auer, N 348;
Häfelin/Haller, N 172;
Grisel, S. 261;
Hangartner Gemeindeautonomie, S. 523;
Glaus, S. 523

[39] vgl. Auer, N 298 und 348;
Fleiner, § 47 N 53;
Hangartner Gemeindeautonomie, S. 527 f.;
Baumann, S. 22;
Schenker, S. 16 f.:
Mettler/Thalmann, S. 49

Auch hier kann man sich fragen, ob nicht auch die Unterscheidung in autonomen und nichtautonomen Bereich besser fallengelassen werden sollte. Eine Gemeinde ist immer in dem Masse autonom, wie ihre Entscheidungsfreiheit nicht durch die Gesetzgebung beschränkt ist und ihr die entsprechende Sachkompetenz zusteht. Es geht deshalb immer um die quantitative Frage, wieviel Autonomie einer Gemeinde bei der Besorgung einer Aufgabe zukommt und nicht darum, ob die Gemeinde in diesem Bereich überhaupt autonom ist oder nicht (vgl. dazu Glaus, S. 29, 46-94 und speziell S. 94).

[40] Die gesetzlichen Grundlagen dafür finden sich in Art. 113 Abs. 1 Ziff. 3 der Bundesverfassung der Schweizerischen Eidgenossenschaft vom 29. Mai 1874 (SR 101; zit. BV) und den Art. 84 ff. des Bundesgesetzes über die Organisation der Bundesrechtspflege vom 16. Dezember 1943 (SR 173.110; zit. OG).
vgl. dazu Thürer Willkürverbot, S. 453 f.;
Glaus, S. 237;
Mettler/Thalmann, S. 56 f.

nicht überschreiten sowie dass sie bei der Anwendung der kommunalen, kantonalen oder bundesrechtlichen Normen, die den betreffenden Sachbereich ordnen, nicht gegen das Willkürverbot verstossen, oder soweit kantonales oder eidgenössisches Verfassungsrecht in Frage steht, dieses nicht falsch auslegen oder anwenden.[41]

Obwohl Autonomie eigentlich bloss Kompetenz zur selbständigen Rechtsetzung bedeutet,[42] bezieht sich die Gemeindeautonomie nach herrschender Rechtsprechung und Lehre neben der Rechtsetzung auch auf die Rechtsanwendung.[43,44]

Zusammenfassend ergibt sich, dass eine Gemeinde eine mit Rechtspersönlichkeit und Herrschaftsgewalt ausgestattete, demokratisch organisierte und über eine gewisse Autonomie verfügende, einer kantonalen Aufsicht unterworfene, öffentlich rechtliche Gebietskörperschaft eines Kantons,[45,46] oder kürzer ein innerkantonaler Herrschaftsverband auf territorialer Grundlage ist.[47]

Im Kanton Zürich finden die Gemeinden ihre gesetzliche Grundlage in

---

[41] Pra 76 (1987) Nr. 18 E. 2. und Nr. 19 E. 2.a; BGE 112 Ia 63; 111 Ia 132 E. 4 lit. a; 110 Ia 200 E. 2 lit. b

[42] Bütikofer, S. 38;
Glaus, S. 29;
Schenker, S. 15;
Keel, S. 35;
Mettler/Thalmann, S. 49

[43] vgl. z.B. ZBl 83 (1982), S. 322; ZBl 78 (1977), S. 220; BGE 104 Ia 44; 103 Ia 479; 100 Ia 203 und die vorne S. 8 in Fussnote 32 angegebenen Entscheide sowie
Gygi Verwaltungsrecht, S. 69;
Schenker, S. 4-7;
Mettler/Thalmann, S. 51

[44] In der vorliegenden Arbeit wird von einer weitergehenden Darstellung der Gemeindeautonomie abgesehen. Es wird dazu auf die im Literaturverzeichnis aufgeführten Schriften verwiesen.

[45] vgl. Fleiner, § 47 N 29;
Giacometti Staatsrecht, S. 71;
Grisel, S. 249;
Schenker, S. 4-7;
Bütikofer, S. 15-18;
Mettler/Thalmann, S. 13-16

[46] Eine etwas modifizierte Definition vertritt Glaus (Glaus, S. 45 sowie 1-14 und 31-45).

[47] vgl. Giacometti Staatsrecht, S. 71;
Glaus, S. 8 ff.;
Etter, S. 17;
Mettler/Thalmann, S. 16

der Kantonsverfassung[48] und im Gemeindegesetz.[49] Diese beiden Erlasse umschreiben den Begriff der Gemeinde allerdings nicht näher.[50] Aus der dort vorgenommenen Einteilung geht jedoch hervor, welchen innerkantonalen Herrschaftsverbänden der Kanton die rechtliche Eigenschaft von Gemeinden zuerkennt. Es sind dies die politischen Gemeinden, die evangelisch-reformierten und römisch-katholischen Kirchgemeinden, die Primar- und Oberstufenschulgemeinden, die Zivilgemeinden und die christ-katholische Kirchgemeinde Zürich.[51] Somit gibt es im Kanton Zürich grundsätzlich vier verschiedene Arten von Gemeinden, neben den politischen Gemeinden die Schul-, die Kirch- und die Zivilgemeinden.

b) Gemeindearten

Von den verschiedenen Gemeindearten ist im zürcherischen Gemeinderecht die **politische Gemeinde** die wichtigste.[52] Sie beruht auf territorialer Grundlage und verfolgt einen allgemeinen Zweck.[53,54] Sie ist für alle Aufgaben zuständig, die nicht kraft gesetzlicher Bestimmungen einer anderer Gemeinde zu-

---

[48] Verfassung des eidgenössischen Standes Zürich (Kantonsverfassung) vom 18. April 1869 (GS 101; zit. KV)
[49] vgl. vorne S. 1 Fussnote 1
[50] vgl. Art. 22, 47-55bis, 62-63 KV; § 1 ff. GG
[51] vgl. Art. 47 Abs. 1 und 2 KV und § 1 GG
[52] vgl. Giacometti Staatsrecht, S. 82;
Mettler/Thalmann, S. 18;
Tinner Finanzkontrolle, S. 16;
Etter, S. 16
[53] Giacometti Staatsrecht, S. 82;
Tinner Finanzkontrolle, S. 16;
Etter, S. 16
[54] Die verschiedenen Gemeindearten können nach ihrer Grundlage und ihrem Zweck in verschiedene Typen eingeteilt werden (vgl. Giacometti Staatsrecht, S. 81; Etter und Tinner sprechen bei den verschiedenen Gemeindetypen ebenfalls von Gemeindearten (vgl. Etter, S. 16; Tinner Finanzkontrolle S. 16)). Der Zweck einer Gemeinde kann allgemein oder speziell sein. Ihre Grundlage kann territorial, territorial und personell oder nur personell sein. Dementsprechend wären theoretisch sechs verschiedene Gemeindetypen möglich (vgl. Giacometti Staatsrecht, S. 81 f.; ähnlich Jagmetti, S. 268-273). Der Kanton Zürich kennt aber nur deren drei, nämlich Gemeinden auf territorialer Grundlage mit allgemeinem Zweck (politische Gemeinden) oder mit speziellem Zweck (Schul- und Zivilgemeinden) sowie Gemeinden auf territorialer und personeller Grundlage mit speziellem Zweck (Kirchgemeinden) (vgl. Giacometti Staatsrecht, S. 82-87; Tinner Finanzkontrolle, S. 16-21; Etter, S. 15 f.). Giacometti klassifiziert die Zivilgemeinden als Zwischentyp zwischen Gemeinden mit allgemeinem und speziellem Zweck (Giacometti Staatsrecht, S. 83).

fallen.[55] Zu ihren Aufgaben gehören u.a. das Bauwesen, die öffentlichen Dienste, das Steuerwesen, die öffentliche Fürsorge, das Vormundschaftswesen, die Ortspolizei, die Einwohnerkontrolle und das Zivilstandswesen, um ein paar wichtigere zu nennen.[56] Sie hat auch die sogenannten bürgerlichen Angelegenheiten[57] zu erledigen, wobei diese innerhalb der Gemeinde von der Bürgerschaft[58] und der bürgerlichen Abteilung des Gemeinderates[59] besorgt werden. Die ehemalige Bürgergemeinde ist im Kanton Zürich in der politischen Gemeinde aufgegangen und besteht als selbständige Gemeindeart nicht mehr.[60]

Wegen des allgemeinen Zwecks wird die politische Gemeinde auch **allgemeine Gemeinde**[61] und **Universalgemeinde**[62] oder auch bloss **Gemeinde**[63] genannt.[64] Es werden ihr die anderen Gemeindearten als **besondere Gemeinden**[65] oder als **Spezial-**[66] und **Sondergemeinden**[67] gegenübergestellt, da sie alle einen speziellen Zweck verfolgen.[68] Daneben existiert noch der Begriff der **Einheitsgemeinde**. Das ist eine Gemeindeart, bei der sämtliche Ge-

---

[55] Art. 53 KV und § 15 GG
[56] vgl. Tinner Finanzkontrolle, S. 16;
Mettler/Thalmann, S. 18 f.
[57] wie die Aufnahme in das Gemeindebürgerrecht und die Verwaltung der bürgerlichen Güter, sofern noch solche bestehen (§ 18 GG)
[58] bestehend aus der Gesamtheit der in einer politischen Gemeinde wohnhaften Gemeindebürger (§ 18 GG und § 12 Abs. 2 der Verordnung über das Gemeinde- und Kantonsbürgerrecht (kantonale Bürgerrechtsverordnung) vom 25. Oktober 1978 (GS 141.11; zit. BRV)
[59] bestehend aus den in der Gemeinde verbürgerten Mitgliedern des Gemeinderates (§ 78 Abs. 1 GG)
[60] Etter, S. 81 ff.;
Mettler/Thalmann, S. 13 und 19; je mit weiteren Hinweisen
[61] Giacometti Staatsrecht, S. 82;
Tinner Finanzkontrolle, S. 16;
Etter, S. 16
[62] Hangartner Staatsrecht, S. 153
[63] § 22 ff. GG
[64] In anderen Kantonen wird die politische Gemeinde auch mit **Einwohnergemeinde** bezeichnet (vgl. die Aufstellungen bei Grisel, S. 254 und Giacometti Staatsrecht, S. 82).
[65] Giacometti Staatsrecht, S. 82
[66] vgl. § 24 Abs. 2 des Gesetzes über die Wahlen und Abstimmungen (Wahlgesetz) vom 4. September 1983 (GS 161; zit. WG);
Tinner Finanzkontrolle, S. 16;
Etter, S. 16;
Mettler/Thalmann, S. 17
[67] Giacometti Staatsrecht, S. 86 f.
[68] vgl. Giacometti Staatsrecht, S. 82;
Etter, S. 16 ;
Mettler/Thalmann, S. 17

meindeaufgaben bei einer einzigen Gemeinde konzentriert sind.[69] Das zürcherische Gemeinderecht kennt keine Einheitsgemeinde.[70,71] Neben der politischen Gemeinde gehören noch die Kirch- und Schulgemeinden zur "regelmässigen Gemeindeeinteilung" nach Art. 47 Abs. 1 der Kantonsverfassung. Die nicht dazu gehörende christ-katholische Kirchgemeinde Zürich sowie die Zivilgemeinden werden deshalb auch als **ausserordentliche Gemeindearten** bezeichnet.[72]

Den **Schulgemeinden** "kommt die Obsorge für die allgemeine Volksschule zu".[73] Sie teilen sich auf in **Primarschulgemeinden** und in **Schulgemeinden der Oberstufe**, die auch **Oberstufenschulgemeinden** genannt werden.[74] Entsprechend ihren Namen sorgen sie für den Betrieb der Primarschule respektive der Oberstufenschule mit Sekundar-, Real- und Oberschule.[75] Daneben gibt es **vereinigte Schulgemeinden**, die aus dem Zusammenschluss von Primarschul- und Oberstufenschulgemeinden entstanden sind. Ferner existieren **mit der politischen Gemeinde verbundene Primarschulgemeinden** sowie **mit der politischen Gemeinde verbundene vereinigte Schulgemeinden**.[76] Die **Kirchgemeinden** "haben sich mit den kirchlichen Gemeindeangelegenheiten zu befassen".[77] Sie teilen sich auf in die **evangelisch-reformierten** und die **römisch-katholischen** Kirchgemeinden sowie in die **christkatholische Kirchgemeinde Zürich**.[78] Sie befassen sich ihrer Konfession entsprechend mit der Besorgung

---

69 Giacometti Staatsrecht, S. 86;
Grisel, S. 254 f.;
Haubensak/Litschgi/Stähelin, § 1 N 2;
Mettler/Thalmann, S. 16
70 Tinner Finanzkontrolle, S. 15;
Etter, S. 15;
Mettler/Thalmann, S. 16
71 Mettler/Thalmann verwenden den Ausdruck Einheitsgemeinde hingegen auch für die politische Gemeinde im Rahmen der ausserordentlichen Gemeindeorganisation mit Grossem Gemeinderat nach § 88a GG, wenn die Schul- und Zivilgemeinden mit dieser vereinigt sind (Mettler/Thalmann, S. 17 und 332).
72 Tinner Finanzkontrolle, S. 15;
Mettler/Thalmann, S. 17
73 Art. 52 Abs. 2 KV
74 vgl. Art. 52 Abs. 2 KV und § 1 Abs. 1 GG sowie Anhang zum GG
75 vgl. Mettler/Thalmann, S. 20
76 vgl. § 4 Abs. 1 GG sowie Anhang zum GG;
Mettler/Thalmann, S. 26
77 Art. 52 Abs. 1 KV
78 § 1 GG

von kirchlichen Gemeindeaufgaben.[79] Schliesslich gibt es noch die **Zivilgemeinden**, die "zur Besorgung besonderer und örtlicher Angelegenheiten innerhalb einer politischen Gemeinde" weiterbestehen können.[80] Sie sind mit speziellen Verwaltungsaufgaben betraut wie etwa dem Bau und Betrieb von Gas-, Wasser- und Elektrizitätswerken, Kanalisationen usw.[81]

Das zürcherische Gemeindegesetz verwendet nun aber den Begriff der Gemeinde nicht nur in dem Sinn, dass damit alle öffentlich-rechtlichen Körperschaften gemeint wären, denen der Gesetzgeber die rechtliche Eigenschaft von Gemeinden zuerkennt. Obwohl dies der häufigste Fall ist,[82] wird der Gemeindebegriff auch anders benutzt. So wird er verschiedentlich nur für die politische Gemeinde gebraucht.[83] Daneben verwendet das Gemeindegesetz den Begriff Gemeinde noch spezieller und meint damit lediglich ein Organ[84] der politischen Gemeinde im Rahmen der ausserordentlichen Gemeindeorganisation mit Grossem Gemeinderat,[85,86] nämlich die Gesamtheit der stimmberechtigten Schweizerbürger, die ihre Rechte an der Urne ausüben.[87] In ähnlichem Sinne verwendet es den Gemeindebegriff in den § 151 Abs. 1 und § 155 Abs. 1 GG. Hier ist von Beschlüssen des Grossen Gemeinderates und der Gemeinde die Rede. Die Beschlüsse der Gemeinde werden dort auch als Gemeindebeschlüsse bezeichnet.[88]

---

[79] vgl. für die evangelisch-reformierten Kirchgemeinden § 13 Abs. 1 des Gesetzes über die evangelisch-reformierte Landeskirche vom 7. Juli 1963 (GS 181.11).
[80] Art. 47 Abs. 2 KV
[81] vgl. Mettler/Thalmann, S. 23
[82] So vor allem im ersten Titel des GG (§ 1-19 GG), im vierten Titel I. und II. des GG (§ 14-83 GG mit Ausnahme von § 78 Abs. 1 GG, wo nur die politische Gemeinde gemeint ist) und im sechsten und siebten Titel des GG (§ 118-155 GG). Dies ergibt sich aus der Gesetzessystematik und aus dem Zweck der betreffenden Titel.
[83] So vor allem im zweiten und dritten Titel des GG (§ 20-39 GG); im vierten Titel III. des GG (§ 84-87 GG); sowie im fünften Titel lit. A des GG (§ 88-115b). Dies ergibt sich ebenfalls aus der Gesetzessystematik und aus dem Zweck der betreffenden Artikel.
[84] vgl. zum Organbegriff hinten S. 15 ff.
[85] vgl. im übrigen zur Gemeindeorganisation:
§ 40-117 GG;
Mettler/Thalmann, S. 93-336;
Streiff, S. 106 ff.;
Etter, S. 32 ff.;
Epprecht, S. 37 ff.
[86] Im zürcherischen Gemeinderecht wird ein Gemeindeparlament "Grosser Gemeinderat" genannt (vgl. den fünften Titel des GG, § 88 ff.).
[87] vgl. § 89 GG
[88] vgl. § 151 Abs. 1 Ziff. 1 GG

Mit Gemeinde ist in diesen Bestimmungen neben der Gesamtheit der Stimmberechtigten an der Urne auch diejenige in der Gemeindeversammlung gemeint und zwar in beiden Fällen sowohl in der ordentlichen als auch in der ausserordentlichen Gemeindeorganisation.[89] Die Kantonsverfassung spricht in diesem Zusammenhang in Art. 48 KV ebenfalls von Gemeindebeschlüssen; die Beschlüsse eines Gemeindeparlamentes sind hier im Gegensatz zum Gemeindegesetz nicht speziell erwähnt. Sie sind aber im Begriff "Gemeindebeschlüsse" mitenthalten, da Art. 48 KV zusammen mit Art. 55bis KV die verfassungsmässigen Grundlagen für die Zulassung von Gemeindeparlamenten und für die Anfechtbarkeit ihrer Beschlüsse bilden. Dass sie in Art. 48 KV nicht ausdrücklich aufgeführt sind, liegt daran, dass dieser Verfassungsartikel aus einer Zeit stammt, als es noch keine Gemeindeparlamente gab. Unter Gemeindebeschlüsse sind deshalb in Art. 48 KV neben den Beschlüssen der Stimmberechtigten einer Gemeinde auch diejenigen eines Gemeindeparlamentes zu verstehen. Das Gemeindegesetz und die Kantonsverfassung verwenden damit den Ausdruck Gemeinde in insgesamt fünf verschiedenen Bedeutungen. Welche jeweils zutrifft, ist deshalb im Einzelfall zu ermitteln. In der vorliegenden Arbeit wird er in der Regel nur für die Gesamtheit der Stimmberechtigten einer Gemeinde an der Urne oder in der Gemeindeversammlung benutzt.

c) Gemeindeorgane, Gemeindebehörden und Gemeindeämter

Die Gemeinde als öffentlich-rechtliche Körperschaft mit Rechtspersönlichkeit kann nur handeln, wenn natürliche Personen ihren Willen festlegen und zum Ausdruck bringen. Sie benötigt deshalb **Organe**, durch die sie ihren Willen bilden, handeln und sich direkt verpflichten kann.[90] Organe sind aus einer oder mehreren natürlichen Personen bestehende rechtliche Institutionen, die aufgrund von Rechtssätzen zur Begründung von Rechten und Pflichten und damit zur Ausübung von staatlicher Herrschaft für eine staatliche Institution berechtigt sind.[91] Während den Organen auch Befugnisse nach innen für die Willensbildung

---

[89] vgl. § 40 und 89 GG in Verbindung mit § 151 GG
sowie zu § 151 alt (= alte Fassung) GG:
Streiff, S. 228 f.;
Mettler/Thalmann, S. 383 (mit Verweis auf Streiff) und S. 388
[90] vgl. Knapp, N 1316
[91] vgl. zum Organbegriff:
Baumann, S. 5 ff.;
Giacometti Staatsrecht, S. 181 ff. und 271 f.;

einer staatlichen Institution zustehen, können die **Behörden** ihre Zuständigkeiten nur nach aussen wahrnehmen. Sie stellen daher eine gesonderte Kategorie von Organen dar, die enger gefasst ist. Behörden sind staatliche Exekutivorgane, die, ausgestattet mit selbständigen Verwaltungsbefugnissen, den Staat gegenüber den Privaten vertreten und Verfügungen erlassen.[92] In der schweizerischen Gesetzgebung und Literatur wird zwischen den Begriffen Organ und Behörde jedoch nicht immer klar unterschieden. Sie werden teilweise auch synonym verwendet.[93] Zudem wird der Behördenbegriff ausser im angeführten auch in einem weiteren Sinn verwendet, indem damit alle Staatsorgane ohne das Volk bezeichnet werden.[94] Daneben wird er auch nur für die Bezeichnung von Kollegialorganen benutzt[95] oder ganz generell für alle Staatsorgane überhaupt gebraucht.[96]

Die Kantonsverfassung verwendet im Zusammenhang mit den Bestimmungen über die Gemeinden in Art. 49 KV die Bezeichnung Organ als Oberbegriff für die Gemeindeversammlung, die Gemeindevorsteherschaft und die "übrigen Gemeindebehörden". Das Gemeindegesetz benutzt den Ausdruck Organ ebenfalls als Oberbegriff und bezeichnet damit ganz allgemein alle kommunalen Institutionen, die an der Willensbildung der Gemeinde teilhaben.[97] In diesem Sinne werden in der vorliegenden Arbeit zu den **Gemeindeorganen** neben allen Gemeindebehörden[98] die Gemeindeversammlung,[99] die "Ge-

---

Fleiner, § 45 N 16 ff.;
Gygi Verwaltungsrecht, S. 65;
Knapp, N 1316;
Küchenhoff, S. 116 f.

[92] vgl. Fleiner, § 45 N 14-15a;
vgl. im übrigen zum Behördenbegriff:
Gygi Verwaltungsrecht, S. 65;
Schwarzenbach, S. 232;
Baumann, S. 7 f.;
Mettler/Thalmann, S. 181 f.

[93] vgl. dazu Baumann, S. 5 ff. mit Verweisen auf die deutsche Literatur sowie Gygi Verwaltungsrecht, S. 65

[94] vgl. Hangartner Staatsrecht, S. 94

[95] vgl. Giacometti Staatsrecht, S. 272

[96] vgl. Gygi Verwaltungsrecht, S. 65

[97] vgl. § 40 ff. und 88 ff. sowie speziell § 40, 41 Abs. 1, § 55, 57, 68a und 105 Abs. 1 GG

[98] im Sinne der § 55 ff. und 110 ff. GG

[99] im Sinne der § 40 ff. GG

meinde"[100,101] und der Grosse Gemeinderat[102] gezählt. Zu beachten ist, dass es sich bei der Gemeindeversammlung und der Gemeinde nicht um zwei verschiedene Gemeindeorgane handelt. Die **Gemeindeversammlung** und die **Gemeinde** im hier verwendeten Sinne sind rechtlich identisch und stellen bloss zwei verschiedene Arten der Willensbildung des gleichen Organs dar, nämlich der **Gesamtheit der stimmberechtigten Schweizerbürger in einer Gemeinde**. Das eine Mal findet die Willensbildung in der Gemeindeversammlung statt und das andere Mal an der Urne.[103] Davon ist der **Grosse Gemeinderat** zu unterscheiden, der bei der ausserordentlichen Gemeindeorganisation mit Gemeindeparlament die Gemeindeversammlung ersetzt und deren Befugnisse übernimmt, soweit diese nicht den Stimmberechtigten an der Urne vorbehalten bleiben.[104,105]

Den Begriff der Behörde verwendet das Gemeindegesetz nicht eindeutig. In den Bestimmungen über die ordentliche Gemeindeorganisation stellt es die "Gemeindeversammlung" den "Gemeindebehörden" gegenüber.[106] Bei der Normierung der ausserordentlichen Gemeindeorganisation spricht das Gemeindegesetz jedoch von der "Gemeinde"[107] und dem "Grossen Gemeinderat" und setzt diesen beiden Organen die "übrigen Gemeindebehörden" gegenüber,[108] weshalb bei diesem Sprachgebrauch auch der Grosse Gemeinderat und die Gemeinde zu den Gemeindebehörden zu zählen wären. Im gleichen Sinne spricht § 151 Abs. 1 GG von der "Gemeinde"[109] sowie vom "Grossen Gemeinderat" und § 152

---

100 im Sinne der § 89 ff. und 116 f. GG
101 Hier wird der Begriff "Gemeinde" für die Gesamtheit der Stimmberechtigten verwendet. Vgl. zum Gemeindebegriff und seinen Bedeutungen vorne S. 14 f. .
102 im Sinne der § 101 ff. GG
103 vgl. § 40 und 89 GG sowie
Etter, S. 30 f.;
Streiff, S. 190;
Mettler/Thalmann, S. 96 f.
104 vgl. § 88 ff. GG sowie
Mettler/Thalmann, S. 93 ff., 289 und 314 ff.
105 Gemäss § 88b GG sind Gemeinden mit Grossem Gemeinderat berechtigt, für ihre Organe vom Gesetz abweichende Bezeichnungen einzuführen. So wird der Grosse Gemeinderat auch bloss **Gemeinderat** und der (kleine) Gemeinderat **Stadtrat** genannt (vgl. z.B. Art. 23 ff. und 48 ff. der Gemeindeordnung der Stadt Zürich vom 26. April 1970).
106 vgl. die Überschriften I. und II. im vierten Titel des GG vor den § 40 und 55
107 siehe vorne S. 17 Fussnote 101
108 vgl. die Überschriften II.-IV. unter lit. A. im fünften Titel des GG vor den § 89, 101 und 110 sowie § 89 GG
109 siehe vorne S. 17 Fussnote 101

GG von den "anderen Gemeindebehörden". Im folgenden werden in Übereinstimmung mit dem vierten Titel des Gemeindegesetzes mit dem Begriff **Gemeindebehörden** alle Gemeindeorgane ohne die Gemeindeversammlung, die Gemeinde[110] und der Grosse Gemeinderat bezeichnet, denen selbständige Verwaltungskompetenzen nach aussen zustehen und die über eigene Entscheidungskompetenzen verfügen.[111] Das sind einmal die vom Gesetz her zwingend vorgeschriebenen Behörden sowie die gesetzlich vorgesehenen, aber nicht obligatorischen, ständigen und nicht ständigen Behörden.[112] Zu den Gemeindebehörden gehören daher die Gemeindevorsteherschaft, die in der politischen Gemeinde Gemeinderat, in der Schul- und Kirchgemeinde Schul- respektive Kirchenpflege und in der Zivilgemeinde Zivilvorsteherschaft genannt wird.[113] Ferner zählen dazu die Fürsorgebehörde,[114] die Rechnungsprüfungskommission,[115,116] das Gemeindewahlbüro[117] sowie alle weiteren von der Gemeinde in den Organisationsformen des Gemeinderechts[118] oder aufgrund spezieller kantonaler Gesetzesbestimmungen geschaffenen kommunalen Behörden.[119] Nicht als Ge-

---

110 siehe vorne S. 17 Fussnote 101

111 im gleichen Sinne Mettler/Thalmann, S. 96, 181 f., 224 und 392 sowie
die Mustergemeindeordnung vom 31. März 1980 (zit. MusterGO), herausgegeben von der Direktion des Innern des Kantons Zürich und veröffentlicht in der Sammlung der Kreisschreiben der Direktion des Innern (vgl. Art. 3-13 und 14-71 MusterGO)

112 vgl. § 55, 56 und 57 Abs. 1, § 115a sowie 64 und 73-83a GG;
Mettler/Thalmann, S. 181

113 vgl. § 55-72, 73, 80, 81 und 83 GG

114 § 79 GG

115 § 83a GG

116 Die Rechnungsprüfungskommission hat in der ausserordentlichen Gemeindeorganisation mit Grossem Gemeinderat keine Behördenstellung, sondern ist ein vom Grossen Gemeinderat gewählter Ausschuss desselben (vgl. Tinner Finanzkontrolle S. 197; Mettler/Thalmann, S. 322).

117 § 24 Abs. 1 WG

118 Das Gemeindegesetz sieht als Organisationsformen für die Gemeindebehörden neben der Gemeindevorsteherschaft Kommissionen mit selbständigen Verwaltungsbefugnissen (§ 56 GG; vgl. als Beispiel dafür Art. 50-65 MusterGO) und Verwaltungsvorstände sowie Behördenausschüsse aus einem bzw. mehreren Behördemitgliedern vor (§ 57 Abs. 1 GG; vgl. als Beispiel dafür Art. 22, 41-47 MusterGO. Dazu kommen bei der ausserordentlichen Gemeindeorganisation mit Grossem Gemeinderat noch Beamte mit selbständigen Verwaltungsbefugnissen (§ 115a GG).

119 wie z.B. die Finanzkommission (vgl. Art. 41 f. MusterGO), die Baukommission (vgl. Art. 43 ff. MusterGO), die Vormundschaftsbehörde (vgl. Art. 46 f. MusterGO), die Gesundheitsbehörde (vgl. Art. 59 ff. MusterGO), die Werkkommission (vgl. Art. 63 ff. MusterGO), die Steuerkommission, die Feuerwehrkommission, der Polizeirichter, die ad hoc- und Spezialkommissionen (vgl. Art. 22 und 52 MusterGO)

Diese Behörden sind von den im Gemeindegesetz nicht geregelten blossen Hilfsorganen von Gemeindebehörden, wie z.B. beratenden Ausschüssen und Kommissionen (vgl. Art. 23 und 53 MusterGO, vgl. auch Art. 48 f. MusterGO für die Planungskommission und Art. 21 MusterGO für alle

meindebehörden können die von einem Gemeindeparlament gestützt auf § 105 GG gewählten Organe[120] gelten.[121,122]

Das Gemeindegesetz verwendet ferner in § 152 GG den Ausdruck Amt, ohne näher auszuführen, was es darunter versteht. Mit dem Begriff des Amtes wird in der Verwaltungsrechtslehre ein sachlich und örtlich abgegrenzter Kreis von staatlichen Geschäften bezeichnet, der einer Behörde oder einem Beamten zur Besorgung übertragen ist.[123] Unter Gemeindeamt sind deshalb grundsätzlich die in einer Gemeinde einer Gemeindebehörde oder einem Gemeindebeamten[124] übertragenen, in sachlich und örtlicher Hinsicht abgegrenzten staatlichen Geschäfte zu verstehen. Der Begriff "Amt" ist in einigen Gemeinden auch gebräuchlich für die Bezeichnung von Verwaltungsabteilungen mit einem Mitglied der Gemeindevorsteherschaft an der Spitze. In § 152 GG kommt demgegenüber dem **Amt** eine engere Bedeutung zu, worauf später genauer eingegangen wird. Es wird an dieser Stelle synonym zur Bezeichnung von

---

Verwaltungsabteilungen), zu unterscheiden, die zwar gleich heissen können, denen aber keine selbständigen Verwaltungskompetenzen zustehen und die deshalb nicht im eigenen Namen entscheiden können. Im übrigen sind die aufgezählten Kommissionen auch von den Kommissionen nach § 52 GG zu unterscheiden, die für die zusätzliche Begutachtung eines Geschäftes der Gemeindeversammlung gebildet werden können und ebenfalls keine Behörden, sondern Hilfsorgane der Gemeindeversammlung sind, ebenso wie die Vorsteherschaft in der Gemeindeversammlung nach § 46 Ziff. 2 GG (vgl. Mettler/Thalmann, S. 174, 179 ff. und 182). An gleich oder ähnlich lautenden Bezeichnungen, denen verwirrenderweise verschiedene Bedeutungen zukommen können, mangelt es im zürcherischen Gemeinderecht nicht.

[120] wie das Büro eines Gemeindeparlamentes, die Geschäftsprüfungskommission, die Rechnungsprüfungskommission sowie die weiteren vorberatenden Kommissionen (vgl. für letztere Keller, S. 229 unter Hinweis auf Giacometti)

[121] vgl. zur Rechnungsprüfungskommission vorne S. 18 Fussnote 116

[122] vgl. im übrigen zu den Gemeindebehörden und ihren Organisationsformen Mettler/Thalmann, S. 181 ff. und 332 ff. mit weiteren Hinweisen sowie als Beispiel für eine kommunale Behördenorganisation Art. 14 ff. MusterGO

[123] vgl. Fleiner, § 45 N 12 f.;
Gygi Verwaltungsrecht, S. 64 f.;
Schwarzenbach, S. 232 und 234;
Baumann, S. 8 f.;
Volkart, S. 106

[124] vgl. im übrigen zum Beamtenbegriff z.B.:
Jud, S. 37 ff.;
Gygi Verwaltungsrecht, S. 64;
Schwarzenbach, S. 232 und 234
Mit Gemeindebeamten werden in der vorliegenden Arbeit diejenigen Personen gemeint, die in ein Gemeindeamt zur Ausübung von Verwaltungsfunktionen gewählt oder ernannt werden und in einem öffentlich-rechtlichen Arbeitsverhältnis zur Gemeinde stehen.

Gemeindebehörden verwendet.[125]

d) Gemeindelegislative und Gemeindeexekutive

Zuweilen spricht man im zürcherischen Gemeinderecht auch von Gemeindeexekutive und -legislative.[126] Man meint dabei mit **Gemeindelegislative** die Gemeindeversammlung, das Gemeindeparlament und die Stimmberechtigten an der Urne. Mit **Gemeindeexekutive** werden die Gemeindebehörden und zwar in erster Linie die Gemeindevorsteherschaft bezeichnet.[127] Die Verwendung dieser Ausdrücke im Gemeinderecht ist jedoch etwas irreführend. Denn mit diesen beiden Begriffen bezeichnet man nach der klassischen Dreiteilung der Staatsfunktionen die Rechtsetzung und die Rechtsanwendung.[128] Der Gemeindelegislative kommt jedoch primär nicht nur Rechtsetzung und der Gemeindeexekutive nicht nur Rechtsanwendung zu. Im zürcherischen Gemeinderecht ist die klassische Aufteilung der Staatsfunktionen auf voneinander unabhängige Organe nicht verwirklicht. So sind der Gemeindelegislative neben der Rechtsetzung auch die wichtigsten Befugnisse auf dem Gebiete der kommunalen Verwaltung übertragen, während der Gemeindeexekutive neben der Rechtsanwendung auch der Erlass der kommunalen Polizeiverordnung zusteht, was einen der wichtigsten kommunalen Rechtsetzungsakte darstellt.[129]

---

[125] vgl. dazu hinten S. 117 f.
[126] vgl. z.B. Mettler/Thalmann, S. 96
[127] vgl. Mettler/Thalmann, S. 96 und 183
[128] vgl. z.B. Häfelin/Haller, N 607
[129] vgl. Etter, S. 72 ff.;
Heiniger Gemeinderat, S. 187 f.;
Mettler/Thalmann, S. 98 f.;
Scherrer, S. 33

2. Spezielle Begriffe im Zusammenhang mit den Rechtsmittelmöglichkeiten des zürcherischen Gemeinderechts

a) Rechtsmittelbezeichnungen

(1) In der zürcherischen Verwaltungsrechtspflege im allgemeinen

Im Kanton Zürich regelt das Verwaltungsrechtspflegegesetz[130] in den § 19 - 28 die verwaltungsinterne Verwaltungsrechtspflege und in den § 32 - 86 die verwaltungsexterne Verwaltungsrechtspflege durch das Verwaltungsgericht. Gemäss § 1 VRG sind für öffentlich-rechtliche Angelegenheiten grundsätzlich die Verwaltungsbehörden und das Verwaltungsgericht zuständig, während privatrechtliche Ansprüche von den Zivilgerichten zu beurteilen sind. In § 2 VRG werden jedoch als Ausnahme die Zivilgerichte auch für gewisse Verwaltungsstreitigkeiten zuständig erklärt, nämlich im Bereich der Haftungsklagen von Privaten gegen die Öffentlichkeit und deren Beamten sowie gegen Inhaber behördlicher Konzessionen, Bewilligungen und Patente.[131] Ferner bestehen für die Beurteilung von Streitigkeiten aus kantonalem oder aus Bundesrecht aufgrund spezieller Bestimmungen zahlreiche Rekurskommissionen, die als Spezialverwaltungsgerichte bestimmte Gebiete der Verwaltungstätigkeit kontrollieren.[132] Von der Behandlung der Begriffe in diesen beiden Ausnahmegebieten wird im folgenden abgesehen.

Das im VRG für das verwaltungsinterne Verfahren vorgesehene ordentliche Rechtsmittel wird als **Rekurs**[133] bezeichnet.[134] Zur Abgrenzung des

---

[130] Gesetz über den Rechtsschutz in Verwaltungssachen (Verwaltungsrechtspflegegesetz) vom 24. Mai 1959 (GS 175.2; zit. VRG)
[131] vgl. zur Abgrenzung der Zivil- von der Verwaltungsrechtspflege z.B.:
Habscheid, N 203 ff.;
Kölz Kommentar, § 1 N 1 ff.
[132] vgl. Bosshard, S. 99 ff.;
Kölz Kommentar, § 41 N 3;
Bosshart Kommentar, § 41 N 3;
Tinner Ausbau, S. 514;
Fehr, S. 245 ff
[133] Im Bund heisst das Gegenstück zum zürcherischen Verwaltungsrekurs (Verwaltungs-)**Beschwerde** (Art. 44 des Bundesgesetzes über das Verwaltungsverfahren (VwVG) vom 20. Dezember 1968; SR 172.021).
[134] § 19 Abs. 1 VRG

verwaltungsrechtlichen **Rekurses** nach den § 19 ff. VRG von Rekursen aufgrund anderer gesetzlicher Bestimmungen, hat sich auch die Bezeichnung **Verwaltungsrekurs** eingebürgert.[135] Daneben kennt der Kanton Zürich die **Einsprache**. Sie ist in einem Verwaltungsgebiet nur zulässig, soweit sie nach einem Spezialgesetz ausdrücklich vorgesehen ist; das VRG regelt sie nicht. Die Einsprache ist im Gegensatz zum Rekurs im allgemeinen an die gleiche Behörde zu richten, die entschieden hat, und geht einem allfälligen Rekursverfahren vor.[136] Einen Spezialfall einer Einsprache sehen die § 57 Abs. 2 und § 115a Abs. 2 GG vor. Gemäss diesen beiden Bestimmungen ist gegen Beschlüsse und Verfügungen von Behördenausschüssen und Verwaltungsvorständen einer Gemeinde Einsprache bei der Gesamtbehörde und gegen Verfügungen von Beamten mit selbständigen Verwaltungsbefugnissen Einsprache beim Gemeinderat anzubringen.[137]

Das ordentliche Rechtsmittel für die verwaltungsexterne Verwaltungsrechtspflege durch die Justiz wird im VRG **Beschwerde**[138] genannt.[139] Daneben werden auch die Ausdrücke **verwaltungsgerichtliche Beschwerde**[140] und **Verwaltungsgerichtsbeschwerde**[141] verwendet. Sie ist von der blossen **Aufsichtsbeschwerde** zu unterscheiden. Damit wird kein Rechtsmittel, sondern ein Rechtsbehelf bezeichnet. Es handelt sich um eine überall und jederzeit zulässige, formfreie Anzeige an eine Aufsichtsbehörde mit dem Zweck, das Verhalten einer unterstellten Behörde aufsichtsrechtlich überprüfen zu lassen.[142]

---

[135] vgl. Kölz Kommentar, § 21 N 73;
Kölz/Häner, S. 199;
Sommer, S. 146;
Mettler/Thalmann, S. 378

[136] vgl. Fehr, S. 260 ff.;
Kölz Kommentar, § 20 N 3 und 34 f. sowie
Giacometti Verwaltungsrecht, S. 476;
Schwarzenbach, S. 143

[137] vgl. dazu Mettler/Thalmann, S. 215 f.;
vgl. ferner zur Abgrenzung der Einsprache nach dem Gemeindegesetz vom Gemeinderekurs hinten S. 122

[138] Im Bund heisst das Gegenstück zur zürcherischen Beschwerde ans Verwaltungsgericht **Verwaltungsgerichtsbeschwerde** an das Bundesgericht (Art. 97 Abs. 1 des Bundesgesetzes über die Organisation der Bundesrechtspflege (OG) vom 16. Dezember 1943; SR 173.110).

[139] § 41 Abs. 1 VRG

[140] vgl. RB 1985, S. 10;
Kölz Kommentar, § 41 N 10 und 11;
Sommer, S. 148

[141] vgl. Kölz/Häner, S. 217

[142] Gygi Rechtspflege, S. 221 ff.;

Neben der Einsprache, dem Rekurs und der Beschwerde als ordentliche Rechtsmittel treten im zürcherischen Verwaltungsrechtspflegeverfahren die ausserordentlichen Rechtsmittel der **Revision** und der **Erläuterung**. Die Revision ermöglicht die Anfechtung formell rechtskräftiger Entscheide bei Vorliegen von besonderen Revisionsgründen. Mit der Erläuterung können Unklarheiten im Dispositiv eines Entscheides beseitigt werden.[143]

(2) In der Gemeindegesetzgebung

Im Gemeindegesetz wird das Rechtsmittel gegen Beschlüsse einer Gemeinde[144] und eines Gemeindeparlamentes **Beschwerde** genannt.[145] Das Rechtsmittel gegen Beschlüsse von Gemeindebehörden wird mit **Rekurs** bezeichnet.[146] Die Rechtsmittelbestimmungen im Gemeindegesetz wurden erst kürzlich revidiert.[147] Vor der Revision machte das Gemeindegesetz keinen Unterschied in der Bezeichnung dieser zwei Rechtsmittel. Es regelte beide unter dem Titel Rekursrecht.[148] Es wurde daher vor der Revision, um diese **gemeinderechtlichen Rekurse** vom **verwaltungsrechtlichen Rekurs** nach § 19 VRG zu unterscheiden, in der Literatur und Rechtsprechung der Ausdruck **Gemeinderekurs** geprägt.[149] Dieser Begriff wurde aber schon damals auch in einem engeren Sinne benutzt und, gleichzeitig wie in der heutigen gesetzlichen Regelung, bloss für den Rekurs gegen Beschlüsse von Gemeindebehörden verwendet.[150] Die heute vorhandene

---

Kölz Kommentar, § 20 N 63-79;
Kölz/Häner, S. 89 f.;
Saladin, S. 218 f.;
Fehr, S. 252. ff.

143 Vgl. § 67 VRG für die Revision gegen Entscheide des Verwaltungsgerichtes. Die Revision gegen Rekurs- und Einspracheentscheide sowie die Erläuterung sind im VRG nicht geregelt, sie werden jedoch von der Praxis zugelassen (vgl. dazu Kölz Kommentar, § 20 N 59-62 und § 85-87 sowie § 67 N 8-20 mit Nachweisen).

144 Hier wird der Begriff "Gemeinde" für die Gesamtheit der Stimmberechtigten verwendet. Vgl. zum Gemeindebegriff und seinen Bedeutungen vorne S. 14 f. .

145 § 151 Abs. 1 GG

146 § 152 GG

147 neue Fassung gemäss Wahlgesetz vom 4. September 1983 (OS 48, 785), in Kraft seit 1. Januar 1985 (OS 49, 140), frühere Fassung gemäss Gemeindegesetz vom 6. Juni 1926 (GS 131.1; zit. alt GG); vgl. zur Revision hinten S. 54

148 vgl. Randtitel lit. B zu den § 151 ff. alt GG

149 vgl. Mettler/Thalmann, S. 381;
Schwarzenbach, S. 137

150 vgl. Kölz/Häner, S. 199;
Sommer, S. 146;
unklar Kölz Kommentar, § 21 N 72 und 73; Er scheint den Ausdruck Gemeinderekurs eher im en-

Literatur zu den Rechtsmitteln des Gemeinderechts stammt überwiegend noch aus der Zeit vor der Revision. Wenn darin der Ausdruck Gemeinderekurs verwendet wird, kann das deshalb zweierlei bedeuten. Es kann entsprechend der heutigen Regelung der Rekurs gegen Beschlüsse von Gemeindebehörden gemeint sein.[151] Darüber hinaus kann damit aber auch zusätzlich der nach heutiger Terminologie Beschwerde genannte Rekurs gegen Gemeindebeschlüsse und Beschlüsse eines Gemeindeparlamentes gemeint sein.[152]

Da in der revidierten Gemeindegesetzgebung nur noch das Rechtsmittel gegen Beschlüsse von Gemeindebehörden Rekurs genannt wird, erscheint es der Klarheit wegen angebracht, den Ausdruck Gemeinderekurs ebenfalls nur noch in diesem engeren Zusammenhang zu verwenden. Entsprechend ist der alte Gemeinderekurs gegen Gemeindebeschlüsse und Beschlüsse eines Gemeindeparlamentes nach der geänderten Rechtsmittelbezeichnung des revidierten § 151 GG **Gemeindebeschwerde** zu nennen.

Man könnte sich fragen, ob die weitere Verwendung der Bezeichnung "Gemeinderekurs" nicht überflüssig geworden sei. Der revidierte § 152 GG verweist nämlich für den Gemeinderekurs auf den Rekurs gemäss Verwaltungsrechtspflegegesetz, weshalb eine weitere Unterscheidung dieser beiden Rekursarten nicht mehr notwendig erscheinen mag. Da sich aber die beiden Rekurse nach wie vor nicht völlig decken,[153] ist die weitere Verwendung des Begriffes Gemeinderekurs zur Abgrenzung vom Verwaltungsrekurs auch unter der revidierten Fassung des Gemeindegesetzes nötig.

Neben den herkömmlichen Begriffen des Gemeinde- und des Verwaltungsrekurses existieren die Bezeichnungen Amtsrekurs und Behördenbeschwerde. Mit **Behördenbeschwerde** wird in der Verwaltungsrechtspflege allgemein ein durch eine Behörde eingelegtes Rechtsmittel gemeint, sei es im verwaltungsinternen oder -externen Rechtspflegeverfahren.[154] Entsprechend der im

---

geren Sinne zu verwenden.
[151] in diesem Sinne Kölz/Häner und Sommer, a.a.O.
[152] in diesem Sinne Mettler/Thalmann und Schwarzenbach, a.a.O.
[153] vgl. dazu hinten S. 120 f.
[154] vgl. Gygi Rechtspflege, S. 163;
Kölz Beschwerdebefugnis, S. 121 ff.;
Kölz Kommentar, § 21 N 71;
Kölz/Häner, S. 119 ff., 165 f., 202 f. und 220

Kanton Zürich gebräuchlichen Rechtsmittelbezeichnung des Rekurses für das verwaltungsinterne Rechtspflegeverfahren könnte man in diesem Zusammenhang auch vom **Behördenrekurs** sprechen. Diese Bezeichnung wurde bis dahin offenbar nicht verwendet. Sie ist jedoch logisch und begrifflich klar.

Der Ausdruck **Amtsrekurs** wird im Gegensatz zur Behördenbeschwerde enger gebraucht und im Kanton Zürich nur im Gemeinderecht benutzt. Es wurde darunter vor der Gemeindegesetzrevision[155] der Rekurs verstanden, mit dem eine Gemeindebehörde einen Rekursentscheid des Bezirksrates in Gemeindesachen an den Regierungsrat weiterziehen konnte. Der Rekursentscheid des Bezirksrates konnte sowohl im Rekursverfahren gegen Beschlüsse der Gemeinde oder eines Gemeindeparlamentes als auch gegen eigene Beschlüsse der Gemeindebehörde ergangen sein. In beiden Fällen konnte die Gemeindebehörde den Rekursentscheid an den Regierungsrat weiterziehen.[156] Mit dem Ausdruck Amtsrekurs war demnach eine Weiterzugsmöglichkeit gegen einen erstinstanzlichen Rekursentscheid des Bezirksrates durch eine Gemeindebehörde in zwei verschiedenen Rechtsmittelverfahren gemeint. Zum einen handelte es sich um das Rekursverfahren gegen einen gemeindebehördlichen Beschluss nach § 152 alt GG und zum anderen um das Verfahren gegen einen Beschluss einer Gemeinde oder eines Gemeindeparlamentes nach § 151 alt GG.[157] Auch unter den revidierten Bestimmungen können Gemeindebehörden Beschlüsse der Gemeinde und des Gemeindeparlamentes anfechten.[158] Das Rechtsmittel heisst hier - wie schon erwähnt - nicht mehr Rekurs, sondern Beschwerde. Entsprechend muss bei einem Weiterzug durch die Gemeindebehörden klarerweise nicht mehr vom Amtsrekurs, sondern neu von **Amtsbeschwerde** gesprochen werden.[159] Was den Weiterzug von erstinstanzlichen Rekursentscheiden

---

[155] vgl. vorne S. 23 Fussnote 147
[156] § 155 Abs. 1 alt GG;
vgl dazu RB 1963, Nr. 11; 1966, Nr. 5;
Mettler/Thalmann, S. 382, 384 und 398;
Kölz Beschwerdebefugnis, S. 103;
Sommer, S. 146;
Heiniger Gemeinderat, S. 154;
Fehr, S. 292
[157] vgl. Mettler/Thalmann, S.384 hinsichtlich des Weiterzuges eines Rekursentscheides aufgrund § 151 alt GG und S. 398 hinsichtlich des Weiterzuges eines Rekursentscheides aufgrund § 152 alt GG
[158] § 151 Abs. 1 GG
[159] Mettler/Thalmann verwenden den Ausdruck Amtsbeschwerde für die Anfechtung von Rekursentscheiden des Regierungsrates durch die Gemeindebehörden am Verwaltungsgericht (Mettler/Thalmann, S. 382).

durch Gemeindebehörden in Rekursverfahren gegen eigene Beschlüsse betrifft, kann man weiterhin von Amtsrekurs sprechen.[160]

Bis anhin wurde, wie gezeigt, erst der Weiterzug eines erstinstanzlichen Rekursentscheides durch eine Gemeindebehörde als Amtsrekurs respektive neu als Amtsbeschwerde bezeichnet. Es liegt jedoch nahe, grundsätzlich immer von Amtsrekurs und Amtsbeschwerde zu sprechen, wenn eine Gemeindebehörde im Rahmen des Gemeinderechts rekurriert beziehungsweise Beschwerde führt, egal ob sie das erstinstanzlich oder erst zweitinstanzlich tut.[161] Die beiden Begriffe werden im folgenden in diesem Sinne verwendet. Dies entspricht auch der Terminologie bei der Behördenbeschwerde. Dort wird generell jede Rechtsmittelerhebung durch eine Behörde mit Behördenbeschwerde bezeichnet und nicht erst ein allfälliger Weiterzug durch eine solche.[162,163] Damit entspricht der Amtsrekurs einem Behördenrekurs und die Amtsbeschwerde einer Behördenbeschwerde mit der Besonderheit, dass sie in einem Rechtsmittelverfahren des Gemeindegesetzes erhoben werden.

b) Bezeichnung der Anfechtungsobjekte[164]

(1) Gemäss § 19 VRG

Das Verwaltungsrechtspflegegesetz bestimmt in § 19, dass im verwaltungsinternen Rechtspflegeverfahren **Anordnungen** einer unteren Verwaltungsbehörde an die obere Behörde weitergezogen werden können. Es enthält selbst keine Definition, was mit Anordnungen gemeint ist.[165] Unter Anordnungen

---

160 Inwieweit ein solcher nach der Revision überhaupt noch möglich ist, bildet Gegenstand späterer Ausführungen. Es fehlt nämlich in den revidierten Paragraphen über den Rechtsschutz im Gemeindegesetz eine dem § 155 Abs. 1 alt GG entsprechende Bestimmung, wonach Gemeindebehörden generell alle erstinstanzlichen Rekursentscheide weiterziehen können (vgl. § 155 Abs. 1 alt mit § 155 rev (= revidierte Fassung) GG).
161 In diesem Sinne offenbar schon Mettler/Thalmann für den alten Rekurs von Gemeindebehörden gegen Beschlüsse der Gemeinde und des Grossen Gemeinderates. Sie verweisen dort allerdings auf einen Verwaltungsgerichtsentscheid, der den Ausdruck Amtsrekurs im Zusammenhang mit dem Weiterzug eines Rekurses gegen eine Verfügung einer Gemeindebehörde im Sinne von § 152 alt GG verwendet (Mettler/Thalmann, S. 384 mit Verweis auf RB 1966 Nr. 12 = ZBl 69 (1968), S. 191 f.).
162 vgl. vorne S. 24 Fussnote 154
163 Dies gilt auch für den in der vorliegenden Arbeit vorgeschlagenen Begriff des "Behördenrekurses".
164 zum Begriff des Anfechtungsobjektes siehe hinten S. 61 ff.
165 vgl. § 19-28 VRG

im Sinne von § 19 VRG werden die erstinstanzlichen **Verfügungen** und die bei der Anfechtung solcher Verfügungen von den oberen Verwaltungsbehörden gefällten **Entscheide** verstanden.[166,167] Entgegen der im VRG gewählten Bezeichnung der Anordnung wird in der Schweiz seit einiger Zeit in der Regel für die erstinstanzlichen Verwaltungsakte der Ausdruck Verfügung und für die im Anfechtungsverfahren gesetzten Verwaltungsakte die Bezeichnung Entscheid verwendet.[168] Dieser Tendenz entsprechend werden im folgenden neben "Anordnung" auch "Verfügung" und "Entscheid" verwendet.[169]

(2) Gemäss § 151 und 152 GG

Die Gemeindebeschwerde des Gemeindegesetzes hat sich gegen **Beschlüsse**[170] zu richten, der Gemeinderekurs ist gegen **Anordnungen** und **Erlasse**[171] zu erheben.[172] Wie im VRG fehlt auch hier eine Legaldefinition der vom

---

[166] Kölz Kommentar, § 19 N 1 mit weiteren Hinweisen (Kölz verweist darauf, dass man beim Erlass des VRG mit dem Oberbegriff "Anordnung" die im zürcherischen Recht vorher gebräuchlichen Begriffe "Verfügung" und "Entscheidung" ersetzen wollte.);
Kölz/Häner, S. 198;
Bosshart Kommentar, Vorbem. zum zweiten Abschnitt N 3 und § 19 N 2;
vgl. zu den früheren Bezeichnungen des Anfechtungsobjektes im Verwaltungsrechtspflegeverfahren des Kantons Zürich vor dem Erlass des VRG Fehr, S. 273 f. mit weiteren Hinweisen

[167] Vgl. im Bund die Legaldefinition in Art. 5 VwVG für den Verfügungsbegriff, die ebenfalls den Ausdruck Anordnung verwendet, ihn aber genau umschreibt. Der Begriff Anordnung kann daher im Bund auch in einem weiteren Sinne verstanden werden als die Anordnung, die den Erfordernissen von Art. 5 VwVG entspricht und somit eine Verfügung darstellt. Eine solche Anordnung im weiteren Sinn fällt unter die Kategorie der Verwaltungsakte, die keine Verfügungen sind (vgl. zur Unterscheidung von Verwaltungsakt und Verfügung Knapp, N 479 ff.).

[168] vgl. z.B.: Art. 5 Abs. 1 und 2 VwVG;
Art. 32 Abs. 2 des Gesetzes des Kantons Bern vom 22. Oktober 1961 über die Verwaltungsrechtspflege;
Art. 5 und 41 des Gesetzes des Kantons Wallis vom 6. Oktober 1976 über das Verwaltungsverfahren und die Verwaltungsrechtspflege;
Gygi Rechtspflege, S. 127;
Fleiner, § 24 N 24;
Schwarzenbach, S. 137;
v.Werra, Vorbem. zu Art. 20-32 N 1;
Aeschlimann, S. 24 f.

[169] vgl. auch Kölz Kommentar, § 19 N 1

[170] § 151 GG und Art. 48 KV

[171] Die ersten beiden Ausgaben des revidierten Gemeindegesetzes durch die Staatskanzlei vom November 1984 und Dezember 1985 weisen in § 152 einen Druckfehler auf. Es ist dort nur von Anordnungen und "**Erlass**" die Rede (vgl. Gemeindegesetz und Verordnung über den Gemeindehaushalt, herausgegeben von der Staatskanzlei des Kantons Zürich, Fassung vom November 1984 und Dezember 1985). Die korrekte, von den Stimmbürgern angenommene Revisionsvorlage lautet in diesem Punkt entsprechend der Vorlage des Regierungsrates und des Kantonsrates auf Anordnungen

Gemeindegesetz verwendeten Bezeichnungen für das Anfechtungsobjekt.[173] Was sie im Einzelnen umfassen, wird später behandelt.[174]

Es bestehen neben den gesetzlichen keine besonderen durch Doktrin oder Judikatur geschaffene Bezeichnungen. Lediglich im Zusammenhang mit der Anfechtung von Anordnungen von Gemeindebehörden nach § 152 GG wird zuweilen auch genauer von deren **Verfügungen** gesprochen.[175] Im folgenden werden die gesetzlichen Ausdrücke verwendet. Zusätzlich wird als Oberbegriff für alle förmlichen Akte von Gemeindebehörden der Ausdruck **Beschlüsse** benutzt, wie es das Gemeindegesetz auch tut.[176] Dazu ist präzisierend festzuhalten, dass nicht alle derartigen Beschlüsse angefochten werden können. Wie aus dem Wortlaut von § 152 GG hervorgeht, müssen Beschlüsse von Gemeindebehörden "Anordnungen" oder "Erlasse" sein, damit sie als Anfechtungsobjekte des Gemeinderekurses in Frage kommen.

Die "Beschlüsse der Gemeinde und des Grossen Gemeinderates" werden mit dem Oberbegriff **Gemeindebeschlüsse** bezeichnet. Daneben werden sie auch genauer nach ihren Erzeugern **Gemeindebeschlüsse** (in der Bedeutung von Beschlüssen der Stimmberechtigten einer Gemeinde) und **Beschlüsse eines Gemeindeparlamentes** genannt.[177] Von Verfügungen wird nur gesprochen, wenn solche auch im Sinne von § 19 VRG vorliegen, was bei Beschlüssen der Gemeindebehörden nicht immer und bei Beschlüssen der Gemeindelegislative in der Regel nicht der Fall ist.[178]

Das zürcherische Verwaltungsrecht kennt nicht wie die zürcherische Zivil- und Strafrechtspflege die Unterscheidung eines Beschlusses als Akt einer Kollegialbehörde von einer Verfügung als Akt einer Einzelbehörde.[179]

---

und "**Erlasse**" (vgl. ABl 1983, S. 925; OS 48; 813).
[172] § 152 GG
[173] vgl. § 151-155 GG
[174] vgl. hinten S. 61 ff. und S. 110 ff.
[175] vgl. § 67 GG;
z.B. Mettler/Thalmann, S. 393
[176] vgl. § 68-68b GG
[177] vgl. im übrigen zu den Begriffen Gemeinde, Gemeindebehörden und Gemeindelegislative vorne S. 3-20
[178] vgl. dazu hinten S. 63 ff. und S. 110 ff.
[179] vgl. § 155 des Gerichtsverfassungsgesetzes vom 13. Juni 1976 (GS 211.1; zit. GVG)

C. Übersicht über die geltende Regelung

1. Im Kanton Zürich

a) Auf Verfassungsstufe

Auf Verfassungsstufe sind im Zusammenhang mit den Rechtsmitteln des zürcherischen Gemeinderechts die Bestimmungen der Art. 40 Ziff. 5, Art. 45 und 48 der Kantonsverfassung von Bedeutung. Art. 48 zweiter Satz KV hält fest, dass Gemeindebeschlüsse in sachlicher Hinsicht nur angefochten werden können, "wenn sie offenbar über die Zwecke der Gemeinde hinausgehen und zugleich eine erhebliche Belastung der Steuerpflichtigen zur Folge haben, oder wenn sie Rücksichten der Billigkeit in ungebührlicher Weise verletzen". In Art. 45 Abs. 1 KV wird die Entscheidungsbefugnis der Bezirksräte in öffentlich-rechtlichen Streitigkeiten festgehalten, soweit diese nach Gesetz nicht einer anderen Verwaltungsbehörde oder einem Gericht zusteht. Diese Verfassungsbestimmung findet ihren Niederschlag in § 10 Abs. 1 des Gesetzes über die Bezirksverwaltung,[1] wo die Zuständigkeit des Bezirksrates zur Entscheidung von Rechtsmitteln in Gemeindesachen unter dem Vorbehalt von besonderen Bestimmungen auf Gesetzesstufe festgehalten wird. Dem Regierungsrat ist nach Art. 40 Ziff. 5 KV der letztinstanzliche Entscheid in derartigen Streitigkeiten vorbehalten, soweit nicht eine Spezialbestimmung vorgeht. In den Art. 56 bis 59 der Kantonsverfassung sind Grundsätze der Rechtspflege niedergelegt. Sie beziehen sich von ihrem Wortlaut, Sinn und ihrer Stellung her auf die Rechtspflege durch die Justiz, weshalb sie keine Grundlagen für die verwaltungsinterne Rechtspflege abgeben.

b) Auf Gesetzesstufe

Die Rechtspflege gegenüber Akten auf kommunaler Ebene findet ihre

---

[1] Gesetz über die Bezirksverwaltung vom 10. März 1985 (OS 49, 369; zit. Bezirksverwaltungsgesetz)

direkte gesetzliche Regelung im Kanton Zürich in den § 151 und 152 des zürcherischen Gemeindegesetzes.[2] § 151 Abs. 1 GG regelt die Beschwerde gegen Gemeindebeschlüsse und Beschlüsse eines Gemeindeparlamentes. Sie kann von den Gemeindebehörden, von den Stimmberechtigten und von Personen mit rechtlichem Interesse erhoben werden. Sie ist in den, bereits in der Verfassung vorgesehenen, Fällen zulässig, die hier im Gemeindegesetz wörtlich wiederholt werden.[3] Daneben erlaubt das Gemeindegesetz die Beschwerde noch in weiteren Fällen. Gemeindebeschlüsse können auch angefochten werden, wenn sie gegen gesetzliche Bestimmungen verstossen, wobei gewisse Verfahrensfehler nur dann einen Beschwerdegrund bilden, wenn sie bereits in der dazu führenden Versammlung gerügt worden sind. Weiter können sie angefochten werden wegen Unregelmässigkeiten bei der Vorbereitung und Durchführung der zum Beschluss führenden Abstimmung und wegen Verletzung des Stimmrechts gemäss § 123 des Wahlgesetzes.[4] Schliesslich können noch die Beschlüsse eines Gemeindeparlamentes angefochten werden, die mit einem Beschluss der Gemeinde im Widerspruch stehen.

Für das Verfahren verweist der zweite Absatz von § 151 GG auf die § 128-133 des Wahlgesetzes. Dort finden sich Bestimmungen über die Beschwerdefrist, den Weiterzug, die Wirkung der Beschwerde, den Beschwerdeentscheid und die Kostentragung.[5] In § 133 verweist das Wahlgesetz seinerseits für das weitere Beschwerdeverfahren auf das VRG. In § 155 GG wird schliesslich der Weiterzug eines im Rechtsmittelverfahren aufgehobenen Beschlusses einer Gemeinde oder eines Gemeindeparlamentes durch diese selbst geregelt.

Gegen Anordnungen und Erlasse von Gemeindebehörden und Ämtern kann nach § 152 GG Rekurs gemäss Verwaltungsrechtspflegegesetz erhoben werden. Dieser Verweis auf das VRG bezieht sich auf dessen § 19 bis 28, welche die verwaltungsinterne Verwaltungsrechtspflege, den Verwaltungsrekurs regeln. Die erwähnten Paragraphen normieren die Rekursgründe, die formellen Voraus-

---

2   Die wichtigsten, heute geltenden Gesetze des Kantons Zürich sind im Literaturverzeichnis mit offizieller Bezeichnung, Erlassdatum, Fundort in den amtlichen Sammlungen sowie Kurzbezeichnung und Abkürzung nachgewiesen, weshalb bei diesen Gesetzen im weiteren Text ausser bei der ersten Erwähnung in der Regel auf diese Angaben verzichtet wird.
3   vgl. § 151 Abs. 1 GG mit Art. 48 KV
4   Gesetz über die Wahlen und Abstimmungen (Wahlgesetz) vom 4. September 1983 (OS 48, 785; zit. WG)
5   vgl. § 126-132 WG

setzungen einer Rekurserhebung und das Verfahren sowie die Rekurserledigung.[6] Obwohl im Gemeindegesetz nicht direkt auf die allgemeinen Vorschriften des VRG in den § 5 bis 18 verwiesen wird, gelten diese allgemeinen Vorschriften für das nichtstreitige auch für das streitige Verwaltungsverfahren.[7]

Der Gemeindebeschwerde und dem Gemeinderekurs werden weiter in § 153 GG abweichende Bestimmungen über besondere Gegenstände und Zuständigkeiten vorbehalten, wie sie im zürcherischen Verwaltungsrecht zahlreich vorkommen, so zum Beispiel in den wichtigen Gebieten des Steuer-[8] und des Planungs- und Baurechts[9] sowie im Erziehungs- und Kirchenwesen.[10,11]

2. In den Kantonen St.Gallen, Aargau, Thurgau und Schaffhausen

a) Allgemeines

Es werden hier die Rechtsmittelmöglichkeiten in den Gemeindegesetzen der Kantone St.Gallen, Aargau, Thurgau und Schaffhausen aufgezeigt und die verschiedenen kantonalen Lösungen den zürcherischen Bestimmungen gegenübergestellt. Obwohl in der vorliegenden Arbeit nur die zürcherische Regelung näher behandelt wird, erscheint an dieser Stelle eine solche rechtsvergleichende Übersicht zum besseren Verständnis der Problematik des Rechtsschutzes im kommunalen Bereich als angebracht. Sie zeigt, welche Fragen sich grundsätzlich stellen und wie sie andernorts positivrechtlich geregelt werden.

Während St.Gallen und Aargau über zwei moderne Gemeindegesetze aus den Jahren 1979[12] respektive 1978[13] verfügen, ist das thurgauische Ge-

---

6 vgl. § 19-28 VRG
7 Kölz Kommentar, Vorbem. zu § 4-31 N 2
8 vgl. § 89 ff. Steuergesetz (GS 631.1; OS 48, 479);
§ 41 ff. Erbschafts- und Schenkungssteuergesetz (GS 632.1)
9 vgl. § 329 ff. Planungs- und Baugesetz (GS 700.1)
10 vgl. dazu die Gesetzgebung über das Erziehungs- (GS 4 ff.) und das Kirchenwesen (GS 18 ff.)
11 vgl. zur Abgrenzung der speziellen Rechtsmittelverfahren vom Beschwerde- und Rekursverfahren des Gemeindegesetzes hinten S. 66 ff. und S. 118 ff.
12 Gemeindegesetz des Kantons St.Gallen vom 23. August 1979, in Kraft seit 1. Januar 1981, syste-

meindeorganisationsgesetz älter und stammt aus dem Jahre 1944, wobei der Titel über die Rechtsmittel 1981 dem damals neuen Gesetz über die Verwaltungsrechtspflege angepasst wurde.[14] Noch aus dem letzten Jahrhundert datiert das Gesetz über das Gemeindewesen des Kantons Schaffhausen, nämlich von 1892. Seine Rechtsmittelbestimmungen wurden 1971 beim Erlass des Gesetzes über den Rechtsschutz in Verwaltungssachen teilweise aufgehoben.[15] Die beiden neuen Gemeindegesetze von St.Gallen und Aargau verfügen in sieben Artikeln beziehungsweise acht Paragraphen und das revidierte Gemeindeorganisationsgesetz von Thurgau in zwei längeren Artikeln über relativ detaillierte Regelungen der Rechtsmittel. Sie verweisen alle in grösserem oder geringerem Umfange auf die entsprechende kantonale Verwaltungsrechtspflege und teilweise auch auf andere kantonale Gesetze. Hingegen finden sich im alten schaffhausischen Gemeindegesetz heute gerade noch zwei Artikel, die den Rechtsschutz auf Gemeindestufe eher dürftig normieren. Das zürcherische Gemeindegesetz gehört mit seinem Erlassdatum von 1926 zu den älteren Gemeindegesetzen. Allerdings wurde es ebenfalls erst kürzlich revidiert.[16] Trotz seines Alters waren seine Bestimmungen über die Rechtsmittel schon in ihrer ursprünglichen Fassung von einer ähnlichen Regelungsdichte wie in den neuen Gemeindegesetzen von St.Gallen und Aargau.[17]

Im Aargau und im Thurgau ist gleich wie im Kanton Zürich der Rechtsbehelf der Aufsichtsbeschwerde weder im Gemeindegesetz noch im Verwaltungsrechtspflegegesetz geregelt.[18] Demgegenüber normiert sie Schaffhausen im Gesetz über den Rechtsschutz in Verwaltungssachen,[19] während

---

matische Gesetzessammlung (sGS) des Kantons St.Gallen 152.2 (zit. GG SG)

[13] Gesetz des Kantons Aargau über die Einwohnergemeinden (Gemeindegesetz) vom 19. Dezember 1978, in Kraft seit. 1. Juli 1981, aargauische Gesetzessammlung (AGS) Band 10, S. 169 (zit. GG AG)

[14] Gesetz des Kantons Thurgau über die Organisation der Gemeinden (Gemeindeorganisationsgesetz) vom 4. April 1944, in Kraft seit 1. Januar 1946, Thurgauer Rechtsbuch 131 (zit. GOG TG)

[15] Gesetz über das Gemeindewesen für den Kanton Schaffhausen (Gemeindegesetz) vom 9. Juli 1892, in Kraft seit 1. November 1892, Schaffhauser Rechtsbuch 10 (zit. GG SH)

[16] vgl. dazu hinten S. 43 ff.

[17] vgl. zur Entstehung des zürcherischen Gemeindegesetzes von 1926 und seiner Revision von 1983 hinten S. 49 ff. und S. 53 f.

[18] vgl. Gesetz des Kantons Aargau über die Verwaltungsrechtspflege vom 9. Juli 1968, in Kraft getreten am 1. April 1968, AGS Band 7, S. 199 (zit. VRG AG);
Gesetz des Kantons Thurgau über die Verwaltungsrechtspflege vom 23. Februar 1981, in Kraft getreten am 1. Juni 1984, Thurgauer Rechtsbuch 170.1 (zit. VRG TG)

[19] Art. 31 des Gesetzes des Kantons Schaffhausen über den Rechtsschutz in Verwaltungssachen vom

St.Gallen sie sogar im Gemeindegesetz gesetzlich verankert hat.[20] Sie wird dort Anzeige genannt. In beiden Fällen hat der Einreicher einer Aufsichtsbeschwerde Anspruch auf eine Mitteilung der Aufsichtsbehörde,[21] womit sich die Aufsichtsbeschwerde in diesen beiden Kantonen einem Rechtsmittel annähert.

b) Anfechtungsobjekte und Rechtsmittelbezeichnungen

Wie in Zürich kennen St.Gallen und Aargau beim kommunalen Rechtsschutz eine Aufspaltung des Rechtsmittelweges je nach der Art des Anfechtungsobjektes. Handelt es sich um Verfügungen von Gemeindebehörden, richten sich die Rechtsmittel nach den Bestimmungen des Verwaltungsrechtspflegegesetzes. Geht es um Beschlüsse der Stimmberechtigten einer Gemeinde oder eines Gemeindeparlamentes, kommen die eigentlichen Gemeinderechtsmittel zum Tragen. Im Thurgau und in Schaffhausen fehlt diese Aufspaltung. Dort wird nicht nach der Art des Anfechtungsobjektes unterschieden.

Das st.gallische Gemeindegesetz bestimmt, dass sich "der Rechtsschutz in Verwaltungsstreitsachen nach den Vorschriften des Gesetzes über die Verwaltungsrechtspflege" richtet.[22] Dort ist gegen "Verfügungen unterer Instanzen einer öffentlich-rechtlichen Körperschaft" und gegen "Verfügungen und Entscheide der obersten Verwaltungsbehörde einer öffentlich-rechtlichen Körperschaft" Rekurs zulässig.[23] Gegen Beschlüsse der "Bürgerschaft" oder eines Gemeindeparlamentes ist hingegen Beschwerde gemäss Gemeindegesetz zu erheben. Das st.gallische Gemeindegesetz kennt gleich vier verschiedene Gemeindebeschwerden, nämlich die "Kassationsbeschwerde wegen Rechtswidrig-

---

20. September 1971, in Kraft getreten am 12. Dezember 1971, Schaffhauser Rechtsbuch 381 (zit. VRSchG SH)

[20] vgl. Gesetz des Kantons St.Gallen über die Verwaltungsrechtspflege vom 16. Mai 1965, sGS 951.1 (zit. VRG SG) und Art. 241 GG SG;
vgl. im übrigen zu den Rechtsmitteln des st.gallischen Gemeinderechts:
Glaus, S. 222 ff.;
Rüesch, Tafeln 7h-i;
Hangartner Gemeindegesetz, S. 31 f.;
Keel, S. 47 f.

[21] Art. 31 VRSchG SH;
Art. 241 Abs. 2 GG SG

[22] Art. 242 GG SG

[23] vgl. Art. 40 und 43 Abs. 1 VRG SG

keit", die "Kassationsbeschwerde wegen Verfahrensmängeln", die "Minderheitsbeschwerde" sowie als Spezialfall eine Autonomiebeschwerde. Die Kassationsbeschwerde wegen Rechtswidrigkeit ist gegen "Beschlüsse der Bürgerschaft sowie referendumspflichtige Beschlüsse" eines Gemeindeparlamentes gegeben.[24] Mit der Kassationsbeschwerde wegen Verfahrensmängel sind dagegen nur "Beschlüsse der Bürgerschaft" anfechtbar.[25] Beschlüsse "der Bürgerschaft oder des Parlamentes" können zudem mit der Minderheitsbeschwerde angegriffen werden.[26] Die Autonomiebeschwerde richtet sich im Unterschied zu den drei anderen Gemeindebeschwerden nicht gegen Beschlüsse der Gemeinde oder eines Gemeindeparlamentes, sondern gegen "aufsichtsrechtliche Massnahmen" der Aufsichtsbehörden.[27] Im Aargau ist gegen "Verfügungen und Entscheide der Organe von Gemeinden" gleich wie in Zürich und St.Gallen Verwaltungsrekurs zu erheben, der dort "Verwaltungsbeschwerde" genannt wird.[28] "Allgemeinverbindliche Erlasse von Gemeinden ... sowie Verwaltungsakte, die nicht in persönliche Verhältnisse eingreifen", sind hingegen mit der "Gemeindebeschwerde" anzufechten.[29] Im Gegensatz dazu ist im Thurgau - wie bereits erwähnt - sowohl gegen "die durch die Gesamtheit an der Gemeindeversammlung oder durch Urnenabstimmung gefassten Beschlüsse" als auch "gegen Entscheide der Gemeindebehörden mit selbständigen Entscheidungsbefugnissen" Rekurs zu erheben, wobei sich das Verfahren nach den Bestimmungen des Gesetzes über die Verwaltungsrechtspflege richtet.[30] Ähnlich zeigt sich die gesetzliche Lage in Schaffhausen, wo gegen "alle Beschlüsse und Verfügungen der Einwohner- und Bürgergemeinden, der Einwohner- und Bürgerausschüsse, der Gemeinderäte als Verwaltungsbehörden und der Bürgerräte ... das Rekursrecht ... gewährleistet" ist.[31] Verfahrensbestimmungen fehlen dazu im Gemeindegesetz und es wird auch nicht auf andere Gesetze verwiesen. Es kommen jedoch auch dort die Bestimmungen der allgemeinen Verwaltungsrechtspflege zum Zuge.[32]

---

[24] Art. 243 GG SG
[25] Art. 244 GG SG
[26] Art. 245 GG SG
[27] Art. 247 GG SG
[28] § 105 GG AG
[29] § 106 GG AG
[30] § 47 Abs. 1 und 2 sowie § 48 GOG TG
[31] Art. 209 GG SH
[32] vgl. Art. 1 VRSchG SH

c) Rechtsmittelgründe[33,34]

Die Rechtsmittelgründe und damit auch die Überprüfungsbefugnisse der Rechtsmittelinstanzen sind je nach Kanton verschieden. Bei der Anfechtung von Verfügungen von Gemeindebehörden sind in der Regel alle Mängel rügbar mit gewissen, durch die Gemeindeautonomie bedingten Einschränkungen.[35] Bei der Anfechtung von Beschlüssen der Stimmberechtigten einer Gemeinde oder eines Gemeindeparlamentes steht jene wegen Rechtswidrigkeit im Vordergrund, wobei sich alle kantonalen Gesetzte mehr oder weniger stark voneinander unterscheiden.

(1) Bei der Anfechtung von Verfügungen von Gemeindebehörden

Wo sich die Anfechtung von kommunalen Verfügungen wie in St.Gallen, Aargau und Zürich nach den allgemeinen Bestimmungen des verwaltungsinternen Rechtsmittelverfahrens richtet, können grundsätzlich alle Mängel der angegriffenen Verfügung geltend gemacht werden.[36] Dieser Grundsatz gilt jedoch nicht absolut; er wird durch den vom Bundesgericht entwickelten Schutz der Gemeindeautonomie und entsprechende kantonale Gesetzesbestimmungen eingeschränkt. So verfügt St.Gallen im Gegensatz zu Zürich und Aargau in diesem Punkt über eine gesetzliche Bestimmung. Es heisst dort, dass "im Bereiche der Autonomie einer öffentlich-rechtlichen Körperschaft ... sich der Rekurrent vor der kantonalen Rekursinstanz nicht auf die Unangemessenheit der Verfügung oder des Entscheides berufen" kann mit Ausnahme von "Angelegenheiten, in denen eine Körperschaft ... Staatsbeiträge erhält".[37] Im Wortlaut dieser Bestimmung zeigt sich der Einfluss der neueren bundesgerichtlichen Rechtsprechung zur Gemeindeautonomie. Es wird hier nicht mehr vom eigenen Wirkungskreis, sondern vom autonomen Bereich der Gemeinde gesprochen, der von einer Er-

---

[33] In der Regel wird in diesem Zusammenhang von "Rekursgründen" und von "Beschwerdegründen" gesprochen. Die Bezeichnung Rechtsmittelgründe ist weniger gebräuchlich. Da die Rechtsmittel in den entsprechenden kantonalen Gemeindegesetzen teilweise "Beschwerde" und teilweise "Rekurs" genannt werden (vgl. vorstehend S. 33 f.), wird hier deshalb als Oberbegriff für "Rekurs-" und "Beschwerdegründe" der Ausdruck **Rechtsmittelgründe** benutzt (gleich Gygi Rechtspflege, S. 265).

[34] zum Begriff der Rechtsmittelgründe siehe hinten S. 86 f.

[35] vgl. zur Gemeindeautonomie vorne S. 7 ff. mit weiteren Hinweisen

[36] vgl. Art. 46 Abs. 1 VRG SG;
§ 49 VRG AG;
§ 20 Abs. 1 VRG ZH

[37] Art. 46 Abs. 2 VRG SG

messenskontrolle frei ist.[38]

In Schaffhausen können "alle Mängel des Verfahrens und der angefochtenen Anordnung" gerügt werden.[39] Das gilt nicht nur für Verfügungen von Gemeindebehörden, sondern auch für die Beschlüsse der Stimmberechtigten einer Gemeinde, da Schaffhausen, wie erwähnt, keine Trennung der Rechtsmittelwege hinsichtlich der kommunalen Anfechtungsobjekte kennt. Im Thurgau können Gemeindeverfügungen und Gemeindebeschlüsse nach dem Wortlaut des Gemeindegesetzes hingegen nur angefochten werden, wenn sie "der Verfassung, einem Gesetz oder einer Verordnung, einem Reglement oder grundsätzlichem Gemeindebeschluss widersprechen", somit nur im Falle eines Rechtsfehlers.[40] Im thurgauischen VRG, auf das für das Rechtsmittelverfahren explizit verwiesen wird,[41] heisst es jedoch unter dem entsprechenden Titel, dass "alle Mängel des Verfahrens und des angefochtenen Entscheides geltend gemacht werden" können, wobei sich "in Angelegenheiten des eigenen Wirkungskreises der Gemeinden ... der Rekurrent nicht auf die Unangemessenheit des Entscheides berufen" kann.[42] Es ergibt sich deshalb aufgrund der verschiedenen Formulierungen in den beiden Gesetzen die unklare Situation, dass nach Gemeindegesetz kommunale Verfügungen und Beschlüsse zwar nur wegen Rechtswidrigkeit angefochten werden dürfen, dass sie nach VRG im übertragenen Wirkungskreis der Gemeinde aber frei überprüft werden können. Die Anpassung des GOG an das VRG ist offenbar etwas unglücklich geraten.[43] Im Gegensatz zu St.Gallen wird im schaffhausischen VRG bei der durch die Gemeindeautonomie bedingten Ein-

---

[38] vgl. dazu den Wortlaut von Art. 46 Abs. 2 VRG SG vor der Revision vom 23. August 1979, Gesetzessammlung des Kantons St.Gallen Neue Reihe (zit. nGS), S. 155 sowie vorne S. 7 ff.

[39] Art. 19 Abs. 1 VRSchG SH

[40] § 47 Abs. 1 GOG TG;
vgl. auch zur Regelung des GOG TG in diesem Punkt vor seiner Anpassung von 1981 an das neue VRG TG Schwager, S. 102 mit weiteren Hinweisen

[41] vgl. § 48 GOG TG

[42] § 47 Abs. 1 und 2 VRG TG

[43] Das Verwaltungsgericht des Kantons Thurgau geht bei der Anfechtung von kommunalen Rechtsanwendungsakten anscheinend davon aus, dass sich diese hinsichtlich der Rekursgründe nach dem VRG richtet und dass der "eigene Wirkungskreis" in der Bestimmung von § 47 Abs. 2 VRG dem autonomen Bereich der Gemeinde im Sinne der bundesgerichtlichen Rechtsprechung entspricht (vgl. TVR 1985 Nr. 20 S. 104 und 106 sowie S. 54 unter Hinweis auf die Materialien und Haubensak/Litschgi/Stähelin). Ferner ist nach dessen Rechtsprechung der Rekurs nach § 47 GOG gegen Beschlüsse der Stimmberechtigten einer Gemeinde trotz der Vorschrift in Abs. 3 dieses Paragraphen, wonach die unterlassene Rüge von Verfahrensmängeln an einer Versammlung das Rekursrecht verwirken lässt, nur wegen inhaltlichen Mängeln des angefochtenen Beschlusses und nicht auch wegen Verfahrensfehler zulässig (vgl. TVR 1985 Nr. 26 S. 120 ff. und S. 62).

schränkung der freien Überprüfbarkeit eines kommunalen Aktes zudem noch auf den heute in diesem Zusammenhang überholten Begriff des eigenen Wirkungskreises abgestellt.[44]

(2) Bei der Anfechtung von Beschlüssen der Stimmberechtigten oder eines Gemeindeparlamentes

St.Gallen, Aargau und Zürich, die die Anfechtung von Beschlüssen der Stimmberechtigten einer Gemeinde oder eines Gemeindeparlamentes in einem eigenen Verfahren vorsehen, kennen dafür verschiedene Gründe. St.Gallen sieht bei seinen zwei Kassationsbeschwerden, wie schon deren Namen aussagt, die Anfechtung wegen inhaltlicher Rechtswidrigkeit und diejenige wegen Verfahrensmängel bei der Vorbereitung oder Durchführung der zum angefochtenen Beschluss führenden Abstimmung vor. Bei der Minderheitsbeschwerde kann ein Beschluss "der Bürgerschaft oder des Parlamentes" im Gegensatz zu den beiden Kassationsbeschwerden nicht wegen Rechtswidrigkeit, sondern ausschliesslich wegen dessen Unvereinbarkeit mit "wesentlichen Interessen der Gemeinde" gerügt werden.[45] Das st.gallische Gemeindegesetz sieht damit ein zusätzliches, über eine blosse Rechtskontrolle wie im Falle der Kassationsbeschwerden hinausgehendes, Rechtsmittel vor. Anders präsentiert sich die Lage im Aargau. Dort sind als Beschwerdegründe bei der Gemeindebeschwerde nur Rechtsverletzungen im Verfahren zulässig.[46] Es können mit ihr keine inhaltlichen Mängel eines Gemeindebeschlusses geltend gemacht werden.[47] Die Regelung im Kanton Zürich gleicht in diesem Punkt derjenigen von St.Gallen. Gemeindebeschlüsse können hier auch aus inhaltlichen Gründen angefochten werden. Während St.Gallen dies im Falle ihrer Unvereinbarkeit mit wesentlichen Gemeindeinteressen vorsieht, kennt Zürich als Kriterium entweder die Verletzung der "Rücksichten der Billigkeit in ungebührlicher Weise" oder das offensichtliche Überschreiten der Zwecke der Gemeinde unter gleichzeitiger erheblicher Belastung der Steuerpflichtigen.[48]

Der Vergleich der kantonal verschiedenen Regelungen der Rechts-

---

[44] vgl. dazu vorne S. 6 f.
[45] vgl. Art. 245 Abs. 1 GG SG
[46] § 106 Abs. 2 GG
[47] vgl. z.B. AGVE 1982, S. 497
[48] vgl. § 151 Abs. 1 GG; vgl. dazu vorne S. 29 f.

mittelgründe zeigt, dass die Anfechtbarkeit von kommunalen Akten in Schaffhausen am weitesten geht, da dort generell "alle Mängel" geltend gemacht werden können. In den übrigen Kantonen ist sie wegen den speziellen Bestimmungen in den jeweiligen Gemeinde- und Verwaltungsrechtspflegegesetzen einschränkender normiert. Bei der Anfechtung von Gemeindebeschlüssen ist die gesetzliche Regelung im Aargau am restriktivsten, da dort deren Anfechtung im Gegensatz zu allen übrigen Kantonen nur wegen Verfahrensfehler und nicht auch aus anderen Gründen möglich ist. Durch die im Aargau zulässige unbefristete abstrakte Normenkontrolle wird diese Einschränkung der Überprüfbarkeit allerdings etwas relativiert.[49]

d) Legitimation[50]

Die Legitimation zur Erhebung von Rechtsmitteln gegen Beschlüsse der Stimmberechtigten einer Gemeinde oder gegen Beschlüsse eines Gemeindeparlamentes ist in den kantonalen Gesetzen unterschiedlich geregelt.[51] Es lassen sich grundsätzlich zwei verschiedene Lösungen erkennen. In den Kantonen St.Gallen, Aargau und Zürich, die neben der allgemeinen Verwaltungsrechtspflege gegenüber den Verfügungen von Gemeindebehörden in ihren Gemeindegesetzen spezielle Rechtsmittel gegen Gemeindebeschlüsse kennen, ist die Legitimation zu deren Anfechtung ausgedehnter als in den Kantonen Thurgau und Schaffhausen, wo sich die Rechtsmittelberechtigung nach den entsprechenden Verwaltungsrechtspflegegesetzen richtet. In St.Gallen, Aargau und Zürich ist generell jeder Stimmberechtigte zur Rechtsmittelerhebung gegen Gemeindebeschlüsse zugelassen. Diese weite Umschreibung der Legitimation nähert die entsprechenden Gemeindebeschwerden Popularrechtsmitteln an. St.Gallen kennt für jede seiner drei Gemeindebeschwerden eine verschieden weit gehende Regelung der Legitimation.[52] Die Kassationsbeschwerde wegen

---

49 vgl. § 68 ff. VRG AG
50 zum Begriff der Legitimation siehe hinten S. 81 f.
51 Auf die Anfechtung von Verfügungen von Gemeindebehörden wird im folgenden nicht mehr eingegangen, da sich diese in allen erwähnten Kantonen entweder nach den entsprechenden Verwaltungsrechtspflegegesetzen oder je nach Sachgebiet nach Spezialbestimmungen richtet. Vgl. dazu die vorstehenden Ausführungen auf S. 33 ff. .
52 Auf den Spezialfall der Autonomiebeschwerde nach Art. 247 GG SG und Art. 45 Abs. 2 und Art. 59 Abs. 1 lit. c Ziff. 2bis VRG SG wird hier nicht weiter eingetreten. Ebenso wird auf Erläuterungen verzichtet, inwieweit die Gemeinden und ihre Behörden in den anderen Kantonen zur Rechtsmittelerhebung legitimiert sind.

Rechtswidrigkeit kann neben den Stimmberechtigten auch von allen anderen Personen erhoben werden, "die an der Änderung oder Aufhebung ein eigenes schutzwürdiges Interesse dartun".[53] Diese Umschreibung der Legitimation für andere Personen deckt sich mit der Rekurslegitimation des st.gallischen VRG.[54] Die Kassationsbeschwerde wegen Verfahrensmängel kann nur von den Stimmberechtigten erhoben werden, weitere Personen sind dazu nicht berechtigt.[55] Die Minderheitsbeschwerde kann nicht mehr von jedem Stimmberechtigten einzeln, sondern nur noch von einem Sechstel gemeinsam erhoben werden.[56] Im Aargau sind zur Gemeindebeschwerde im Gegensatz zu St.Gallen und Zürich nur die Stimmberechtigten der betreffenden Gemeinde befugt.[57] Im Gemeindeorganisationsgesetz des Thurgaus und im Gemeindegesetz von Schaffhausen finden sich keine Bestimmungen zur Legitimation, weshalb die Stimmberechtigten einer Gemeinde im Gegensatz zu St.Gallen, Aargau und Zürich gegen Gemeindebeschlüsse nicht generell rechtsmittelbefugt sind. Die Legitimation bestimmt sich dort nach dem entsprechenden Verwaltungsrechtspflegegesetz,[58] das die Rekursberechtigung dem zuerkennt, der an der Änderung oder Aufhebung des angefochtenen Aktes ein schutzwürdiges (eigenes) Interesse darzulegen vermag.[59]

e) Rechtsmittelinstanzen[60]

Rechtsmittelinstanz bei der Anfechtung von Gemeindebeschlüssen ist in der Regel der Regierungsrat.[61] Im Kanton Aargau ist dem Regierungsrat ein Departement, in der Regel das Departement des Innern,[62] und im Kanton Zürich

---

53 Art. 243 Abs. 1 GG SG
54 vgl. Art. 45 Abs. 1 VRG SG
55 Art. 244 Abs. 1 GG SG
56 Art. 245 Abs. 1 GG SG
57 § 107 Abs. 1 lit. a GG AG
58 Das GOG von Thurgau verweist in § 48 ausdrücklich auf das thurgauische VRG, während in Schaffhausen das Gesetz über den Rechtsschutz in Verwaltungssachen aufgrund von dessen Art. 1 zur Anwendung gelangt.
59 vgl. § 44 Ziff. 1 VRG TG und Art. 18 Abs. 1 VRSchG SH
60 vgl. allgemein zur Zuständigkeit von Rechtsmittelinstanzen hinten S. 57 f.
61 vgl. für:
    SG: Art. 243 Abs. 1, Art. 244 Abs. 1 und Art. 245 Abs. 1 GG;
    SH: Art. 209 GG
62 § 109 Abs. 1 und 2 GG AG

der Bezirksrat vorgeschaltet,[63] während im Kanton Thurgau ein Departement anstelle des Regierungsrates entscheidet.[64] Im Thurgau unterliegt der Entscheid des zuständigen Departementes in allen Fällen dem Weiterzug ans Verwaltungsgericht,[65] während das in St.Gallen, Aargau und Schaffhausen nur unter gewissen Umständen[66] und in Zürich in der Regel nicht möglich ist.[67]

f) Verhältnis zu anderen kantonalen Rechtsmitteln

Aargau bestimmt wie Zürich ausdrücklich, dass die Gemeindebeschwerde nur zulässig ist, wenn kein anderes Rechtsmittel gegeben ist.[68] In den Kantonen St.Gallen, Thurgau und Schaffhausen fehlt eine derartige Bestimmung, die die Subsidiarität der Rechtsmittel des jeweiligen Gemeindegesetzes normieren würde. Lediglich Thurgau bestimmt, dass auf Beschwerden gegen die Gültigkeit von Wahlen die entsprechende Spezialgesetzgebung zur Anwendung kommen soll.[69] St.Gallen und Thurgau verweisen aber explizit für ergänzende Vorschriften zu den im Gemeindegesetz geregelten Rechtsmittel auf ihre Verwaltungsrechtspflegegesetze, die gleich wie das entsprechende Gesetz von Schaffhausen nur Anwendung finden, soweit nicht andere Bestimmungen vorgehen.[70] Aufgrund dieser gesetzlichen Situation kommen auch in diesen Kantonen die Rechtsmittel des Gemeindegesetzes nur subsidiär zur Anwendung.

---

[63] § 151 Abs. 2 GG ZH in Verbindung mit § 129 Abs. 1 WG ZH und § 149 Abs. 1 GG ZH
[64] § 47 Abs. 1 GOG
[65] § 47 Abs. 1 GOG TG;
Strehler, S. 69 f.
[66] § 59 VRG SG;
§ 110 GG AG in Verbindung mit § 51 ff. VRG AG;
Art. 34 VRSchG SH
[67] vgl. § 151 Abs. 2 GG ZH in Verbindung mit § 133 WG ZH und § 41 ff. VRG ZH; siehe dazu auch hinten S. 103 ff.
[68] § 106 Abs. 2 GG AG;
§ 153 GG ZH
[69] § 47 Abs. 4 GOG TG
[70] vgl. Art. 2 VRG SG;
§ 2 VRG TG;
Art. 1 VRSchG SH

g) Abstrakte Normenkontrolle[71]

Neben den bisher erwähnten Rechtsschutzmöglichkeiten auf Gemeindestufe gibt es in den Kantonen Aargau und Schaffhausen im Gegensatz zu Thurgau, Schaffhausen und Zürich noch eine weitere. Es ist dies die abstrakte Normenkontrolle. Damit können Vorschriften verwaltungsrechtlicher Natur in Gemeindegesetzen beim Verwaltungsgericht auf ihre Gesetzes- und Verfassungsmässigkeit hin überprüft werden.[72] Voraussetzung dafür ist ein Betroffensein in schutzwürdigen Interessen in absehbarer Zeit.[73] Die abstrakte Normenkontrolle ist in beiden Kantonen in ihren Verwaltungsrechtspflegegesetzen geregelt. Im aargauischen Gemeindegesetz wird zudem ausdrücklich darauf verwiesen.[74]

h) Folgerungen

Der vorliegende kurze Überblick über die Rechtsmittelmöglichkeiten in der Gemeindegesetzgebung verschiedener Kantone ergibt, dass in den einzelnen kantonalen Gesetzen vieles zwar ähnlich, im Detail aber oft verschieden geregelt wird. Allen kantonalen Lösungen ist hingegen eigen, dass sie im Gegensatz zur "normalen" Verwaltungsrechtspflege als Anfechtungsobjekte nicht nur Verfügungen, sondern auch Beschlüsse der Stimmberechtigten einer Gemeinde oder allenfalls auch solche eines Gemeindeparlamentes kennen, die inhaltlich meist Gesetzgebungsakte oder "nicht in persönliche Verhältnisse eingreifende Verwaltungsakte" darstellen.[75] Entsprechend verschieden von der gewöhnlichen Verwaltungsrechtspflege sind bei der Anfechtung solcher Gemeindebeschlüsse meist auch die Rechtsmittelgründe und die Legitimation geregelt. Einerseits werden die

---

[71] für den Begriff der abstrakten Normenkontrolle siehe z.B.:
Jaag, S. 147 ff.;
Auer, N 41-49;
Gygi Rechtspflege, S. 227 f.;
Gygi Verwaltungsrecht, S. 95;
Kölz Kommentar, § 50 N 143; mit weiteren Hinweisen

[72] vgl. § 68 ff. VRG AG;
Art. 51 ff. VRSchG SH

[73] § 69 Abs. 1 VRG AG;
Art. 52 Abs. 1 VRSchG SH

[74] vgl. § 111 GG AG

[75] vgl. für den Inhalt von solchen Gemeindebeschlüssen z.B. für Zürich Mettler/Thalmann, S. 328 ff.;
siehe auch hinten S. 64 ff.

Mängel, die geltend gemacht werden können, teilweise auf blosse Rechtsverletzungen reduziert und andererseits wird dafür die Legitimation zur Anfechtung eines Gemeindebeschlusses in Richtung eines Popularrechtsmittels ausgeweitet. Es zeigt sich hier das für das Gemeinderecht eigenartige und typische Spannungsverhältnis zwischen der Gemeindeautonomie, die der Überprüfung von kommunalen Akten durch eine übergeordnete Rechtsmittelinstanz Grenzen setzt, und dem Rechtsschutzbedürfnis der Betroffenen.

D. Historische Entwicklung der Rechtsmittelmöglichkeiten in der Gemeindegesetzgebung des Kantons Zürich

1. Die Zeit vor 1869

Die Helvetik brachte erstmals für die gesamte Schweiz und damit auch für den Kanton Zürich eine einheitliche Gemeindegesetzgebung in den Gesetzen vom 13. Wintermonat (November) 1798 und 15. Hornung (Februar) 1799 über die Organisierung der Munizipalitäten[1] und vom 13. Hornung (Februar) 1799 über die Bürgerrechte.[2] Diese Gesetze blieben allerdings nur wenige Jahre in Kraft. Beide Erlasse sahen noch keine Anfechtungsmöglichkeiten gegen Akte von Gemeindebehörden vor.[3] Sie wurden in der Mediationsperiode abgelöst durch verschiedene Einzelgesetze,[4] die wie die Mediationsverfassung von 1803[5] noch keine Bestimmungen über Rechtsmittel enthielten. Ebensowenig sahen in der folgenden Restaurationszeit die "Staatsverfassung für den Eidgenössischen Stand Zürich" vom 11. Juni 1814 sowie das Gesetz "betreffend die Organisation der Untervollziehungsbeamten und der Gemeinds- und waisenamtlichen Behörden" vom 18. Dezember 1815[6] Anfechtungsmöglichkeiten von Gemeindeakten

---

[1] Tagblatt der Gesetze und Dekrete der gesetzgebenden Räte, nebst den Beschlüssen und Proklamationen des vollziehenden Direktoriums der helvetischen Republik, II. Heft, S. 95 und 326

[2] a.a.O., S. 318

[3] vgl. zur Periode der Helvetik: Wettstein, S. XV f.; Winzenried, S. 3 f.

[4] vgl. vor allem die beiden Gesetze vom 28. Mai 1803 betreffend die Organisation der Gemeindsräte und betreffend Organisation der Vollziehungsbeamtungen in den Bezirken und Gemeinden des Kantons Zürich sowie das Gesetz vom 21. Dezember 1804 betreffend die näheren Bestimmungen der Pflichten und Befugnisse der Gemeinderäte, veröffentlicht in der offiziellen Sammlung der von dem Grossen Rat des Kantons Zürich gegebenen Gesetzte und gemachten Verordnungen, und der vom Kleinen Rat emanierten allgemeinen Landes- und Polizeiverordnungen (Zürcherische Gesetze und Verordnungen der Mediationsperiode), Band 1, S. 49, 75 und 181

[5] Verfassung des Kantons Zürich vom 19. Hornung (Februar) 1803, a.a.O., S. 6

[6] beide Gesetze veröffentlicht in der Neuen offiziellen Sammlung der Gesetze und Verordnungen des Standes Zürich (Zürcherische Gesetze und Verordnungen der Restaurationsperiode), Band 1, S. 21 und 133

vor.

Im Jahre 1831 wurde eine neue Verfassung, die Regenerationsverfassung erlassen.[7] Sie hielt in Art. 81 Abs. 1 unter dem Titel über die Gemeindebehörden fest, dass die Gemeindeversammlung berechtigt war, "innerhalb der Schranken der Verfassung und der Gesetze des Kantons die Angelegenheiten der Gemeinde zu ordnen und ihre Einrichtungen festzusetzen". Damit wurde auf Verfassungsstufe erstmals eine Autonomie der Gemeinden verankert. Die Staatsverfassung von 1814 hatte noch keine Bestimmungen über die Gemeinden enthalten. § 8 des im Jahre 1831 erlassenen Gesetzes "über die Gemeindsversammlungen"[8,9] präzisierte diese Verfassungsbestimmung dahingehend, dass "sich die Minderheit dem Beschluss der Mehrheit" zu unterziehen habe. Vorbehalten blieben jedoch die Fälle, "welche das Gesetz als Streitigkeiten im Verwaltungsfache bezeichnet". Der Vorbehalt erlaubte es einer in der Gemeindeversammlung unterlegenen Minderheit, einen Gemeindebeschluss anzufechten, wenn dieser im "Verwaltungsfache" ergangen war. Diese Regelung stellte in der zürcherischen Gemeindegesetzgebung die erste kodifizierte, wenn auch nur für einen beschränkten Bereich zulässige, Rechtsmittelmöglichkeit gegen Akte auf Gemeindeebene dar.[10] Als Streitigkeiten im erwähnten Gebiet galten gemäss dem Gesetz über die Streitigkeiten im Verwaltungsfache vom 23. Brachmonat (Juni) 1831 (VStG)[11] unter anderem "Streitigkeiten über Anordnungen in Gemeinde- und Korporationsangelegenheiten, namentlich in Beziehung auf künftige Verwaltung, Benutzung, Belastung und Veräusserung der Gemeinde- oder Korporationsgüter und über die Errichtung von Gemeinde- oder Korporationsanstalten".[12] Das VStG bestimmte aufgrund eines Ausscheidungskataloges, dass gewisse Streitigkeiten, die sich unmittelbar aus der Verwaltungstätigkeit der Regierung und der Verwaltungsbehörden ergaben, ausnahmsweise statt von Zivilgerichten von Verwaltungsbehörden beurteilt werden sollten. Es unterschied ferner in § 3 zwischen "wirklichen Streitsachen im

---

[7] Staatsverfassung für den Eidgenössischen Stand Zürich vom 10. März 1831 (OS 1, 5)
[8] Bis zum Gemeindegesetz von 1875 wurden u.a. die Ausdrücke Gemeindeversammlung und Gemeindebeschluss mit "Gemeindsversammlung" und "Gemeindsbeschluss" geschrieben.
[9] Gesetz über die Gemeindsversammlungen vom 30. Mai 1831 (OS 1, 109)
[10] Wettstein (S. XXIII) schreibt m.E. unzutreffend, ein Rekursrecht von Minderheiten an die Aufsichtsbehörden habe zu jener Zeit nicht existiert. Das stimmt in dieser Absolutheit nicht.
[11] Gesetz betreffend die Streitigkeiten im Verwaltungsfache vom 23. Brachmonat (Juni) 1831 (OS 1, 239; zit. VStG)
[12] § 2 lit. e VStG

Verwaltungsfache" und "einfachen Verwaltungs- und Rekurssachen". Dazu verwies es auf ein zukünftiges Gesetz, das diese Unterscheidung genauer vornehmen sollte. Dieses Gesetz wurde aber nie erlassen.[13] Das VStG enthielt auch noch keine Normen darüber, wann ein Rechtsmittel in einer solchen Verwaltungsstreitsache überhaupt zulässig war. Das führte zu Problemen, da nicht klar war, ob es nur beim Vorliegen einer Gesetzeswidrigkeit oder auch bei anderen Voraussetzungen erhoben werden konnte.[14]

Das am 20. Brachmonat (Juni) 1855 vom Grossen Rat erlassene "Gesetz betreffend das Gemeindewesen"[15] ersetzte die Erlasse der Restaurationszeit und brachte erstmals eine umfassende Kodifikation des Gemeinderechtes in einem Erlass. Das Gemeindegesetz von 1855 übernahm in § 8 fast wörtlich die Regelung des § 8 des alten Gesetzes über die Gemeindeversammlungen von 1831, wonach sich bei Beschlüssen der Gemeindeversammlung die Minderheit der Mehrheit zu fügen hatte unter dem Vorbehalt der Streitigkeiten im Verwaltungsfache. Es ergänzte den Vorbehalt der Verwaltungsstreitigkeiten neu um den Verweis auf § 162 des neuen Gemeindegesetzes. In dieser Bestimmung wurde ausdrücklich festgehalten, dass Streitigkeiten über die Verwaltung von Gemeindegütern als Verwaltungsstreitigkeiten nach dem erwähnten Gesetz zu behandeln seien. Anders als das VStG selbst enthielt das Gemeindegesetz von 1855 zudem in § 162 eine Regelung, die bestimmte, unter welchen Voraussetzungen die Rechtsmittel des VStG in kommunalen Verwaltungsstreitigkeiten zulässig sein sollten. Es beschränkte die Anfechtung auf die Fälle, "wo durch Beschlüsse der Gemeinden oder Vorsteherschaften die Verfassung oder bestehende Gesetze oder allfällige besondere Gemeindeordnungen verletzt sind". Damit hätten bei einer Verwaltungsstreitigkeit in Gemeindesachen nur der Verstoss gegen gesetzliche Bestimmungen gerügt werden können, was in der heutigen Terminologie etwa einer Rechtskontrolle gleichgekommen wäre. Die Praxis des Regierungsrates zu dieser Bestimmung unterschied jedoch bei der Überprüfung von solchen Streitigkeiten, ob es sich um eine "Streitigkeit über blosse Verwaltungsfragen" oder um solche "über Gemeindeangelegenheiten bedeutender Natur" handelte. Bei erste-

---

13 vgl. Sammelwerk der zürcherischen Gesetzgebung, Verwaltungsband I, nachgeführt bis Ende Juli 1913, S. 102, Fussnote 1;
Kölz Kommentar, Einl. N 7
14 vgl. Weisung des Regierungsrates an den Grossen Rat zum Gesetzesentwurf betreffend das Gemeindewesen vom 12. Christmonat (Dezember) 1865 (ABl 1865, S. 2015 f.)
15 Gesetz betreffend das Gemeindewesen vom 20. Brachmonat (Juni) 1855 (OS 10, 122)

ren beschränkte sich die Prüfung dem Gesetzeswortlaut entsprechend auf die Frage, "ob ein Gemeindebeschluss gegen eine positive Gesetzesbestimmung verstosse". Im zweiten Fall umfasste die Prüfung meistens auch die Frage, "ob dadurch nicht die berechtigten Interessen einer Minderheit der Gemeinde in ungebührlicher Weise verletzt seien".[16] Neben dieser Präzisierung der Anfechtbarkeit von kommunalen Verwaltungsakten nach VStG enthielt das Gemeindegesetz von 1855 in § 14 erstmals eine generelle Rekursmöglichkeit gegen Gemeindebeschlüsse. Der Entwurf des Regierungsrates sah noch keine derartige Bestimmung vor,[17] sie wurde erst vom Grossen Rat eingefügt[18] und zum Gesetz erhoben.[19] Rekursgründe wurden in dieser Bestimmung noch keine genannt. Es hiess dort lediglich, dass "Rekurse gegen die Gültigkeit von Gemeindebeschlüssen ... innerhalb von vierzehn Tagen bei dem Bezirksrat anhängig gemacht werden". In der Praxis wurde neben der Anfechtung aus "formellen Gründen" auch diejenige aus "materiellen Gründen" zugelassen. Mit formellen Gründen waren rechtliche Mängel im Verfahren und mit materiellen Gründen alle übrigen Mängel gemeint. Bei den materiellen Gründen wurde weiter zwischen rechtlichen Mängeln und sachlichen Mängeln wie zum Beispiel der Verletzung von Billigkeitsrücksichten unterschieden.[20,21]

Der fünfte Titel der Staatsverfassung von 1831 mit den Bestimmungen

---

[16] vgl. Weisung des Regierungsrates an den Grossen Rat zum Gesetzesentwurf betreffend das Gemeindewesen vom 12. Christmonat (Dezember) 1865 (ABl 1865, S. 2015)

[17] Entwurf eines Gesetzes des Regierungsrates betreffend das Gemeindewesen vom 4. Brachmonat (Juni) 1853 (ABl 1853, S. 267)

[18] Das Rekursrecht ist im geprüften Entwurf eines Gesetzes des Grossen Rat betreffend das Gemeindewesen vom 18. April 1855 enthalten (ABl 1855, S. 217). Ob es bereits im Entwurf der grossrätlichen Kommission enthalten war, lässt sich nicht mehr mit Sicherheit abklären, da die entsprechende Beilage zum Amtsblatt im Staatsarchiv des Kantons Zürich nicht auffindbar ist (Beilage zum Amtsblatt 1854 Nr. 74; vgl. ABl 1854, S. 416 und Handprotokoll des Grossen Rates vom 2. Oktober 1854, S. 45 ff. sowie Dossier III Pa 1 im Staatsarchiv).

[19] ABl 1855, S. 297

[20] vgl. GBRR 1855, S. 19; 1862, S. 9 f.; 1863, S. 7; 1864, S. 7 ff.;
vgl. dazu auch Wettstein, N 581 und 596 zum Gemeindegesetz von 1875

[21] Wettstein ist dagegen der Ansicht, dass die Rekursmöglichkeit nach § 14 des Gemeindegesetzes von 1855 nur die Anfechtung wegen formellen Mängeln ermöglicht habe (vgl. Wettstein, N 596 zur Anfechtung formell gültiger Gemeindebeschlüsse nach dem Gemeindegesetz von 1866). Das trifft nach den zitierten Geschäftsberichten des Regierungsrates nicht zu. Der Regierungsrat ging auch in seiner Weisung an den Grossen Rat zum Gemeindegesetz von 1866 davon aus, dass gemäss § 14 des Gemeindegesetzes von 1855 Gemeindebeschlüsse auch wegen materiellen Mängeln angefochten werden konnten, weshalb die für das Gemeindegesetz von 1866 vorgeschlagene Regelung nichts neues enthielt (vgl. Weisung des Regierungsrates an den Grossen Rat zu dem Gesetzesentwurf betreffend das Gemeindewesen vom 12. Christmonat (Dezember) 1865, ABl 1865, S. 2015 f.).

über die Gemeindebehörden[22] wurde durch das Verfassungsgesetz vom 28. Augustmonat 1865 revidiert.[23] Dabei wurde unter anderem auch Art. 81 Abs. 1 der Staatsverfassung geändert, der die Selbständigkeit der Gemeinden festhielt. Die Änderung war jedoch nur redaktioneller Natur. Der revidierte Artikel hielt weiterhin fest, dass die Gemeindeversammlungen berechtigt waren, die Gemeindeangelegenheiten innerhalb der Schranken der Verfassung und der Gesetze zu ordnen. Eine Bestimmung auf Verfassungsstufe, inwiefern diese Autonomie der Gemeinden durch die Anfechtung von Gemeindebeschlüssen eingeschränkt werden konnte, gab es noch nicht. Im Anschluss an diese Teilrevision der Verfassung wurde das alte Gemeindegesetz von 1855 im Jahre 1866 durch ein neues ersetzt.[24]

Das neue Gemeindegesetz ermöglichte in § 106 Abs. 2 nun ausdrücklich auch die Anfechtung von Gemeindebeschlüssen aus materiellen Gründen und kodifizierte damit die schon bestehende Praxis.[25] Es enthielt zudem erstmals eine Aufzählung der zulässigen materiellen Rekursgründe. Es liess den Rekurs aus materiellen Gründen zu wegen Gesetzeswidrigkeit sowie, wenn durch Gemeindebeschlüsse der Gemeindezweck wesentlich gefährdet oder die Rücksichten der Billigkeit in ungebührlicher Weise verletzt wurden. Hinsichtlich der Anfechtung von Gemeindebeschlüssen aus formellen Gründen verlangte das Gemeindegesetz von 1866 neu, dass die formellen Mängel bereits in der Gemeindeversammlung gerügt werden mussten.[26] Ferner wurde gegenüber Rekursen, welche die Gültigkeit von Wahlen betrafen, die entsprechende Gesetzgebung vorbehalten.[27] Diese beiden letzten Regelungen blieben sich in den später folgenden Gemeindegesetzen im wesentlichen gleich.[28] Der Rekurs war weiterhin innert 14 Tagen zu erheben und neu dem Statthalter anstelle des Bezirksrates ein-

---

22 Art. 80-92 der Staatsverfassung von 1831 (OS 1, 32)
23 vgl. OS 13, 508
24 Gesetz betreffend das Gemeindewesen vom 25. April 1866 (OS 13, 591)
25 vgl. Weisung des Regierungsrates an den Grossen Rat zu dem Gesetzesentwurf betreffend das Gemeindewesen vom 12. Christmonat (Dezember) 1865 (ABl 1865, S. 2015) sowie vorne S. 46 Fussnote 20
26 § 106 Abs. 3 des Gemeindegesetzes von 1866
27 § 106 Abs. 4 des Gemeindegesetzes von 1866
28 vgl. § 59 Abs. 3 und § 60 des Gemeindegesetzes von 1875; § 151 Ziff. 1 Satz 2 und § 153 alte und § 151 Abs. 1 Ziff. 1 und 153 revidierte Fassung des Gemeindegesetzes von 1926

zureichen.[29]

2. Die Zeit von 1869 bis 1926

Im Jahre 1869 wurde die Kantonsverfassung total revidiert[30] und bekam mit dem Art. 48 erstmals eine Bestimmung über die Anfechtbarkeit von Gemeindebeschlüssen. Dieser Artikel beschränkte die Anfechtung von Gemeindebeschlüssen aus sachlichen Gründen auf bestimmte Fälle, die etwas enger als im Gemeindegesetz von 1866 umschrieben waren. Das bedeutete eine Abschwächung der bestehenden Rekursmöglichkeit zugunsten einer Stärkung der Gemeindeautonomie.[31,32] Die neue Verfassungsbestimmung fand Eingang in das neue Gemeindegesetz vom 27. Brachmonat (Juni) 1875,[33] welches das Gemeindegesetz von 1866 ablöste. Es liess die Unterscheidung in formelle und materielle Anfechtungsgründe fallen und erlaubte einen Rekurs gegen Gemeindebeschlüsse entweder wegen Gesetzes- und Verfassungswidrigkeit oder aus bestimmten sachlichen Gründen. Die erforderlichen sachlichen Gründe in § 59 Abs. 2 des Gemeindegesetzes von 1875 entsprachen wörtlich der neuen Verfassungsbestimmung in Art. 48. Der Rekurs war innert 14 Tagen zu erheben und neu wieder direkt dem Bezirksrat einzureichen.[34] Der Einschränkung der Rekursmöglichkeit im Gemeindegesetz von 1875 schien man indessen keine allzu grosse Bedeutung zuzumessen, wurde doch die Änderung weder im Bericht der Kommission des Kantonsrates zum Gesetzesentwurf[35] noch im Bericht des Kantonsrates an das zürcherische Volk[36] erwähnt.[37,38] Die Bestimmungen über

---

29 § 106 Abs. 1 des Gemeindegesetzes von 1866
30 Verfassung des eidgenössischen Standes Zürich (Kantonsverfassung) vom 18. April 1869 (OS 14, 549; zit. KV)
31 vgl. Wettstein, S. XXXIII;
a.M. offenbar Sträuli, S. 194
32 vgl. zum Inhalt dieser Verfassungsbestimmung vorne S. 29
33 Gesetz betreffend das Gemeindewesen vom 27. Brachmonat (Juni) 1875 (OS 18, 524)
34 § 59 Abs. 1 des Gemeindegesetzes von 1875
35 vgl. Bericht der Kommission des Kantonsrates zum Gesetzesentwurf vom 7. Brachmonat (Juni) 1874 (ABl 1874, S. 1168 ff.)
36 vgl. Bericht des Kantonsrates an das zürcherische Volk zum Gemeindegesetz vom 5. Mai 1875 (ABl 1875, S. 924 ff.)
37 vgl. im übrigen zur Anfechtung von Gemeindebeschlüssen unter dem Gemeindegesetz von 1875: Wettstein, N 579 ff.;

die Gemeinden in den Art. 47 - 55 der Kantonsverfassung wurden später zu verschiedenen Zeiten revidiert mit Ausnahme des hier interessierenden Art. 48, der als einziger unverändert blieb.[39] Die verfassungsmässige Grundlage für die Anfechtbarkeit von Gemeindebeschlüssen im Kanton Zürich ist somit seit 1869 gleich. Nach den drei sich in ungefähr zehnjährigen Abständen folgenden Gemeindegesetzen von 1855, 1866 und 1875 trat in der Gemeindegesetzgebung des Kantons Zürich eine Pause ein, die bis nach dem ersten Weltkrieg andauerte.

3. Das Gemeindegesetz von 1926

1926 löste ein neues Gemeindegesetz das alte von 1875 ab.[40,41] Das neue Gemeindegesetz hielt grundsätzlich an der bestehenden Anfechtungsmöglichkeit von Gemeindebeschlüssen fest.[42] Da mit dem Gemeindegesetz von 1926 die Einführung der ausserordentlichen Gemeindeorganisation mit Gemeindeparlament und Urnenabstimmung an Stelle der Gemeindeversammlung für alle Gemeinden mit mehr als 2000 Einwohnern möglich wurde,[43] mussten neu neben den Beschlüssen der Gesamtheit der Stimmberechtigten einer Gemeinde auch die Beschlüsse eines Gemeindeparlamentes anfechtbar erklärt werden.[44] Zusätzlich wurde die Anfechtung von solchen Beschlüssen eines Gemeindeparlamentes ermöglicht, die mit einem Gemeindebeschluss in Widerspruch standen.[45] Die übrigen Anfechtungsgründe wie Gesetzeswidrigkeit, offenbare Überschreitung der Gemeindezwecke unter erheblicher Belastung der Steuerpflichtigen sowie un-

---

Nauer, S. 67 ff.

[38] Eine etwas modifizierte Fassung des Rekursrechtes gegen Gemeindebeschlüsse fand 1891 Einzug in das Zuteilungsgesetz (§ 87 und 88 des Gesetzes betreffend die Zuteilung von elf Gemeinden an die Stadt Zürich und die Gemeindesteuern der Städte Zürich und Winterthur; OS 22, 391).

[39] vgl. GS 101, 14-16 mit Anmerkungen sowie die Verfassungsrevisionen vom 6. Juni 1926 (OS 33, 336); 7. Juli 1963 (OS 41, 458) und 28. Mai 1978 (OS 46, 872)

[40] Gesetz über das Gemeindewesen (Gemeindegesetz) vom 6. Juni 1926 (OS 33, 339; GS 131.1; zit. GG)

[41] vgl. zur Entstehung des Gemeindegesetzes von 1926 Streiff, S. 45 ff.

[42] vgl. auch Prot. Expertenkommission GG vom 17. September 1920, S. 5; Aeppli Revision, S. 37

[43] § 88 ff. GG
Die verfassungsmässige Grundlage dazu findet sich im (revidierten) Art. 55bis KV, der zusammen mit dem neuen Gemeindegesetz am 6. Juni 1926 von den Stimmbürgerin angenommen wurde (OS 33, 336 und 339; vgl. dazu Epprecht, S. 30 f.).

[44] § 151 Ziff. 1 Satz 1 alt GG

[45] § 151 Ziff. 1 Satz 2 alt GG

gebührliche Verletzung von Billigkeitsrücksichten blieben gleich.[46] Die Rekursfrist wurde von 14 auf 10 Tage verkürzt und der Rekurs war weiterhin dem Bezirksrat einzureichen.[47]

Bis zu diesem Punkt war immer nur von den Rekursmöglichkeiten gegen Gemeindebeschlüsse, also gegen Beschlüsse der Stimmberechtigten in der Gemeindeversammlung oder an der Urne und gegen Beschlüsse eines Gemeindeparlamentes die Rede und nie von der Rekursmöglichkeit gegen Akte von anderen Gemeindeorganen.[48] Das kam daher, dass die Gemeindegesetzgebung bis zum Gemeindegesetz von 1926 keine gesetzlich normierte Anfechtungsmöglichkeit von Beschlüssen von Gemeindebehörden kannte,[49] während sie die Anfechtung von Beschlüssen der Stimmberechtigten an einer Gemeindeversammlung schon im Gemeindegesetz von 1855 vorsah.[50] In § 152 des Gemeindegesetzes von 1926 wurde nun erstmals ausdrücklich eine derartige Rekursmöglichkeit verankert, die offenbar ohne eine derartige Grundlage schon vorher bestand.[51] Nach dieser Bestimmung konnte innert 10 Tagen an den Bezirksrat gegen Beschlüsse von Gemeindebehörden rekurriert werden, "die mit bestehenden Vorschriften in Widerspruch" standen. Diese Umschreibung des Rekursgrundes bei der Anfechtung von gemeindebehördlichen Beschlüssen entsprach damit dem ersten Rekursgrund bei der Anfechtung von Gemeindebeschlüssen, der eine Anfechtung dann zuliess, wenn diese "gegen gesetzliche Bestimmungen" verstiessen.[52] Weitere Rekursgründe waren beim Rekurs gegen Beschlüsse von Gemeindebehörden nicht vorgesehen, während der Rekurs gegen Gemeindebeschlüsse neben der Gesetzeswidrigkeit noch andere Rekursgründe erlaubte. Die Anfechtung von gemeindebehördlichen Beschlüssen war dadurch vom Gesetzeswortlaut her im Gegensatz zur Anfechtung von Gemeindebeschlüssen restriktiver geregelt. Gemeindebeschlüsse konnten des-

---

[46] § 151 Ziff. 2 alt GG
[47] § 154 Abs. 1 alt GG
[48] vgl. im übrigen zur Terminologie vorne S. 27 f.
[49] vgl. dazu auch Aeppli Gemeindegesetz, S. 44;
Aeppli Revision, S. 37 sowie
Prot. Expertenkommission GG vom 17. September 1920, S. 6
[50] In der hier verwendeten Terminologie werden die Gemeinde in der Bedeutung der Gesamtheit der stimmberechtigten Gemeindemitglieder und das Gemeindeparlament nicht zu den Gemeindebehörden gezählt. Vgl. dazu vorne S. 11 ff. und 15 ff. .
[51] vgl. Aeppli Gemeindegesetz, S. 44
[52] vgl. § 152 mit 151 Abs. 1 Ziff. 1 Satz 1 alt GG

halb strenger überprüft werden als diejenigen von Gemeindebehörden, was beim Erlass des Gemeindegesetzes von 1926 nicht beabsichtigt war.[53,54] Von den Rekursinstanzen wurde deshalb in der Folge bei der Anfechtung von Beschlüssen von Gemeindebehörden entgegen dem gesetzlichen Wortlaut als Rekursgrund neben der Gesetzeswidrigkeit ebenso die Rüge der fehlerhaften Ermessensbetätigung zugelassen.[55]

Neben dieser neuen Bestimmung in § 152 des Gemeindegesetzes von 1926, welche die Anfechtung von Beschlüssen von Gemeindebehörden ermöglichte, bestand bereits seit 1911 die Möglichkeit, gegen alle Entscheide und Verfügungen einer unteren Verwaltungsbehörde binnen 10 Tagen Rekurs an die obere Behörde zu führen. Diese generelle Rekursmöglichkeit in Verwaltungssachen war durch den § 46 des Einführungsgesetzes zum ZGB[56] eingeführt worden und dehnte die im Gesetz von 1831 über die Streitigkeiten im Verwaltungsfache [57] bereits für gewisse Materien vorgesehenen Rekursmöglichkeiten an den Bezirks- und dann an den Regierungsrat auf das ganze Verwaltungsrecht aus.[58] Mit Erlass des § 46 des Einführungsgesetzes zum ZGB wurde das Gesetz über die Streitigkeiten im Verwaltungsfache jedoch nicht aufgehoben, sondern nur der die Frist des Weiterzuges und den Weiterzug selbst regelnde und mit der neuen zehntägigen Frist des EG ZGB in Widerspruch stehende § 5 des VStG.[59] § 46 EG ZGB wurde später zusammen mit den noch in Kraft stehenden Bestimmungen des Gesetzes über die Streitigkeiten im Verwaltungsfache beim Erlass des Verwaltungsrechtspflegegesetzes von 1959 aufgehoben und inhaltlich

---

[53] Mettler/Thalmann, S. 394 f. mit weiteren Nachweisen;
Bütikofer, S. 118

[54] vgl. im übrigen zum Rekursrecht nach § 151 und 152 alt GG:
Weisung RR Gemeindegesetz 1926, S. 1112-1115;
Bericht RR Gemeindegesetz 1926, S. 404 f.
Mettler/Thalmann, S. 376 ff.

[55] vgl. Fehr, S. 279 und 344 ff.;
Mettler/Thalmann, S. 394 f.

[56] Einführungsgesetz zum schweizerischen Zivilgesetzbuch vom 2. April 1911 (OS 29, 145; zit. EG ZGB)

[57] Gesetz über die Streitigkeiten im Verwaltungsfache vom 23. Brachmonat (Juni) 1831 (OS 1, 239: zit. VStG)

[58] vgl. zur Geschichte der Verwaltungsrechtspflege im Kanton Zürich:
Kölz Kommentar, Einl. N 1-17;
Bosshardt, S. 272 ff.;
Fehr, S. 53 ff.

[59] § 276 Abs. 3 lit. d EG ZGB

in den § 19 des VRG übernommen.[60] Das VRG ging dann zu einer zwanzigtägigen Rekursfrist über,[61] die neu auch für die Rekurse des Gemeindegesetzes galt.[62]

Mit dem Erlass des Gemeindegesetzes von 1926 trat nun dessen Rekurs nach § 152 alt GG gegen Beschlüsse von Gemeindebehörden neben den bestehenden Rekurs von § 46 EG ZGB respektive später von § 19 VRG. Es musste deshalb der Anwendungsbereich des Rekurses nach dem Gemeindegesetz von demjenigen des EG ZGB beziehungsweise später des VRG abgegrenzt werden. Dazu wurde auf die Doppelstellung der Gemeinden in der kantonalen Verwaltungsorganisation abgestellt. Die Gemeinden sind einerseits örtliche Vollzugsorgane des Kantons und andererseits die Träger der kommunalen Selbstverwaltung.[63] Soweit eine Gemeindebehörde nun als untere Verwaltungsbehörde des Kantons entschied, konnten ihre Beschlüsse aufgrund von § 46 EG ZGB respektive § 19 VRG angefochten werden. Soweit sie als Trägerin der kommunalen Selbständigkeit handelte, kam der Gemeinderekurs nach § 152 alt GG zum Zuge.[64] Der Gemeinderekurs nach § 152 alt GG ging jedoch weiter als der Verwaltungsrekurs nach § 46 EG ZGB beziehungsweise § 19 VRG. Denn der Gemeinderekurs war im Gegensatz zum Verwaltungsrekurs auch zulässig gegen nichthoheitliche Akte sowie gegen individuell-konkrete Akte in Bereichen, in denen das VRG wegen dessen § 4 nicht anwendbar war. Ebenso konnte er auch gegen generell-abstrakte Akte erhoben werden. Schliesslich war zu seiner Erhebung jeder legitimiert, der durch den angefochtenen "Beschluss" oder "Erlass" einer Gemeindebehörde "persönlich benachteiligt" war,[65] während der Verwaltungsrekurs ein "Betroffensein in seinen Rechten" voraussetzte.[66]

---

[60] Gesetz über den Rechtsschutz in Verwaltungssachen (Verwaltungsrechtspflegegesetz) vom 24. Mai 1959 (OS 40, 546; GS 175.2; zit. VRG)

[61] § 22 Abs. 1 VRG

[62] Vgl. § 22 Abs. 3 VRG. Eine redaktionelle Anpassung des Gemeindegesetzes an die geänderte Rekursfrist unterblieb jedoch beim Erlass des VRG. Sie wurde erst durch das Bereinigungsgesetz vom 5. April 1981 vorgenommen (OS 48, 109).

[63] vgl. dazu vorne S. 6 f.

[64] vgl. dazu Mettler/Thalmann, S. 380 f.;
Sommer, S. 146;
Kölz Kommentar, § 21 N 72
Kölz/Häner, S. 199;
Fehr, S. 276; mit weiteren Hinweisen

[65] vgl. § 152 alt GG;
Moser, S. 299 f.;
Mettler/Thalmann, S. 382

[66] § 21 VRG

Demgegenüber verlangte die neuere Praxis des Regierungsrates zur Rekurslegitimation nach dem Gemeindegesetz für eine "persönliche Benachteiligung" gleich wie beim Verwaltungsrekurs ein "rechtlich geschütztes Interesse", was aber kritisiert wurde.[67] Die Unterscheidung zwischen dem Verwaltungsrekurs und dem Gemeinderekurs sowie deren Verhältnis zu den Rechtsmitteln der Wahlgesetzgebung bereitete in der Praxis jedoch Schwierigkeiten. Sie wurde auch von der Lehre als fragwürdig und unklar betrachtet. Es gelang nicht, die beiden Rechtsmittel sauber voneinander zu trennen.[68]

Dem Gesetzgeber war offenbar beim Erlass des Gemeindegesetzes von 1926 die Frage der Abgrenzung des Gemeinderekurses nach § 152 alt GG zum Verwaltungsrekurs nach § 46 EG ZGB entgangen, hätte er doch sonst ihr gegenseitiges Verhältnis geregelt.[69] Er begnügte sich damals anscheinend mit der Feststellung, dass die Gemeindegesetzgebung von 1875 die Anfechtung von Beschlüssen von Gemeindebehörden nirgends explizit zuliess, weshalb er die Bestimmung von § 152 alt GG in das Gemeindegesetz von 1926 einfügte,[70] ohne sie mit dem Verwaltungsrekurs nach § 46 EG ZGB abzustimmen.

4. Die Revision von 1983

Die im Gemeindegesetz von 1926 getroffene Regelung der Rechtsmittel gegen Gemeindebeschlüsse und Beschlüsse von Gemeindebehörden galt bis zum 31. Dezember 1984. Damals trat im Zusammenhang mit dem Erlass eines neuen Wahlgesetzes[71] die heute gültige Teilrevision des Gemeindegesetzes in

---

67 vgl. ZBl 80 (1979), S. 305 und 307 und die Kritik von Moser unter Hinweis auf Fehr, a.a.O., S. 306 und 308 sowie in ZBl 83 (1982), S. 297 ff.

68 vgl. Weisung RR Wahlgesetz, S. 909 f.;
Bericht RR Wahlgesetz, S. 2 oben;
Moser, S. 299;
Kölz Kommentar, § 21 N 73;
Kölz/Häner, S. 199

69 Die Expertenkommission für das Gemeindegesetz von 1926 ging unzutreffenderweise davon aus, dass sich die Rekurse nach § 46 EG ZGB und § 152 alt GG decken würden (vgl. Prot. Expertenkommission GG vom 17. September 1920, S. 6).

70 vgl. Weisung RR Gemeindegesetz 1926, S. 1114;
Bericht RR Gemeindegesetz 1926, S. 405

71 Gesetz über die Wahlen und Abstimmungen (Wahlgesetz) vom 4. September 1983 (OS 48, 785; zit. WG)

Kraft.[72] Die Revision der Rechtsmittelbestimmungen des Gemeindegesetzes wurde vorgenommen, um die aufgetretenen Abgrenzungsprobleme zum Verwaltungsrekurs zu beheben. Ferner wurde damit auch beabsichtigt, das Verhältnis des Verwaltungs- und des Gemeinderekurses zu den Rechtsmitteln des neuen Wahlgesetzes zu regeln.[73] Der alte Rekurs nach § 151 GG gegen Gemeindebeschlüsse wurde in "Beschwerde" umbenannt und es wird für deren nähere Regelung neu auf das Wahlgesetz verwiesen. Die Anfechtungsgründe blieben sich gleich.[74] Die alte Rekursmöglichkeit nach § 152 GG gegen Beschlüsse von Gemeindebehörden richtet sich neu nach dem Verwaltungsrechtspflegegesetz.[75] Der bisherige Vorbehalt zu Gunsten des Wahlgesetzes für Rekurse gegen Wahlen sowie der Vorbehalt besonderer Zuständigkeiten wurde durch den generellen Vorbehalt von Spezialrecht ersetzt.[76] Durch diese Änderungen wurden die alten Verfahrensbestimmungen in den § 153 und 156 des Gemeindegesetzes hinfällig und aufgehoben. Im übrigen kann zur heute geltenden Regelung auf den Überblick im vorangegangenen Kapitel sowie auf den folgenden Teil der Arbeit verwiesen werden.

---

[72] OS 48, 785 und 812 f.; OS 49, 140
[73] vgl. Weisung RR Wahlgesetz, S. 909 f.;
    Bericht RR Wahlgesetz, S. 2 oben
[74] vgl. § 151 GG
[75] § 152 GG
[76] vgl. § 153 und 154 Abs. 2 alt GG mit § 153 rev GG

II. Teil   Verfahren

A. Einleitung

In diesem Teil wird das Beschwerde- und das Rekursverfahren des zürcherischen Gemeinderechts in seinen Einzelheiten untersucht. Damit eine Beschwerde- oder Rekursinstanz ein Rechtsmittel materiell behandelt, müssen die Prozessvoraussetzungen, die auch Sachurteilsvoraussetzungen genannt werden, erfüllt sein. Dazu werden die Zuständigkeit, das Anfechtungsobjekt, die Prozessfähigkeit, die Legitimation sowie die form- und fristgerechte Rechtsmittelerhebung gezählt. Die angerufene Rechtsmittelinstanz prüft die Prozessvoraussetzungen von Amtes wegen und tritt auf ein Rechtsmittel nicht ein, wenn es an einer Voraussetzung fehlt. Sie müssen im Zeitpunkt des Entscheides und nicht schon bei Einreichung des Rechtsmittels erfüllt sein. Entfallen sie während des Verfahrens, zum Beispiel bei nachträglicher Aufhebung des Anfechtungsobjektes durch die Aufsichtsbehörde, [1] so kann in der Regel kein Sachentscheid mehr gefällt werden und das Verfahren ist als gegenstandslos geworden abzuschreiben. Dieser Grundsatz gilt lediglich bei der Prozessvoraussetzung der Zuständigkeit nicht. Dort genügt normalerweise, dass die Zuständigkeit beim Eintritt der Rechtshängigkeit gegeben war.[2] Sind alle Sachurteilsvoraussetzungen vorhanden, prüft die Rechtsmittelinstanz das Rechtsmittel materiell und heisst es gut oder weist es ab.[3] Diesem Vorgehen entsprechend werden im folgenden

---

1   vgl. RRB 2115/87 E. 4
2   vgl. BGE 108 Ib 141 f.; 107 Ib 115; 104 Ib 314 sowie
      Gygi Rechtspflege, S. 75
3   vgl. zu den Prozessvoraussetzungen:
      Gygi Rechtspflege, S. 71 ff.;
      Kölz Kommentar, Vorbem. § 19-28 N 4, § 19 N 35, § 21 N 33, § 27 N 6, § 28 N 9;
      Kölz/Häner, S. 85;
      Saladin, S. 169 f.;
      Strehler, S. 14;
      Ule, S. 147 ff.

zuerst die einzelnen Prozessvoraussetzungen und dann die Rechtsmittelgründe und das weitere Verfahren behandelt. Die einzelnen Themenkreise werden dabei weiter unterteilt. Einem kurzen dogmatischen Abschnitt schliesst sich jeweils eine kritische Darstellung der im Gemeindegesetz getroffenen gesetzlichen Regelung mit einem Überblick über die Materialien und die Praxis an, soweit sich daraus Erkenntnisse gewinnen lassen.

Zur Judikatur und zu den Materialien ist sogleich dreierlei zu bemerken. Erstens ist die Judikatur noch nicht sehr zahlreich, da die revidierten Rechtsmittelbestimmungen des Gemeindegesetzes erst seit dem 1. Januar 1985 in Kraft stehen.[4] Zweitens war mir leider nicht die gesamte Rechtssprechung des Regierungsrates zum untersuchten Thema zugänglich. Es wurde mir lediglich die Einsicht in eine beschränkte Auswahl regierungsrätlicher Entscheide im Gebiete des Gemeinderechts bewilligt, die ich, abgesehen von den mir bereits bekannten, aufgrund des Protokollregisters des Regierungsrates bezeichnen musste.[5] Neben diesen letztinstanzlichen Entscheiden konnte ich noch Kenntnis von der gesamten erstinstanzlichen Praxis des Bezirksrates Zürich nehmen. Ferner konnte ich mich in verschiedenen Gesprächen mit Praktikern des Bezirksrates Zürich und der Direktion des Innern über die bezirks- und regierungsrätliche Praxis informieren lassen.

Was die Materialien zum Wahlgesetz von 1983 betrifft,[6] das mit seinem § 136 die hier interessierenden Rechtsmittelbestimmungen des Gemeindegesetzes revidiert hat,[7] ist festzustellen, dass sie für das Beschwerde- und Rekursverfahren des Gemeindegesetzes wenig hergeben. Die Änderungen der § 151 ff. GG standen ganz im Schatten der Disskussion um das neue Wahlgesetz. In der Kantonsratskommission, die die Vorlage des Regierungsrates zum neuen Wahlgesetz vorbereitete, wurde nur kurz und wenig substantiell über das Beschwerdeverfahren des Wahlgesetzes und den § 136 WG diskutiert. Im Kantonsrat selbst wurde anlässlich der Detailberatung der Wahlgesetzvorlage kein Wort darüber verloren.[8]

---

[4] OS 48, 785

[5] vgl. dazu auch vorne S. 1 f.

[6] Auf Gesuch hin wurde mit die Einsichtnahme in die nicht öffentlichen Kommissionsprotokolle zum Gemeindegesetz von 1926 und zum Wahlgesetz und zur Gemeindegesetzrevision von 1983 bewilligt.

[7] vgl. zur Gemeindegesetzrevision von 1983 vorne S. 53 f.

[8] vgl. dazu Prot. KR 1979-1983, S. 9992, 10038, 11941, 11991, 12224, 12702;

B. Beschwerdeverfahren

1. Zuständigkeit

a) Allgemeines

Eine Gemeindebeschwerde ist an die zuständige Beschwerdeinstanz zu richten, wobei ihre Eingabe an eine unzuständige zürcherische Verwaltungsbehörde keinen Rechtsnachteil zur Folge hat, da sie von Amtes wegen an die zuständige Instanz weiterzuleiten ist.[1] Diese muss sich mit allen in ihren Zuständigkeitsbereich fallenden und bei ihr eingereichten Beschwerden befassen.[2]

Welche Instanz für die Behandlung eines Rechtsmittels zuständig ist, ergibt sich aus den gesetzlichen Bestimmungen über die Zuständigkeit in der entsprechenden Gesetzgebung. Bei der Zuständigkeit werden drei Arten unterschieden, die sachliche, die funktionelle und die örtliche Zuständigkeit.[3] Die sachliche Zuständigkeit regelt, welche Rechtsmittelinstanz unter den im gleichen räumlichen Wirkungskreis und auf gleicher Ebene tätigen Rechtspflegeorganen für die Behandlung einer Streitsache aufgrund ihrer Rechtsnatur zuständig ist.[4] Die Bestimmungen über die sachliche Zuständigkeit dienen dazu, die Zivil-, Verwaltungs-, Straf- und die Staatsrechtspflege voneinander zu scheiden sowie die Sachzuständigkeit innerhalb der einzelnen Rechtspflegegebiete selbst abzugrenzen.[5] Die funktionelle Zuständigkeit gibt an, in welchem Stadium eines Rechtsmittelverfahrens eine sachlich zuständige Rechtsmittelinstanz innerhalb

---

Kommissionsprotokoll WG, S. 88 ff., 153, 196;
Prot. Redaktionskommission, S. 393-396

[1] § 5 Abs. 2 VRG;
vgl. dazu Kölz Kommentar, § 5 N 31
[2] vgl. Gygi Rechtspflege, S. 76
[3] Gygi Rechtspflege, S. 76 ff.;
Ule, S. 88 f.
[4] Kölz/Häner, S. 45
[5] Gygi Rechtspflege, S. 76 ff;
Ule, S. 88

des Instanzenzuges zum Entscheid befugt ist.[6] Die örtliche Zuständigkeit schliesslich bestimmt, welches von mehreren Rechtspflegeorganen mit gleicher sachlicher und funktioneller Zuständigkeit sich mit einer Streitsache zu befassen hat.[7, 8]

b) Gesetzliche Regelung

Zuständig zur Behandlung von Gemeindebeschwerden sind im Kanton Zürich die Bezirksräte und der Regierungsrat. Die sachliche Zuständigkeit der Bezirksräte ergibt sich aus § 151 Abs. 2 GG und § 10 Abs. 1 des Gesetzes über die Bezirksverwaltung.[9] Sie folgt auch direkt aus Art. 45 Abs. 2 KV. Aus den erwähnten Bestimmungen geht ferner hervor, dass die Bezirksräte funktionell als erste Instanz tätig werden.[10] Als zweite Instanz ist im Gemeindebeschwerdeverfahren der Regierungsrat tätig. Seine sachliche und funktionelle Kompetenz ergibt sich aus § 151 Abs. 1 GG in Verbindung mit § 129 Abs. 1 WG und § 149 Abs. 1 GG sowie aus Art. 40 Ziff. 5 KV.

§ 151 Abs. 1 GG verweist auf das Wahlgesetz, das in § 129 Abs. 1 den Weiterzug eines Bezirksratsentscheides an die Aufsichtsbehörde vorsieht. Das ist nach § 149 Abs. 1 GG der Regierungsrat, der "**über das gesamte Gemeindewesen**" "**die Oberaufsicht**" ausübt und nach Art. 40 Ziff. 5 KV zum "**Entscheid öffentlich-rechtlicher Streitigkeiten in letzter Instanz**" zuständig ist, "**soweit er nach Gesetz nicht einer anderen Verwaltungsbehörde oder einem Gericht zusteht**". Im Beschwerdeverfahren nach § 151 GG, das nur in allgemeinen Gemeindeangelegenheiten[11] offensteht, ist das in der Regel aber nicht

---

[6] vgl. Gygi Rechtspflege, S. 79 f.;
 Ule, S. 88 f.
[7] Gygi Rechtspflege, S. 78 f.;
 Ule, S. 89
[8] vgl. im übrigen zur Zuständigkeit in der Bundesverwaltungsrechtspflege:
 Gygi Rechtspflege, S. 76 ff.
 sowie in der zürcherischen Verwaltungsrechtspflege:
 Kölz Kommentar, § 5 N 1-30
[9] Gesetz über die Bezirksverwaltung vom 10. März 1985 (OS 49, 369; zit. Bezirksverwaltungsgesetz)
[10] vgl. § 151 Abs. 1 GG und § 10 Abs. 1 Bezirksverwaltungsgesetz
[11] Mit allgemeinen Gemeindeangelegenheiten sind alle die Angelegenheiten gemeint, deren Besorgung einer Gemeinde oder einem Gemeindeparlament aufgrund der kommunalen Zuständigkeitsordnung obliegt und über die hinsichtlich ihrer Anfechtung keine besonderen gesetzlichen Regelungen bestehen. Nur solche können Gegenstand des subsidiären Gemeindebeschwerdeverfahrens bilden. Existieren spezielle Anfechtungsvorschriften, gehen diese der subsidiären Gemeindebeschwerde vor (§

der Fall. Insbesondere ist normalerweise auch keine Beschwerde an das Verwaltungsgericht möglich. Gegen Entscheide eines Bezirksrates ist eine solche deshalb nicht zulässig, weil ein Bezirksrat keine Vorinstanz nach § 47 VRG darstellt, deren Anordnungen beim Verwaltungsgericht angefochten werden können.[12] Ein Entscheid des Regierungsrates in einem Gemeindebeschwerdeverfahren ist grundsätzlich auch nicht mit einer Verwaltungsgerichtsbeschwerde anfechtbar, da dieser Beschwerdefall im Enumerationskatalog des VRG nicht generell vorgesehen ist[13] und da nur Verfügungen vor das Verwaltungsgericht gebracht werden können. Verfügungen liegen bei Gemeindebeschlüssen in der Regel nicht vor, da der Gemeinde im Rahmen ihrer Rechtsanwendungskompetenzen nur allgemeine Verwaltungsbefugnisse zustehen, die nicht direkt in persönliche Verhältnisse eingreifen und damit keine Verfügungen[14] darstellen.[15,16] Der Vollzug der einer Gemeinde vom Bund oder Kanton übertragenen Aufgaben sowie der gefassten Gemeindebeschlüsse und damit der Erlass von Verfügungen obliegt normnalerweise der Gemeindevorsteherschaft und allfälligen weiteren Gemeindebehörden und nicht der Gesamtheit der Stimmberechtigten einer Gemeinde oder einem Gemeindeparlament.[17,18] Beschlüsse mit rechtssetzendem Inhalt sind von einer selb-

---

153 GG; vgl. dazu hinten S. 66 ff.).

[12] vgl. dazu Kölz Kommentar, § 47 N 1 ff.

[13] vgl. § 42 ff. VRG;
Mettler/Thalmann, S. 380 zu § 151 alt GG
sowie allgemein zur Zuständigkeit des Verwaltungsgerichts Kölz Kommentar, § 41 ff.

[14] vgl. zum Verfügungsbegriff hinten S. 110 f.

[15] vgl. § 41 Abs. 2 und 3 GG; Art. 13 lit. c) Ziff. 4-11 MusterGO;
Etter, S. 43 f.;
Mettler/Thalmann, S. 135 f.

[16] vgl. zum Inhalt von Gemeindebeschlüssen hinten S. 64 ff.

[17] Falls ein Gemeindebeschluss ausnahmsweise als Verfügung qualifiziert werden muss und er unter einen der in § 41 ff. VRG aufgezählten Beschwerdefälle fällt, ist eine Beschwerde ans Verwaltungsgericht, oder sofern er gestützt auf öffentliches Recht des Bundes ergeht, sogar ein eidgenössisches Rechtsmittel denkbar (z.B. bei einer Konzessionserteilung, die durch die Gemeinde erfolgt). Es wirkt sich so die auf Gemeindestufe nicht verwirklichte Gewaltentrennung aus. Vgl. dazu auch vorne S. 20. Ein so ausnahmsweise gegen einen Gemeindebeschluss zulässiges Rechtsmittel untersteht selbstverständlich seinen eigenen Vorschriften und nicht mehr denjenigen des Gemeindebeschwerdeverfahrens.

Für zwei Fälle, in denen Gemeindebeschlüsse explizit in persönliche Verhältnisse eingreifen können, nämlich bei der Erteilung des Gemeindebürgerrechts sowie beim Erlass und der Abänderung von Bau- und Zonenordnungen, bestehen neben der Gemeindebeschwerde spezielle Bestimmungen (vgl. dazu hinten S. 75 ff.).

[18] vgl. § 56, 64 Ziff. 16, § 115a Abs. 1 GG; Art. 18 Ziff. 1 und 3, Art. 51 MusterGO;
Etter S. 51 ff.;

ständigen Überprüfung durch das Verwaltungsgericht ausgeschlossen.[19]

Da Rechtsmittelentscheide des Regierungsrates über Beschwerden gegen Gemeindebeschlüsse in der Regel nicht an das Verwaltungsgericht weitergezogen werden können, ist der Regierungsrat im Gemeindebeschwerdeverfahren zweite und letzte Instanz.

Über die örtliche Zuständigkeit enthält das Gemeindegesetz keine ausdrückliche Bestimmungen . Es heisst in diesem Erlass lediglich, "**über Beschwerden entscheidet der Bezirksrat**";[20] welcher das sein soll, wird nicht gesagt. Hingegen findet sich im Wahlgesetz in § 126 Abs. 1 eine solche Bestimmung. Dort entscheidet derjenige Bezirksrat Abstimmungs- und Stimmrechtsbeschwerden, dem die Aufsicht über die betreffende Gemeinde zusteht. Auf diesen Paragraphen des WG wird im GG nicht verwiesen. Seine Verweisung in § 151 Abs. 1 GG bezieht sich nur auf die § 128-133 WG. Die Regelung in § 126 WG kann deshalb nicht die formelle Grundlage für eine Regelung der örtlichen Zuständigkeit im Gemeindebeschwerdeverfahren abgeben. Materiell ist die örtliche Zuständigkeitsregelung im GG aber auch ohne einen entsprechenden Verweis identisch. Als erste Beschwerdeinstanz ist immer der Bezirksrat örtlich zuständig, in dessen Gebiet die Gemeinde liegt, deren Beschluss angefochten wird. Das ergibt sich einmal daraus, dass eine Gemeinde in der Regel nur einem Bezirk angehört, der mit seinem Bezirksrat ebenfalls nur über eine für die Behandlung von Gemeindebeschwerden zuständige Instanz verfügt. Ferner ist ganz generell bei Vorliegen eines Anfechtungsobjektes das der erlassenden Instanz übergeordnete Rechtspflegeorgan zur Behandlung von Rechtsmitteln örtlich zuständig.[21] Das ist beim Beschluss einer Gemeinde immer der Bezirksrat des Bezirkes, in dessen Gebiet sich die Gemeinde befindet.

Schwierigkeiten können bei der Anfechtung von Beschlüssen von Spezialgemeinden auftreten, die ausnahmsweise in verschiedenen Bezirken lie-

---

Mettler/Thalmann, S. 199 ff.
[19] vgl. Kölz Kommentar, § 47 N 3 f. und § 50 N 143 ff.;
Sommer, S. 148
[20] § 151 Abs. 1 GG
[21] vgl. dazu Kölz Kommentar, § 5 N 18 und 19;
Gygi Rechtspflege, S. 78 f.;
Gygi/Stucki, Art. 25 N 2

gen.[22] In einem derartigen Fall wäre m.E. der Bezirkssrat als örtlich zuständig zu erachten, in dessen Bezirk die betreffende Gemeinde hauptsächlich liegt.[23] Hätte eine Gemeinde keinen derartigen räumlichen Schwerpunkt, müsste im Einzelfall entschieden werden, zu welchem Bezirk der angefochtene Beschluss die tiefere Beziehung aufweist. Unproblematisch ist die örtliche Zuständigkeit des Regierungsrates. Er ist als zweite und letzte Instanz im Gemeindebeschwerdeverfahren immer zuständig, da es im Kanton Zürich nur einen Regierungsrat gibt.

Entscheide des Regierungsrates, die sich mit Problemen der Zuständigkeit beschäftigen, waren mir keine zugänglich. Ebenso enthalten die Materialien keine Aufschlüsse zu Zuständigkeitsproblemen.

Die Zuständigkeiten der Rechtsmittelinstanzen im Gemeindebeschwerdeverfahren erscheinen aufgrund der gemachten Ausführungen gesetzlich klar geregelt zu sein. Weniger klar ist jeweils die Frage, ob die subsidiäre Gemeindebeschwerde überhaupt zum Zuge kommt oder ob ihr andere Rechtsmittel und Verfahren vorgehen. Es wird dazu auf die Darlegungen über die Abgrenzung der Gemeindebeschwerde von anderen Rechtsmitteln verwiesen.[24]

2. Anfechtungsobjekt[25,26]

a) Allgemeines

Ein Anfechtungsobjekt ist der Gegenstand, der mit einem Rechtsmittel

---

[22] Eine solche Gemeinde ist z.B. die Oberstufenschulgemeinde Turbenthal-Wildberg. Turbenthal liegt im Bezirk Winterthur und Wildberg im Bezirk Pfäffikon. Vgl. Siedlungsverzeichnis, S. 102, 116, 139 f. und 159 ff.

Daneben bestehen auch noch Schul- und Kirchgemeinden mit kleineren Teilen von ausserkantonalem Gebiet. (Primarschul- und evang.-ref. Kirchgemeinde Bachs mit aargauischem Gebiet und evang.-ref. Kirchgemeinde Sternenberg mit thurgauischem Gebiet; vgl. Siedlungsverzeichnis S. 128, 143 und 145). Soweit keine vorgehenden interkantonalen Abmachungen bestehen, sind diese Fälle bezüglich der örtlichen Zuständigkeit m.E. gleich zu behandeln.

[23] Eine gleiche Regelung kennt das Wahlgesetz in § 6 Abs. 2 für die Übertragung der Obliegenheiten im Wahl- und Abstimmungsverfahren von einer Spezialgemeinde auf die politische Gemeinde, in deren Gebiet sie im wesentlichen liegt.

[24] vgl. dazu hinten S. 66 ff.

[25] Im Zusammenhang mit dem Anfechtungsobjekt wird auch vom **objektiven Anfechtungs- oder Rechtsschutzinteresse** gesprochen, nachdem sich bestimmen soll, was aus Rechtsschutzgründen als Anfechtungsobjekt gelten soll. Dem objektiven wird das **subjektive** Anfechtungsinteresse gegen-

angefochten werden kann. Ein Rechtsmittelverfahren setzt ein Anfechtungsobjekt voraus.[27] Was ein Anfechtungsobjekt sein kann, hängt vom einzelnen Rechtsmittelverfahren ab, da dieses die Voraussetzungen umschreibt, die dafür erfüllt sein müssen. Je nachdem kann der Kreis der Anfechtungsobjekte, also der Gegenstände, die man in einem Rechtsmittelverfahren durch eine höhere Instanz überprüfen lassen kann, enger oder weiter gezogen sein. Entsprechend eng oder weit ist der Kreis der Gegenstände, gegen die ein Rechtsschutz gegeben ist.

Ein Anfechtungsobjekt muss hinsichtlich seiner Art, der es erlassenden Instanz sowie inhaltlich bestimmten Anforderungen genügen.[28] Das typische Anfechtungsobjekt der nachträglichen Verwaltungsrechtspflege, zu der auch das Beschwerde- und Rekursverfahren des Gemeindegesetzes zu zählen sind,[29] ist die Verfügung.[30] Daneben können aber auch Rechtsmittelentscheide, Rechtssätze, Wahlen und Abstimmungen sowie noch weitere Gegenstände Anfechtungsobjekte der nachträglichen Verwaltungsrechtspflege abgeben.[31] Speziell

---

übergestellt, das die Legitimation zur Anfechtung regelt. Das objektive Anfechtungsinteresse bestimmt das Anfechtungsobjekt und damit, **was** grundsätzlich angefochten werden kann, während das subjektive Anfechtungsinteresse die Legitimation zur Anfechtung regelt und damit, **wer** anfechten darf (vgl. dazu Gygi Rechtspflege, S. 129 f. und 151 ff.; Kölz Kommentar, § 19 N 2 und § 21 N 31 sowie hinten S. 81 f.).

26 Vom Anfechtungsobjekt ist der Streitgegenstand zu unterscheiden. Mit dem Ausdruck Anfechtungsobjekt bezeichnet man die Objekte, die Gegenstand eines Rechtsmittelverfahrens sein können. Mit Streitgegenstand wird das bezeichnet, worum in einem Rechtsmittelverfahren konkret gestritten wird. Der Streitgegenstand setzt ein Anfechtungsobjekt voraus und ergibt sich aus der im Rechtsmittelantrag enthaltenen Rechtsfolgebehauptung, die sich im Rahmen des Anfechtungsobjektes halten muss (vgl. Gygi/Stucki, Art. 81 N 3 lit. e; Kölz Prozessmaximen, S. 133 ff.; Kölz Kommentar, Vorbem. zu § 19-28 N 19; Ule, S. 216 ff.).

27 vgl. Bosshart Anfechtungsobjekte, S. 6 f.;
Gygi Rechtspflege, S. 127;
Hagmann, S. 156;
Kölz Kommentar, § 19 N 2

28 Strehler, S. 50

29 Die Verwaltungsrechtspflege wird in ursprüngliche und nachträgliche Verwaltungsrechtspflege aufgeteilt. Bei der ursprünglichen Verwaltungsrechtspflege wird über eine Verwaltungsstreitigkeit in einem erstinstanzlichen Verfahren geurteilt. Bei der nachträglichen Verwaltungsrechtspflege geht es um den Entscheid in einem Rechtsstreit über einen bereits ergangenen Verwaltungsakt (Bosshart Anfechtungsobjekte, S. 5 f. mit weiteren Hinweisen; Gygi Rechtspflege, S. 29; Leber, S. 23).

30 vgl. dazu Gygi Rechtspflege, S. 126 ff.;
Kölz Kommentar, § 19 N 2 ff.;
Saladin, S. 170 ff.;
Hagmann, S. 157

31 vgl. Hagmann, S. 156 ff.;
Pfleghard, S. 109 ff.;
Strehler, S. 62

beim Rechtsschutz gegen kommunale Akte findet sich eine Ausweitung bei der Umschreibung von möglichen Anfechtungsobjekten.[32,33]

b) Gesetzliche Regelung

Das Gemeindegesetz verlangt in § 151 als Anfechtungsobjekt für die Gemeindebeschwerde **"Beschlüsse der Gemeinde und des Grossen Gemeinderates"**. Damit ist bestimmt, von welcher Art und von welcher Instanz ein Akt sein muss, damit er mit einer Gemeindebeschwerde angefochten werden kann. Es muss sich um einen Beschluss handeln, der von den Stimmberechtigten einer Gemeinde in einer Gemeindeversammlung oder an der Urne oder von einem Gemeindeparlament gefasst worden ist.[34]

(1) Beschlussform

Gemeindebeschlüsse werden im Rahmen eines vorgeschriebenen Abstimmungsverfahrens als Mehrheitsentscheide gefällt[35] und bringen den Willen des entsprechenden Gemeindeorgans zum Ausdruck. Der Beschluss bildet dabei den formellen Abschluss der Willensbildung im betreffenden Organ.[36,37] Erst wenn diese in einem Beschluss ihren Abschluss gefunden hat, liegt ein Anfechtungsobjekt im Sinne von § 151 GG vor. Eine Gemeindebeschwerde kann deshalb nur gegen einen förmlichen Beschluss der Stimmberechtigten einer Gemeinde oder eines Gemeindeparlamentes erhoben werden. Liegt kein solcher vor, kommt nur eine Aufsichtsbeschwerde[38] oder allenfalls bei Unregelmässigkeiten bei der Vorbereitung von Abstimmungen ein Rechtsmittel des Wahlgesetzes in

---

32 vgl. dazu vorne S. 33 f. und S. 41 f.
33 vgl. im übrigen zum Anfechtungsobjekt im allgemeinen:
Bosshart Anfechtungsobjekte, S. 8 ff.;
Gygi Rechtspflege, S. 126 ff.:
Kölz Kommentar, § 19 N 1 ff.:
Ule, S. 170 ff.
34 vgl. vorne S. 17 und S. 28
35 vgl. § 42-54, 91-100 und 105 Abs. 1 GG
36 vgl. Aeschlimann, S. 64;
Kilchenmann, S. 71;
Winzenried, S. 58
37 vgl. zum Organbegriff vorne S. 15 ff.
38 gl.A. Mettler/Thalmann, S. 383 zu § 151 alt GG

Frage.[39]

Wenn bei der Detailberatung eines Gemeindebeschlusses als vorbereitende Akte Teilbeschlüsse[40] oder verfahrensrechtliche Zwischenbeschlüsse[41] gefällt werden, ist m.E. deren selbständige Anfechtung wegen fehlendem Rechtsschutzinteresse und aus Gründen der Verfahrensökonomie abzulehnen. Erst der den behandelten Gegenstand endgültig abschliessende Beschluss sollte angefochten werden können, sofern sich nicht aus besonderen Gründen eine Ausnahme aufdrängt.[42]

(2) Inhalt

Das Erfordernis des Beschlusses als Anfechtungsobjekt bedeutet lediglich, dass der entsprechende Akt durch eine Mehrzahl von Personen,[43] nämlich durch die Stimmberechtigten einer Gemeinde oder durch die Mitglieder eines Gemeindeparlamentes gefasst worden sein muss. Damit wird aber noch nichts über dessen Inhalt ausgesagt. Inhaltlich kann ein solcher Gemeindebeschluss alles umfassen, worüber eine Willensbildung im entsprechenden Gemeindeorgan zustande kommt. Einschränkungen, die gewisse Gemeindebeschlüsse wegen ihres Inhaltes von der Anfechtbarkeit ausnehmen würden, enthält das Gemeindegesetz nicht.[44] Grundsätzlich sind deshalb m.E. alle Gemeindebeschlüsse unbesehen ihres Inhaltes mit der Gemeindebeschwerde anfechtbar.[45]

Ein Gemeindebeschluss kann all das zum Gegenstand haben, worüber eine Gemeinde oder ein Gemeindeparlament aufgrund der betreffenden Gemeindeordnung und der übrigen gesetzlichen Bestimmungen zu entscheiden befugt

---

39 vgl. dazu hinten S. 66 ff.
40 z.B. der Beschluss über einen Teil eines kommunalen Raumplanes (in diesem Sinne RRB 3201/83 in BEZ 1983 Nr. 21 zu § 151 alt GG)
41 z.B. der Beschluss über einen Abänderungsantrag im Sinne von § 40 Abs. 2 WG
42 Allenfalls käme eine analoge Anwendung der Praxis zu den Vor- und Zwischenentscheiden des Rekursverfahrens nach § 19 VRG in Betracht (vgl. dazu hinten S. 111).
43 Aeschlimann, S. 64 Fussnote 169
44 Im Gegensatz dazu spricht § 152 GG beim Rekurs gegen Akte von Gemeindebehörden nur von Anordnungen und Erlassen und nicht auch von Beschlüssen, obwohl die Gemeindebehörden, soweit sie als Kollegialbehörden konstituiert sind, in Beschlussform entscheiden. Damit ist dort nicht jeder Beschluss anfechtbar, sondern nur solche, die Anordnungen und Erlasse darstellen. Vgl. dazu hinten S. 110 ff. .
45 vgl. auch Brühwiler, S. 489 f.;
    Mettler/Thalmann, S. 382 zu § 151 alt GG

sind. Daneben ist natürlich auch denkbar, dass ein Gemeindebeschluss in Missachtung der bestehenden Kompetenzordnung gefällt wird. Ein solcher Beschluss ist selbstverständlich auch mit einer Gemeindebeschwerde anfechtbar, da diese u.a. gerade die Behebung solcher Mängel zur Aufgabe hat.

Die Stimmberechtigten einer Gemeinde und die Gemeindeparlamente sind sowohl auf dem Gebiete der Rechtssetzung und Planung als auch der Verwaltung zu Beschlüssen befugt. Bei der Rechtssetzung steht der Gemeinde der Erlass und die Änderung der Gemeindeordnung zu.[46] Sie ist in diesen Bereichen als kommunaler Verfassungsgeber tätig.[47] Soweit in dieser Materie eine Gemeindebeschwerde erhoben wird, handelt es sich dabei um eine Art Staatsrechtspflege auf Gemeindestufe. Der Gemeinde oder dem Gemeindeparlament kommen ferner bei der Rechtssetzung der Erlass und die Änderung von Rechts- und Verwaltungsverordnungen zu, soweit diese aufgrund der kommunalen Kompetenzausscheidung von ihnen zu erlassen sind.[48] Bei der Planung haben sie die Gesamt- und die Nutzungsplanung festzulegen.[49] Schliesslich steht ihnen im Bereich der Verwaltung die Beschlussfassung in allgemeinen Verwaltungssachen[50] sowie in Finanzangelegenheiten[51] zu.[52]

Neben den bisher aufgezählten Beschlüssen mit materiellem Inhalt können auch Gemeindebeschlüsse verfahrensrechtlicher Art gefällt werden.[53] Auch diese sind mit der Gemeindebeschwerde anfechtbar, da das Gemeindegesetz, wie bereits erwähnt, hinsichtlich des Inhaltes von anfechtbaren

---

[46] § 41 Abs. 1, § 91 Ziff. 1, § 116 Abs. 1 GG; Art. 9 Abs. 1 Ziff. 1 MusterGO
[47] Bem. zu Art. 2 MusterGO;
Etter, S. 40;
Heiniger Gemeinderat, S. 285
[48] vgl. Art. 13 lit. b Ziff. 2 MusterGO
[49] § 32, 88 Abs. 1 und § 95 PBG; Art. 13 lit. b Ziff. 3 MusterGO
[50] § 41 Abs. 3 Ziff. 1-2, § 108 Ziff. 2 GG; Art. 13 lit. c Ziff. 4-11 MusterGO
[51] § 41 Abs. 2 und 3 Ziff. 3-7; § 91 Ziff. 2, § 93 Ziff. 2-5, § 108 Ziff. 1, § 119 Abs. 1 GG; Art. 9 Abs. 1 Ziff. 2, Art. 13 lit. d Ziff. 12-21 MusterGO
[52] vgl. ferner allgemein zur Kompetenzverteilung auf Gemeindestufe:
Etter, S. 40 ff.;
Heiniger Gemeinderat, S. 169 ff.;
Mettler/Thalmann, S. 98 ff., 105 ff., 194 ff., 270 ff. und 292 ff.;
Streiff, S. 131 ff.
[53] z.B. der Beschluss auf Verschiebung eines Verhandlungsgegenstandes in einer Gemeindeversammlung (§ 48 Abs. 2 GG); der Beschluss eines Gemeindeparlamentes über die Gültigkeit einer Initiative (§ 96 Abs. 1 und § 98 GG in Verbindung mit § 4 Abs. 2 des Gesetzes über das Vorschlagsrecht des Volkes vom 1. Juni 1969 (Initiativgesetz; GS 162))

Gemeindebeschlüssen keine Vorschriften aufstellt.[54]

Keine Anfechtungsobjekte der Gemeindebeschwerde können kommunale Wahlen abgeben. Bei Gemeindewahlen kommen ausschliesslich die Vorschriften des Wahlgesetzes samt seinen Rechtsmittelbestimmungen und seiner Umschreibung der Anfechtungsobjekte in § 123 WG zur Anwendung, da die Gemeindebeschwerde als Anfechtungsobjekte nur Beschlüsse und keine Wahlen nennt.[55]

3. Verhältnis zu anderen Rechtsmitteln

a) Allgemeines

Die Gemeindebeschwerde ist bloss ein subsidiäres Rechtsmittel. Sie kommt nur zum Zuge, soweit keine abweichenden Vorschriften bestehen.[56] Rechtsmittelbestimmungen, die der Gemeindebeschwerde des Gemeindegesetzes vorgehen, sind nicht so zahlreich wie beim Gemeinderekurs. Es finden sich solche im Wahl- und Abstimmungswesen, im Erziehungs- und Kirchenwesen, im Planungs- und Bauwesen sowie bei der Bürgerrechtserteilung. Bevor darauf eingegangen wird, ist die Gemeindebeschwerde nach § 151 GG von der Aufsichtsbeschwerde und von den Rechtsmitteln der allgemeinen Verwaltungsrechtspflege des VRG sowie vom Gemeinderekurs nach § 152 GG abzugrenzen.

b) Aufsichtsbeschwerde

Bei der Aufsichtsbeschwerde handelt es sich im Gegensatz zur Gemeindebeschwerde nicht um ein eigentliches Rechtsmittel, sondern um einen blossen Rechtsbehelf, da dem Aufsichtsbeschwerdeführer kein Erledigungsanspruch zusteht. Sie ist gesetzlich nicht geregelt und richtet sich an die

---

[54] im Ergebnis gleich RRB 4296/86 betr. die Gültigerklärung einer Initiative durch ein Gemeindeparlament unter Berufung auf BGE 111 Ia 284 (= ZBl 87 (1986), S. 175 ff.), der aber offenbar einen Fall von § 151 alt GG betrifft;
a.A. Streiff, S. 235 f. zu § 151 alt GG

[55] § 151 Abs. 1 Satz 1 GG; vgl. auch § 41 Abs. 4 und § 47 GG

[56] vgl. § 153 GG; § 10 Abs. 1 Bezirksverwaltungsgesetz; Art. 45 Abs. 2 KV

hierarchisch übergeordnete Verwaltungsbehörde mit der Absicht, das Handeln einer unteren Verwaltungsbehörde aufsichtsrechtlich überprüfen zu lassen. Soweit ein Rechtsmittel gegeben ist, hat die Aufsichtsbeschwerde bloss subsidiären Charakter.[57,58] Die Gemeindebeschwerde geht deshalb als Rechtsmittel der Aufsichtsbeschwerde als blossem Rechtsbehelf vor.[59] Gemeindebeschwerden werden zuweilen verbunden mit einer Aufsichtsbeschwerde eingereicht, um damit eine Überprüfung des angefochtenen Gemeindebeschlusses auch dann zu erreichen, wenn von der Beschwerdeinstanz nicht alle Beschwerdevoraussetzungen bejaht werden.[60]

In einem derartigen Fall muss die Rechtsmittelinstanz auf die Gemeindebesschwerde zwar nicht eintreten, sie wird jedoch die Aufsichtsbeschwerde behandeln. In der Praxis nehmen die Bezirksräte und der Regierungsrat Rechtsmittel, auf die nicht eingetreten werden kann, sogar dann als Aufsichtsbeschwerden entgegen und prüfen die damit angefochtenen Akte aufsichtsrechtlich, wenn dies in der Eingabe nicht einmal in einem Eventualbegehren verlangt wird.[61] Dies gilt nicht nur bei Gemeindebeschwerden, sondern auch bei Gemeinderekursen und Wahlbeschwerden.[62] Eine solche aufsichtsrechtliche Prüfung ist weniger umfassend als bei einem förmlichen Rechtsmittel, da nach der zürcherischen Praxis aufsichtsrechtlich nur dann einzuschreiten ist, wenn klares Recht oder wesentliche öffentliche Interessen verletzt werden und einem aufsichtsrechtlichen Einschreiten nicht inzwischen entstandene, schützenswerte Rechtspositionen entgegenstehen.[63]

Vom Standpunkt des betroffenen Bürgers aus gesehen, ist dieses Vor-

---

[57] Giacometti Verwaltungsrecht, S. 474 f.;
Kölz Kommentar, § 20 N 66

[58] vgl. allgemein zur Aufsichtsbeschwerde:
Fehr, S. 252 ff.;
Kölz Kommentar, § 20 N 2 f. und 63-79

[59] Die Bezirksräte und der Regierungsrat können jedoch als Beschwerde- und gleichzeitige Aufsichtsinstanz über die Gemeinden einen mit der Gemeindebeschwerde angefochtenen Gemeindebeschluss vor dessen materiellen Behandlung aufsichtsrechtlich aufheben, womit das Beschwerdeverfahren gegenstandslos wird (vgl. RRB 2115/87).

[60] BRZ 6,102-105/87; 7/87 sowie
im Gemeinderekursverfahren RRB 4307/85; BRZ 387/85;436/85

[61] RRB 3217/86 E. 1

[62] RRB 3114/86 E. 3; BRZ 219/86 E. VI; 249/87 E. III

[63] RRB 3217/86 E. 1;
Kölz Kommentar, § 20 N 68 mit weiteren Hinweisen

gehen zu begrüssen. Es kann aber nicht übersehen werden, dass damit der klare Unterschied zwischen der gesetzlich geregelten Gemeindebeschwerde und dem von der Praxis entwickelten Rechtsbehelf der Aufsichtsbeschwerde verwischt wird. Dazu kommt, dass die aufsichtsrechtliche Überprüfung häufig nicht viel weniger weit geht als bei einer rechtsmittelmässigen Überprüfung.[64] Ferner besteht im Kanton Zürich die Übung, dem Aufsichtsbeschwerdeführer gegenüber, auch wenn ihm keine Parteistellung zugebilligt wird, einen förmlichen Entscheid zu erlassen, ob der Aufsichtsbeschwerde Folge geleistet wird oder nicht.[65] Diese Behandlung von Aufsichtsbeschwerden wird nicht viel weniger aufwendig sein, als die Behandlung von förmlichen Rechtsmitteln. Es scheint unter diesem Gesichtspunkt wenig sinnvoll, einschränkende Voraussetzungen - vor allem hinsichtlich der Legitimation[66] - für Rechtsmittel aufzustellen, wenn die Streitsache auch bei deren Fehlen materiell geprüft wird. Dienen doch gerade die Vorschriften über die Legitimation dazu, Popularbeschwerden und damit eine Überlastung der Rechtspflegeorgane zu verhindern. Durch die generelle Behandlung von Rechtsmitteln, auf die nicht eingetreten werden kann, als Aufsichtsbeschwerden wird dies unterlaufen.

c) Allgemeine Verwaltungsrechtspflege

Der Verwaltungsrekurs nach § 19 VRG kommt gemäss § 4 VRG nur zum Zuge, soweit in anderen Gesetzen nicht abweichende Vorschriften bestehen. Die Gemeindebeschwerde kennt in § 153 GG sinngemäss die gleiche Bestimmung. Obwohl keine weitere Regelung ihres gegenseitigen Verhältnisses besteht, ist der Verwaltungsrekurs gegen Gemeindebeschlüsse nicht zulässig, da er nur gegen Verfügungen und Entscheide von Verwaltungsbehörden erhoben wer-

---

[64] Vgl. RRB 2116/87 E. 2; 4296/86 E. 1; 3217/86 E. 1 . In diesen Entscheiden des Regierungsrates wird unzutreffenderweise davon ausgegangen, dass die Überprüfung bei einer "**Aufsichtsbeschwerde notwendigerweise den gleichen Umfang annehmen muss**" wie bei einer Stimmrechtsbeschwerde resp. "sich die Kognitionsbefugnis der Beschwerdeinstanz bei der Behandlung einer ... **Beschwerde nach § 151 Gemeindegesetz gleich wie bei einer Aufsichtsbeschwerde**" bemisst, wobei einer solchen nur Folge zu geben ist, "wenn klares Recht oder **wesentliche öffentliche Interessen missachtet wurden**". Vgl. im übrigen zur Kognition bei der Gemeindebeschwerde hinten S. 96.

[65] BRZ 695/86; 258/85;
Kölz Kommentar, § 20 N 65 mit weiteren Hinweisen

[66] vgl. zur Legitimation bei der Gemeindebeschwerde und beim Gemeinderekurs hinten S. 81 ff. und S. 126 ff. .

den kann,[67] während Gemeindebeschlüsse in der Regel nicht als solche zu qualifizieren sind.[68] Ferner können die Stimmberechtigten einer Gemeinde oder ein Gemeindeparlament kaum als untere Verwaltungsbehörde im Sinne von § 19 Abs. 1 VRG gelten. Daneben ergibt sicht aus den Materialien, dass mit der Revision der Rechtsmittelbestimmungen des Gemeindegesetzes ein Klärung in dem Sinne angestrebt wurde, dass neu "**Beschlüsse der Gemeinde und Grossen Gemeinderäte ausschliesslich mit der Beschwerde**" anfechtbar sein sollten.[69] Es handelt sich bei den Bestimmungen über die Gemeindebeschwerde im Verhältnis zu denjenigen des Verwaltungsrekurses um umfassendere Spezialvorschriften, die später erlassen wurden und im Gegensatz zum Verwaltungsrekurs eine Überprüfung von Gemeindebeschlüssen jeglichen Inhaltes erlauben.

Klar ist die Abgrenzung der Gemeindebeschwerde von der Beschwerde ans Verwaltungsgericht im Sinne der § 41 ff. VRG. Gemeindebeschlüsse werden nicht von Instanzen gefällt, deren Anordnungen mit der Verwaltungsgerichtsbeschwerde angefochten werden können.[70]

d) Gemeinderekurs

Ebenfalls unproblematisch ist die Abgrenzung der Gemeindebeschwerde vom Gemeinderekurs. Während die Gemeindebeschwerde gegen Beschlüsse der **Stimmberechtigten einer Gemeinde** oder eines **Gemeindeparlamentes** erhoben werden kann, ist der Gemeinderekurs gegen Anordnungen und Erlasse **anderer Gemeindebehörden** als den Stimmberechtigten oder eines Gemeindeparlamentes zu erheben.[71] Sie unterscheiden sich dadurch in der Instanz, von der ein anfechtbarer Akt erlassen sein muss, damit er mit einer Gemeindebeschwerde oder mit einem Gemeinderekurs angefochten werden kann.[72,73]

---

67 vgl. zu den Begriffen Verfügung und Entscheid hinten S. 110 f.
68 vgl. vorne S. 58 f. und S. 64 ff.
69 Weisung RR Wahlgesetz, S. 909 f.;
   vgl. ferner Kommissionsprotokoll WG, S. 153
70 vgl. § 47 VRG
71 § 151 Abs. 1 und § 152 GG
72 Unzutreffend ist in diesem Zusammenhang RRB 3359/85, in welchem bei der gleichzeitigen Anfechtung eines Beschlusses der Gemeindelegislative und der Gemeindeexekutive eine Abgrenzung des Gemeindebeschwerdeverfahrens vom Gemeinderekursverfahren unterblieb. Richtigerweise hätte die Anfechtung des Gemeindebeschlusses nach den Bestimmungen der Gemeindebeschwerde und

e) Wahl- und Abstimmungswesen

(1) Allgemeines

Das Rechtsmittel im Wahlgesetz wird auch Beschwerde genannt.[74] Die Rechtssprechung nennt es, offenbar in Anlehnung an die Bezeichnung der staatsrechtlichen Beschwerde aufgrund von Art. 85 lit. a OG,[75,76] Stimmrechtsbeschwerde.[77]

Das Stimmrecht ist das Recht, an Wahlen und Abstimmungen teilzunehmen und Initiativen und Referenden zu unterzeichnen.[78] Mit der Beschwerde des zürcherischen Wahlgesetzes wie auch des eidgenössischen Gesetzes über die politischen Rechte können neben der Verletzung des Stimmrechts[79] auch Unregelmässigkeiten bei der Vorbereitung und Durchführung von Wahlen und Abstimmungen gerügt werden.[80] Das Bundesgesetz über die politischen Rechte verwendet dafür die Bezeichnungen Wahl-[81] bzw. Abstimmungsbeschwerde[82] und grenzt sie so von der eigentlichen Stimmrechtsbeschwerde ab. Im zürcherischen Wahlgesetz wird ähnlich in dessen § 123 Abs. 1 lit. b die Beschwerde wegen Verletzung des Stimmrechts zugelassen und in § 123 Abs. 1 lit. a die Beschwerde wegen Unregelmässigkeiten bei der Vorbereitung und Durchführung von Wahlen

---

    diejenige des Beschlusses der Gemeindevorsteherschaft nach den Regeln des Gemeinderekurses beurteilt werden müssen. Vgl. zu diesem Entscheid und seiner Auswirkung für die anwendbaren Legitimationsvorschriften hinten S. 84 f. .

[73]   Daneben sind auch beide Verfahren verschieden ausgestaltet, so vor allem in den wichtigen Fragen der Legitimation und der Rechtsmittelgründe.

[74]   vgl. § 123 ff. und § 9 Abs. 4 WG

[75]   Bundesgesetz über die Organisation der Bundesrechtspflege vom 16. Dezember 1943 (SR 173.110; zit. OG)

[76]   vgl. zur Stimmrechtsbeschwerde nach Art. 85 lit. a OG Auer, N 422-442 mit Verweisen

[77]   vgl. z.B. RRB 2116/87; 3114/86; 2001/86; 1227/86; 3359/85; Bericht RR Wahlgesetz, S. 2 oben

[78]   vgl. für den Bund:
Art. 1 des Bundesgesetzes über die politischen Rechte vom 17. Dezember 1976 (SR 161.1; zit. BG über die politischen Rechte);
für den Kanton Zürich:
§ 1 und 123 Abs. 1 lit. b WG

[79]   vgl. § 123 Abs. 1 lit. b WG;
Art. 77 Abs. 1 lit. a BG über die politischen Rechte

[80]   vgl. § 123 Abs. 1 lit. a WG;
Art. 77 Abs. 1 lit. b und c BG über die politischen Rechte

[81]   Art. 77 Abs. 1 lit. c BG über die politischen Rechte

[82]   Art. 77 Abs. 1 lit. b BG über die politischen Rechte

und Abstimmungen vorgesehen.

Die Verwendung des Begriffes Stimmrechtsbeschwerde für alle Beschwerdefälle des zürcherischen Wahlgesetzes steht damit im Widerspruch zur gesetzlichen Regelung und umfasst unpräzise neben der eigentlichen Beschwerde wegen Stimmrechtsverletzungen auch weitere Beschwerdefälle.

(2) Abgrenzung

Eine genaue Abgrenzung zwischen der Gemeindebeschwerde und der Beschwerde nach Wahlgesetz ist wohl schwierig jedoch von nicht allzu grosser praktischer Bedeutung. Die sie regelnden Bestimmungen sind weitgehend identisch, weil im Gemeindegesetz für das Beschwerdeverfahren auf das Wahlgesetz verwiesen wird.[83]

In der Praxis werden die Unterschiede zwischen der Gemeindebeschwerde und der Beschwerde nach Wahlgesetz nicht klar wahrgenommen.[84] Ebenso wird vom Regierungsrat zuweilen selbst die Abgrenzung zum Gemeinderekurs unterlassen.[85]

Die Beschwerde nach Wahlgesetz ist hinsichtlich der möglichen Anfechtungsobjekte umfassender als die Gemeindebeschwerde. Während die speziellere Gemeindebeschwerde lediglich zur Anfechtung von Ge-

---

[83] vgl. dazu vorne S. 29 ff. und hinten S. 85 f. und S. 97 ff.

[84] Vgl. RRB 2116/87 und 2001/86, wo Beschwerden gegen Beschlüsse eines Gemeindeparlamentes stets nur als Stimmrechtsbeschwerden bezeichnet und behandelt werden und nirgends auf das Verhältnis zur Gemeindebeschwerde eingegangen wird.
In RRB 2116/87 wird ferner auf RRB 3359/85 verwiesen und pauschal festgestellt, dass aufgrund dieses Entscheides die Stimmrechtsbeschwerde nicht erhoben werden könne, obwohl der zitierte Entscheid in erster Linie von einer Gemeinde- und nicht von einer Stimmrechtsbeschwerde handelt.
Bezeichnenderweise werden im Protokollregister des Regierungsrates, das "**Materienregister**" genannt wird, unter dem Titel "**Rekurse**" im Obertitel "**Gemeindewesen**" alle Rechtsmittelentscheide des Regierungsrates in Gemeindesachen aufgrund des Gemeinde- und des Wahlgesetzes aufgeführt. Es wird keine Differenzierung nach den unterschiedlichen Rechtsmittelnamen und -verfahren vorgenommen.
Siehe auch Ruckstuhl (S. 290), der die Gemeindebeschwerde nach § 151 GG als Wahlbeschwerde bezeichnet.

[85] Vgl. RRB 3188/87. Hier werden zwar alle drei möglichen Rechtsmittel (Gemeindebeschwerde, Gemeinderekurs, Stimmrechtsbeschwerde) aufgezählt, eine Abgrenzung wird zwischen ihnen aber nicht vorgenommen. Eine solche wäre jedoch notwendig, um die massgeblichen Vorschriften bezüglich Legitimation, Kosten etc. feststellen zu können, die je nach Rechtsmittel verschieden sind (vgl. dazu hinten S. 82 ff.).

meindebeschlüssen gegeben ist, kann die Stimmrechtsbeschwerde sowohl auf Gemeindestufe als auch auf anderen kantonalen Ebenen erhoben werden und zwar nicht nur im Zusammenhang mit Abstimmungen, wie sie einem Gemeindebeschluss vorhergehen, sondern auch im Zusammenhang mit Wahlen, Initiativen und Referenden. Ein weiterer Unterschied liegt darin, dass die Beschwerde nach Wahlgesetz bereits zulässig ist bei Unregelmässigkeiten in der Vorbereitung von Wahlen und Abstimmungen. Sie setzt nicht in jedem Falle das Vorliegen eines Beschlusses voraus, wie dies von der Gemeindebeschwerde verlangt wird.[86]

Während bei der Stimmrechtsbeschwerde im Vergleich zur Gemeindebeschwerde der Kreis der Anfechtungsobjekte weitergezogen ist, verhält es sich bei den möglichen Beschwerdegründen gerade umgekehrt. Mit der Beschwerde nach Wahlgesetz können nur Stimmrechtsverletzungen und Unregelmässigkeiten bei der Vorbereitung und Durchführung von Wahlen und Abstimmungen gerügt werden.[87] Mit der Gemeindebeschwerde können neben diesen beiden Beschwerdegründen noch weitere vorgebracht werden.[88]

Die Gemeindebeschwerde muss m.E. der Stimmrechtsbeschwerde bei der Anfechtung von Gemeindebeschlüssen trotz der Subsidiaritätsbestimmung in § 153 GG vorgehen. Bei der Gemeindebeschwerde handelt es sich im Verhältnis zur Stimmrechtsbeschwerde um ein Spezialrechtsmittel, das die Beschwerdefälle der Stimmrechtsbeschwerde im allgemeinen mitumfasst und erst noch weiter geht. Sie ersetzt damit bei Gemeindeabstimmungen die Stimmrechtsbeschwerde. Diese Auffassung wird durch die Materialien gestützt, die sich für ein einheitliches Gemeindebeschwerdeverfahren auch bei Verfahrensfehlern aussprechen.[89]

Die Stimmrechtsbeschwerde wäre im Zusammenhang mit Gemeindebeschlüssen von der Formulierung in § 123 WG her zwar zulässig bei "Unregelmässigkeiten bei der Vorbereitung und Durchführung" oder "wegen Verletzung des Stimmrechts". Würde sie aber in diesen Fällen der Gemeindebeschwerde vorgehen, so käme § 151 Abs. 1 Ziff. 3 GG gar nie zur Anwendung. Da der Beschwerdegrund in § 123 Abs. 1 WG gleich wie in § 151 Abs. 1 Ziff. 3 GG umschrieben ist, hätte das keine weiteren Folgen. Anders ver-

---
[86] vgl. vorne S. 63 f.
[87] § 123 Abs. 1 lit a und b WG
[88] § 151 Abs. 1 Ziff. 1 und 2 GG; vgl. dazu hinten S. 88 ff.
[89] vgl. Weisung RR Wahlgesetz, S. 912

hielte es sich aber bezüglich der in § 151 Abs. 1 Ziff. 1 und 2 GG vorgesehenen Anfechtungsgründe. Diese kennt nur das GG, während sie mit der Stimmrechtsbeschwerde nicht vorgebracht werden können. Sie würden obsolet, wenn die Stimmrechtsbeschwerde die Gemeindebeschwerde verdrängen würde.[90]

Denkbar wäre auch eine Gabelung der Rechtsmittelwege in dem Sinne, dass gegen Unregelmässigkeiten bei der Vorbereitung und Durchführung von Gemeindeabstimmungen die Stimmrechtsbeschwerde und bei der Anfechtung von Gemeindebeschlüssen aus anderen Gründen die Gemeindebeschwerde zu erheben wäre. Eine solche Aufspaltung ist m.E. abzulehnen, da sie der mit der Revision angestrebten Vereinheitlichung und Vereinfachung des Rechtsmittelverfahrens gegen Gemeindebeschlüsse widersprechen würde.[91]

Aufgrund des Gesagten ist bei der Anfechtung von Gemeindebeschlüssen der Gemeindebeschwerde der Vorrang vor der Stimmrechtsbeschwerde zu geben. Anders verhält es sich aber bei Wahlen in einer Gemeinde oder in einem Gemeindeparlament. Dort kommt nur die Stimmrechtsbeschwerde in Frage, da die Gemeindebeschwerde als Anfechtungsobjekt die Wahlen nicht kennt.[92] Ein Beschwerdeführer muss deshalb eine Wahl in einer Gemeinde oder in einem Gemeindeparlament mit der Stimmrechtsbeschwerde anfechten, während er gegen einen Gemeindebeschluss die Gemeindebeschwerde zu erheben hat. Will er hingegen bereits Unregelmässigkeiten bei der Vorbereitung der zum Gemeindebeschluss führenden Abstimmung rügen,[93] so kann er dies nicht mit der Gemeindebeschwerde, sondern nur mit einer Stimmrechtsbeschwerde tun.[94] Die Gemeindebeschwerde setzt, wie mehrfach erwähnt, als Anfechtungsobjekt einen

---

90 Vgl. ferner § 6 Abs. 1 WG, wo "**die besonderen Bestimmungen über das Verfahren in Gemeindeversammlungen**" vorbehalten werden. Damit verweist das WG für das Abstimmungsverfahren in Gemeindeversammlungen auf § 40 WG und § 46 - 54 GG. Im Gegenzug dazu bestimmt das Gemeindegesetz in § 47, das für die "durch die Gemeinde vorzunehmenden Wahlen" die Regelungen des Wahlgesetzes gelten. Diese gegenseitigen Verweise beziehen sich zwar nur auf das Verfahren für Gemeindeabstimmungen und -wahlen. Sinnvollerweise sollten sie aber auch für die entsprechenden Rechtsmittelbestimmungen gelten.

91 vgl. Kommissionsprotokoll WG, S. 153;
Bericht RR Wahlgesetz, S. 2 oben;
Weisung RR Wahlgesetz, S. 910 und 912

92 vgl. § 151 Abs. 1 Satz 1 GG;
siehe auch vorne S. 66

93 z.B. irreführende Ausführungen im "beleuchtenden Bericht" an die Stimmbürger

94 Wenn er deren Voraussetzungen ebenfalls nicht erfüllt, kommt nur noch eine Aufsichtsbeschwerde in Frage.

Beschluss der Gemeinde voraus,[95] der erst nach erfolgter Abstimmung vorliegt. Ob die bei der Revision der Rechtsmittelbestimmungen des Gemeindegesetzes angestrebten Vereinfachungen im kommunalen Rechtsschutz dadurch die getroffenen Regelungen erreicht wurden, muss wohl bezweifelt werden.

Darüber hinaus ist auch die Formulierung des § 151 Abs. 1 Ziff. 3 GG nicht gelungen, wurde doch dort "**bei Unregelmässigkeiten bei der Vorbereitung und Durchführung**" vergessen einzufügen "**von Abstimmungen**".[96] Ohne diese Ergänzung macht die Ziffer 3 des ersten Absatzes von § 151 GG keinen Sinn, da nicht gesagt wird, worauf sich die Unregelmässigkeiten beziehen sollen. Wenn man gleich wie im Wahlgesetz "**von Abstimmungen und Wahlen**" ergänzen würde,[97] müsste man daraus schliessen, dass auch bei Gemeindewahlen die Gemeindebeschwerde und nicht die Stimmrechtsbeschwerde zu erheben wäre. Dies wäre im Sinne einer Vereinheitlichung der Rechtsmittel zwar einleuchtend, nur würde es der Umschreibung des Anfechtungsobjektes in § 151 GG widersprechen. Dort ist nur von Beschlüssen und nicht auch von Wahlen die Rede. Die "**Unregelmässigkeiten bei der Vorbereitung und Durchführung**" können sich in § 151 Abs. 1 Ziff. 3 GG deshalb nur auf Abstimmungen beziehen.

f) Erziehungswesen

Im Erziehungs- wie auch im Kirchenwesen gibt es neben dem Bezirksrat besondere Aufsichts- und Rechtsmittelinstanzen. Es sind dies im Erziehungswesen gegenüber den Schulgemeinden die Bezirksschulpflegen[98] und der Erziehungsrat.[99] Die Rechtsmittel im Erziehungswesen des Kantons Zürich haben die Besonderheit, dass sie nur unvollständig gesetzlich geregelt sind, was ihre Abgrenzung zu anderen Rechtsmittelzügen erschwert.

---

95 Vgl. vorne S. 63 f..
    Für den Fall, dass sich Unregelmässigkeiten bei der Vorbereitungen von Gemeindeabstimmungen nicht nur faktisch, sondern in einem formellen Beschluss einer Gemeindebehörde äussern, siehe hinten S. 122 f.. Eine Gemeindebeschwerde käme nicht in Betracht, da sie nicht gegen Beschlüsse von Gemeindebehörden erhoben werden kann.
96 Für eine etwas freiere Ergänzung, die dafür der Besonderheit Rechnung trägt, dass bei der Gemeindebeschwerde Gemeindebeschlüsse und nicht "Unregelmässigkeiten bei der Vorbereitung und Durchführung" von Abstimmungen Anfechtungsobjekte sind, siehe hinten S. 95 Fussnote 218.
97 § 123 Abs. 1 lit. a WG
98 § 20 ff. des Gesetzes über das gesamte Unterrichtswesen vom 23. Dezember 1859 (GS 410.1; zit. Unterrichtsgesetz)
99 § 1 ff. Unterrichtsgesetz

Es ist nun nicht so, dass diese besonderen Instanzen im Erziehungs- und Kirchenwesen den allgemeinen Instanzenzug über den Bezirksrat ausschalten würden. Vielmehr tritt eine Gabelung des Rechtsmittelweges ein. Beschlüsse von Schulgemeinden sind bei der Bezirksschulpflege und nachher beim Erziehungsrat anzufechten, soweit sie wegen ihres schulischen Inhaltes angefochten werden. Geht es dagegen um andere als Schulfragen, so ist die gewöhnliche Gemeindebeschwerde an den Bezirksrat zu erheben.[100,101]

g) Kirchenwesen

Gleich ist die Situation im Kirchenwesen. Als besondere Aufsichts- und Rechtsmittelinstanzen agieren dort neben dem Bezirks- und Regierungsrat die Bezirkskirchenpflegen[102] und der Kirchenrat[103] über die evangelisch-reformierten Kirchgemeinden und die Zentralkommission[104] über die römisch-katholischen Kirchgemeinden. Rechtsmittel gegen Gemeindebeschlüsse aus kirchlichen Gründen sind an diese speziellen Instanzen zu richten, während in Angelegenheiten allgemeiner und formeller Natur die Gemeindebeschwerde an den Bezirksrat zu erheben ist.[105,106]

h) Bau- und Planungswesen

Auch hier existiert eine besondere Instanz, die sogenannten Baurekurskommissionen, die Rekurse in Bau- und Planungssachen behandeln.[107] Obwohl die Baurekurskommissionen grundsätzlich alle Rekurse in Bau- und Planungssachen behandeln, gibt es eine Ausnahme, und zwar dort, wo in derar-

---

100 Wyss, S. 33, 37 f., 45 f. und 276 ff.;
 Kleiner, S. 54
101 vgl. zu den Organen und ihren Aufgaben im zürcherischen Volksschulwesen; Wyss, S. 18-64
102 § 25 des Gesetzes über die evangelisch-reformierte Landeskirche vom 7. Juli 1963 (GS 181.11; zit. Kirchengesetz)
103 § 33 Kirchengesetz
104 § 7 ff. des Gesetzes über das katholische Kirchenwesen vom 7. Juli 1963 (GS 182.1; zit. kath. Kirchengesetz)
105 § 26, 34 Abs. 2 Ziff. 12 Kirchengesetz;
 § 3 kath. Kirchengesetz
106 Schmid, N 379 ff. und 518 ff.;
 Rübel, S. 33 und 37
107 vgl. § 329 ff. des Gesetzes über die Raumplanung und das öffentliche Baurecht vom 7. September 1975 (GS 700.1; zit. PBG)

tigen Materien Gemeindebeschlüsse gefällt werden. Das ist bei der kommunalen Planfestsetzung der Fall.[108] Während gegen Gesamtpläne für Private kein selbständiger Rechtsschutz besteht, können kommunale Nutzungspläne angefochten werden.[109] Es tritt in diesem Fall wiederum eine Gabelung des Instanzenzuges ein. Werden Beschlüsse über kommunale Nutzungspläne aus formellen Mängeln angefochten, so ist nicht die Baurekurskommission, sondern der Bezirksrat zur Behandlung zuständig. In allen anderen Fällen ist Rekurs an die Baurekurskommission zu erheben.[110,111]

Probleme können entstehen, wenn Beschlüsse eines Gemeindeparlamentes über die Gültigkeit von Initiativen, welche Begehren auf Abänderung der kommunalen Richt- und Nutzungsplanung enthalten, angefochten werden. Für die Ungültigerklärung einer Initiative ist eine qualifizierte Mehrheit von zwei Dritteln der anwesenden Gemeindeparlamentarier notwendig.[112] Wird dieses Quorum nicht erreicht, kommt das einer Gültigerklärung einer Initiative gleich. Dieser Beschluss kann mit einer Gemeindebeschwerde angefochten werden mit der Begründung, die Initiative sei zu unrecht nicht ungültig erklärt worden, weil sie gegen die übergeordnete Richtplanung verstosse und deswegen im Sinne von § 151 Abs. 1 Ziff. 1 GG rechtswidrig sei.[113] Der Bezirksrat müsste dann den behaupteten planungsrechtlichen Verstoss vorfrageweise prüfen, obwohl es grundsätzlich Sache der Baurekurskommission ist, PBG- und RPG-[114] Streitigkeiten zu beurteilen. Ein Rekurs nach § 329 PBG kommt hier aber nicht in Frage, da die Anfechtung des formellen Entscheides über die Gültigkeit einer Initiative keine PBG-Streitigkeit darstellt. M.E. sollte bei einer derartigen Konstellation der Bezirksrat auf die Gemeindebeschwerde mit der Begründung nicht

---

[108] § 32 und 88 Abs. 1 PBG
[109] vgl. dazu Wädensweiler, S. 96 f. und 98 f. mit weiteren Hinweisen
[110] ZR 85 (1986) Nr. 2 zu § 151 alt GG;
Staatskalender 1985/86, S. 50;
Wädensweiler, S. 98 Fussnote 187;
vgl. dazu Ruckstuhl S. 281 ff. und speziell S. 290
[111] vgl. ferner allgemein zu den Rechtsmitteln im zürcherischen Bau- und Planungswesen:
Ruckstuhl, S. 281 ff.;
Wädensweiler, S. 75 ff.
[112] § 96 Abs. 1 und § 98 GG in Verbindung mit § 4 Abs. 2 Initiativgesetz
[113] Falls der Bezirksrat die Beschwede materiell prüfen würde, wäre ein weiteres Problem, ob der behauptete Verstoss gegen eine übergeordnete Planung überhaupt unten den Beschwerdegrund der Gesetzwidrigkeit im Sinne von § 151 Abs. 1 Ziff. 1 GG subsumiert werden könnte.
[114] Bundesgesetz über die Raumplanung vom 22. Juni 1979 (SR 700.1; zit. RPG)

eintreten, dass die angefochtene Gültigerklärung einer Initiative mit planungsrechtlichem Inhalt ausnahmsweise noch kein anfechtbares Objekt darstelle. Ein solches wäre erst im Entscheid über die Initiative selbst zu sehen. Es erschiene unbefriedigend, wenn der für die materielle Beurteilung an sich unzuständige Bezirksrat eine Initiative aufheben würde, ohne dass ihre Zulässigkeit dann je von der Baurekurskommission geprüft werden könnte. Würde die Initiative abgelehnt, entfiele eine Anfechtung. Würde ihr zugestimmt, wäre sie - wie oben beschrieben - wegen formellen Mängeln beim Bezirksrat mit Gemeindebeschwerde und wegen materiellen Mängeln mit Rekurs nach PBG bei der Baurekurskommission anzufechten.

i) Bürgerrechtserteilung

Das Gemeindebürgerrecht wird entweder von der Gemeindeversammlung, vom Grossen Gemeinderat oder vom Gemeinderat erteilt.[115] Soweit es von der Gemeindeversammlung oder von einem Gemeindeparlament erteilt oder verweigert wird, liegt ein Beschluss im Sinne von § 151 GG vor.

Für die Form und die Rechtsmittelbelehrung bei einem Beschluss über das Gemeindebürgerrecht gilt nach § 15 BRV das VRG.[116] In § 10 Abs. 2 VRG wird dazu festgehalten, dass bei schriftlichen Mitteilungen auf die Möglichkeit eines Weiterzuges an eine Behörde innerhalb des Kantons und auf die Frist hinzuweisen ist. Nicht beantwortet ist damit die Frage, welches Rechtsmittel gegen einen Gemeindebeschluss in einer Bürgerrechtsangelegenheit zu erheben ist. Der Verweis in der Bürgerrechtsverordnung auf das Verwaltungsrechtspflegegesetz bezieht sich nach dem Wortlaut nur darauf, dass bei schriftlichen Mitteilungen auf allfällige Rechtsmittel und -fristen aufmerksam zu machen ist, und besagt nichts über das zu erhebende Rechtsmittel. Es kann daraus nicht geschlossen werden, dass gegen derartige Gemeindebeschlüsse der Verwaltungsrekurs nach § 19 VRG zu erheben wäre. Vielmehr ist m.E. auch hier im Sinne einer Vereinheitlichung des Rechtsmittelverfahrens bei der Anfechtung von Gemeindebeschlüssen Gemeindebeschwerde zu erheben, auch wenn es sich bei der Bürgerrechtserteilung um einen für einen Gemeindebeschluss atypischen

---

[115] § 23 GG; § 13 der Verordnung über das Gemeinde- und Kantonsbürgerrecht (kantonale Bürgerrechtsverordnung) vom 25. Oktober 1978 (GS 141.11; zit. BRV)

[116] Das gilt neben der Einbürgerung von Schweizern auch für die ordentliche Einbürgerung von Ausländern (§ 19 in Verbindung mit § 15 BRV).

individuell-konkreten Akt handelt.

Von sehr grosser praktischer Bedeutung dürfte diese Abgrenzung bei der Einbürgerung allerdings nicht sein. Eine Gemeinde kann nämlich die Einbürgerung eines Bewerbers mit Geburtsort im Ausland ohne Begründung ablehnen,[117] während sie einen Schweizer bei Vorliegen der Voraussetzungen ins Bürgerrecht aufnehmen muss.[118] Als Beschwerdegründe kommen deshalb lediglich Rechtsmängel in Betracht, die nicht nur in einem Rekurs-, sondern ebenso in einem Gemeindebeschwerdeverfahren geprüft werden können.

4. Beschwerdefähigkeit

a) Allgemeines

Neben den bereits behandelten Prozessvoraussetzungen der Zuständigkeit und des Anfechtungsobjektes treten subjektive Voraussetzungen, die in der Person des Rechtsmittelklägers vorhanden sein müssen, damit eine Rechtsmittelinstanz auf ein Rechtsmittel eintritt. Der Beschwerdeführer muss fähig sein, an einem Prozess als Partei teilnehmen zu können. Er muss dazu partei- und prozessfähig sein. Darüber hinaus wird von ihm eine bestimmte Beziehung zur konkreten Streitsache verlangt, die als Rechtsmittelbefugnis oder Rechtsmittellegitimation bezeichnet wird.[119,120]

In einem Verwaltungsrechtspflegeverfahren wird im Normalfall ein Streit über den Bestand und den Umfang von öffentlich-rechtlichen Pflichten und Rechten entschieden. Damit ein Entscheid in einem solchen Verfahren für oder gegen die am Prozess beteiligten Parteien wirken kann, müssen diese Träger von Rechten und Pflichten sein können. Parteifähig ist deshalb, wer Träger von Rechten und Pflichten sein kann.[121] Da im materiellen Recht diese Eigenschaft

---

[117] § 29 Abs. 2 BRV
[118] § 3 BRV
[119] Im Beschwerde- und Rekursverfahren wird entsprechend von Beschwerde- und Rekurslegitimation oder -befugnis gesprochen.
[120] vgl. Bayerdörfer, S. 77;
Fehr, S. 283 ff.
[121] Baumgartner, S. 66;
Bayerdörfer, S. 77

mit Rechtsfähigkeit bezeichnet wird, spricht man bei der Parteifähigkeit auch von der prozessualen Rechtsfähigkeit.[122] Die beiden Begriffe sind jedoch nicht ganz kongruent, da die Parteifähigkeit etwas weiter gehen kann. Sie wird aus Zweckmässigkeitsgründen auch Gebilden zuerkannt, die an und für sich nicht rechtsfähig sind.[123]

Parteifähig sind alle natürlichen und juristischen Personen des Privatrechts. Ferner sind auch die juristischen Personen des öffentlichen Rechts parteifähig.[124] Den juristischen Personen kommt die Parteifähigkeit selbst zu und nicht etwa den zur ihrer Vertretung berufenen Organen.[125]

Einen Sonderfall nehmen Behörden ein. Eine Behörde ist nicht rechtsfähig, sondern handelt als Organ für die Körperschaft, der sie angehört. Eine Behörde ist deswegen grundsätzlich nicht parteifähig.[126] Sie kann es ausnahmsweise trotzdem sein. Das ist dann der Fall, wenn ihr aufgrund gesetzlicher Vorschriften eine Rechtsmittelbefugnis zusteht. In diesem Umfang muss einer Behörde notwendigerweise auch die Parteifähigkeit zuerkannt werden.[127] Gerade im Gemeinderecht ist dies der Fall. Einen weiteren Spezialfall stellt in einem Verwaltungsrechtspflegeverfahren die Vorinstanz dar, die als "quasi Partei" behandelt wird, obwohl sie in der Regel nicht rechtsfähig ist.[128]

Neben der Parteifähigkeit wird für ein Rechtsmittelverfahren auch die Prozessfähigkeit vorausgesetzt. Während die Parteifähigkeit das prozessuale Gegenstück der materiellrechtlichen Rechtsfähigkeit darstellt, ist das Gegenstück

---

[122] Gygi Rechtspflege, S. 180;
    Kölz Kommentar, § 21 N 17;
    Fehr, S. 284
[123] Bayerdörfer, S. 77;
    Fehr, S. 284 f.
[124] Kölz Kommentar, § 21 N 18 f.;
    Bayerdörfer, S. 78;
    Fehr, S. 284
[125] Kölz Kommentar, § 21 N 19
[126] vgl. Kölz Kommentar, § 21 N 19;
    Grunsky, S. 247
[127] vgl. Kölz Kommentar, § 21 N 21;
    Baumgartner, S. 253 f.;
    Bayerdörfer, S. 78;
    Grunsky, S. 247
[128] vgl. Kölz Kommentar; § 21 N 22;
    Bayerdörfer, S. 78

der Prozessfähigkeit die Handlungsfähigkeit. Prozessfähigkeit ist die Fähigkeit, einen Rechtsstreit selbst zu führen oder durch einen gewählten Vertreter führen zu lassen. Sie liegt vor, wenn Handlungsfähigkeit vorliegt.[129]

Eine natürliche Person ist handlungs- und damit auch prozessfähig, wenn sie urteilsfähig und mündig ist. Ist jemand wegen fehlender Prozessfähigkeit nicht in der Lage, einen Prozess selbst zu führen, so tritt sein gesetzlicher Vertreter an dessen Stelle.[130] Juristische Personen des privaten und des öffentlichen Rechts sind durch die zur ihrer Vertretung befugten Organe prozessfähig.[131,132]

b) Gesetzliche Regelung

Die Frage der Beschwerdefähigkeit stellt sich im Beschwerdeverfahren des Gemeindegesetzes bei der Gemeinde, dem Grossen Gemeinderat, den Gemeindebehörden, den Stimmberechtigten und den weiteren Personen, die eine Gemeindebeschwerde erheben können.[133]

Das Gemeindegesetz enthält keine ausdrücklichen Bestimmungen über die Partei- und Prozessfähigkeit. Hinsichtlich der Stimmberechtigten und allfällig weiteren Personen im Sinne von § 151 GG handelt es sich um rechtsfähige Personen des Privatrechts, denen dadurch die Partei- und, soweit sie mündig und urteilsfähig oder gültig vertreten sind, auch die Prozessfähigkeit zukommt.[134] Ebenfalls parteifähig ist die Gemeinde als juristische Person des öffentlichen Rechts,[135] wobei sie durch das sie vertretende Organ[136] auch prozessfähig ist.[137]

---

[129] vgl. dazu Gygi Rechtspflege, S. 180 f.;
 Kölz Kommentar, § 21 N 26 ff.;
 Bayerdörfer, S. 79;
 Fehr, S. 285 f.

[130] Kölz Kommentar, § 21 N 26;
 Sträuli/Messmer, § 27/28 N 7 ff.;
 Bayerdörfer, S. 79

[131] vgl. dazu für den zürcherischen Zivilprozess Sträuli/Messmer, § 27/28 N 4

[132] Vgl. ferner für die Parteifähigkeit und die Prozessfähigkeit im deutschen Verwaltungsprozess: Ule, S. 102 ff. . Die Parteifähigkeit wird dort Beteiligtenfähigkeit genannt (gleich für das thurgauische Verwaltungsporzessrecht Strehler, S. 17 ff.).

[133] vgl § 151 Abs. 1 GG

[134] vgl. vorne S. 79 f.

[135] Kölz Kommentar, § 21 N 19

[136] Es handelt sich dabei in der Regel um die Gemeindevorsteherschaft (vgl. Art. 18 Ziff. 5 und 6

Im Gemeindebeschwerdeverfahren müssen überdies die Partei- und Prozessfähigkeit allen Gemeindebehörden und dem Gemeindeparlament zuerkannt werden, da auch sie zur Erhebung einer Gemeindebeschwerde respektive zum Weiterzug eines Rechtsmittelentscheides in einer derartigen Materie befugt sind, obwohl sie als blosse Organe der Gemeinde an sich nicht als rechtsfähig gelten.[138]

5. Beschwerdelegitimation

a) Allgemeines

Während das Anfechtungsobjekt bestimmt, was angefochten werden kann, sagt die Beschwerdelegitimation, wer ein Anfechtungsobjekt anfechten darf.[139] Sie umschreibt die Gruppe der Personen, die durch ihre besondere Beziehung zur Streitsache befugt sind, ein Anfechtungsobjekt auch anzufechten.[140]

Die Legitimation kann je nach der Zielsetzung, die dem Rechtsmittelverfahren zu Grunde liegt, enger oder weiter gezogen sein. Soll ein Rechtsmittel nur dem individuellen Rechtsschutz dienen, wird die Legitimation enger umschrieben sein, als wenn die Wahrung der objektiven Rechtsordnung und die Fortbildung des Verwaltungsrechtes im Vordergrund steht.[141] Wenn jedermann zur Erhebung eines Rechtsmittels befugt ist, spricht man von einer Popularbeschwerde. Die Zulassung von solchen Popularbeschwerden wird allgemein abgelehnt.[142] Die Legitimation hat deshalb in einem

---

MusterGO).
[137] vgl. oben S. 80 Fussnote 131
[138] vgl. dazu hinten S. 82 ff.
[139] vgl. dazu auch vorne S. 61 ff.
[140] vgl. dazu Gygi Rechtspflege, S. 147 ff.;
Kölz Kommentar, § 21 N 31 ff.;
Bayerdörfer, S. 79 ff.;
Fehr, S. 286 ff.;
Schwander, S. 471;
Strehler, S. 27 f.
[141] vgl. Bayerdörfer, S. 80 f.;
Strehler, S. 27 f.; je mit weiteren Hinweisen
[142] vgl. Gygi Rechtspflege, S. 149;
Bayerdörfer, S. 80; mit weiteren Hinweisen

Verwaltungsprozessverfahren die Aufgabe, den Umfang des Zuganges zu einem Rechtsmittel zu normieren.[143,144]

b) Gesetzliche Regelung

Die Legitimation zur Gemeindebeschwerde ist ähnlich wie bei der Stimmrechtsbeschwerde sehr weit umschrieben.[145] Sie geht viel weiter als bei der allgemeinen Verwaltungsrechtspflege im Kanton Zürich, wo gemäss § 21 VRG ein Betroffensein in seinen Rechten verlangt wird. Zur Gemeindebeschwerde sind die Gemeindebehörden,[146] die Stimmberechtigten und Personen mit rechtlichem Interesse[147] legitimiert.[148] Zu den "Gemeindebehörden" sind hier m.E. weder der Grosse Gemeinderat noch die Gemeinde selbst zu zählen, obwohl der blosse Wortlaut in diese Richtung weist.[149] Soweit es um ihre eigenen Beschlüsse geht, können sie nicht gegen sich selbst Beschwerde führen. Handelt es sich um die Anfechtung eines Gemeindebeschlusses durch ein Gemeindeparlament oder um die Anfechtung eines Beschlusses des Grossen Gemeinderates druch die Gemeinde, erscheint die Zuerkennung der Legitimation zur Beschwerdeführung als überflüssig, da bereits jeder einzelne Stimmbürger ohne weitere Voraussetzungen selbst zur Beschwerde befugt ist. Für eine derartige Interpretation spricht auch § 155 GG, der Bestimmungen über den Weiterzug von Beschwerdeentscheiden durch die Gemeinde oder durch ein Gemeindeparlament enthält.[150] Ein solcher ist nur für den Fall vorgesehen, dass einer ihrer Beschlüsse aufgehoben worden ist. Das deutet daraufhin, dass der Gesetzgeber die Erhebung einer Gemeindebeschwerde durch eine Gemeinde oder durch ein Gemeindeparlament nur für diesen Fall zulassen wollte.

---

143 Strehler, S. 28
144 Die Beschwerdelegitimation als Prozessvoraussetzung in der Verwaltungsrechtspflege ist im übrigen von der materiell-rechtlichen Sachlegitimation des Zivilprozessrechtes zu unterscheiden (vgl. dazu Kölz Kommentar, § 21 N 1-13; Schwander, S. 469; je mit weiteren Hinweisen).
145 vgl. § 151 Abs. 1 Satz 1 GG und § 124 WG
146 Wenn eine Gemeindebehörde eine Gemeindebeschwerde erhebt, liegt ein Fall einer **Behördenbeschwerde** vor, die mit **Amtsbeschwerde** bezeichnet wird (vgl. vorne S. 27 f.).
147 Dazu sind auch juristische Personen zu zählen, die durch einen Gemeindebeschluss in ihren Rechten betroffen werden. So ist ein Initiativkommitee, sofern es als juristische Person (z.B. als Verein) konstituiert ist, m.E. als zur Gemeindebeschwerde legitimiert anzusehen, wenn seine Initiative von einem Gemeindeparlament für ungültig erklärt wird.
148 § 151 Abs. 1 Satz 1 GG
149 vgl. vorne S. 17 ff.
150 vgl. dazu hinten S. 103 ff.

Was die Legitimation der Gemeindebehörden und der Stimmberechtigten betrifft, kann m.E. ferner nicht zweifelhaft sein, dass nur die Behörden[151] und die Stimmberechtigten der betroffenen Gemeinde zur Anfechtung eines Gemeindebeschlusses befugt sind. Soweit fremde Gemeindebehörden oder Stimmberechtigte eine Gemeindebeschwerde erheben wollen, müssen sie wie andere Personen in ihren rechtlichen Interessen betroffen sein. Zum Erfordernis des Betroffenseins in seinen Rechten kann auf die Rechtssprechung und die Literatur zu § 21 VRG verwiesen werden.[152] Die Betroffenheit kann dabei nicht bloss behauptet, sondern sie muss glaubhaft gemacht werden.[153]

Die Legitimation der Gemeindebehörden geht noch weiter als bei der Stimmrechtsbeschwerde, da § 151 GG keinerlei Einschränkungen hinsichtlich der Zulassung von Gemeindebehörden zur Gemeindebeschwerde macht. Demgegenüber gestattet das Wahlgesetz nur den "**betroffenen Gemeindebehörden**" die Erhebung einer Stimmrechtsbeschwerde.[154] Als betroffene Behörden im Sinne dieser Bestimmungen haben m.E. die Behörden zu gelten, deren Aufgabenbereich durch eine Wahl oder Abstimmung direkt berührt wird oder die bei einer Abstimmung berichtende und antragstellende Behörden waren oder hätten sein sollen. Da das Gemeindegesetz im Gegensatz zum Wahlgesetz keine derartige Einschränkung der Legitimationsbefugnis von Gemeindebehörden bei der Anfechtung von Gemeindebeschlüssen kennt, müssen deshalb alle Gemeindebehörden unbesehen ihrer Stellung, ihres Aufgabenbereiches und ihrer Betroffenheit als zur Gemeindebeschwerde befugt erachtet werden. Eine restriktivere Auffassung fände keine Stütze im Gesetz. Durch diese breite Umschreibung der Beschwerdelegitimation ist bei der Gemeindebeschwerde die umfassende (egoistische und ideele) kommunale Behördenbeschwerde zulässig.[155]

---

[151] in diesem Sinne Kommissionsprotokoll WG, S. 88
[152] vgl. Bosshart Kommentar, § 21 N 1-3;
Kölz Kommentar, § 21 N 32 ff.;
Kölz/Häner, S. 200 f.;
Sommer, S. 145 ff.; je mit weiteren Hinweisen
[153] vgl. Gygi Rechtspflege, S. 150
[154] § 124 WG
[155] vgl. allgemein zur Behördenbeschwerde z.B.:
Gygi Rechtspflege, S. 163 ff.;
Kölz Behördenbeschwerde, S. 361 ff.;
Kölz Beschwerdebefugnis, S. 97 ff.;
Kölz Kommentar, § 21 N 71 ff;

Diese weite Umschreibung der Legitimation gegenüber den Privaten, die als Stimmberechtigte generell und sonst bei Betroffensein in eigenen Rechten beschwerdebefugt sind, und gegenüber den Gemeindebehörden, die ebenfalls immer beschwerdeberechtigt sind, nähert die Gemeindebeschwerde einem Popularrechtsmittel an.

Unrichtig ist m.E. ist die Praxis des Regierungsrates,[156] der für die Bestimmung der anwendbaren Legitimationsvorschriften bei der Anfechtung von Gemeindebeschlüssen und Beschlüssen von Gemeindebehörden unter Berufung auf das Bundesgericht darauf abstellt, was gerügt wird. Damit schliesst er vom vorgebrachten Beschwerdegrund auf das anwendbare Rechtsmittel und dessen Legitimationsvorschriften und nicht umgekehrt. Korrekterweise ergeben sich die möglichen Beschwerdegründe und die massgeblichen Legitimationsvorschriften aus dem gegen das entsprechende Anfechtungsobjekt zulässigen Rechtsmittel. Das ist bei der Anfechtung eines Gemeindebeschlusses nach § 151 Abs. 1 GG die Gemeindebeschwerde, bei der in § 151 Abs. 1 Satz 1 GG die Legitimation zu ihrer Erhebung und in § 151 Abs. 1 Ziff. 1 bis 3 GG die zulässigen Beschwerdegründe geregelt sind. Deswegen hat die Prüfung der Legitimation bei der Anfechtung eines Gemeindebeschlusses ausschliesslich nach der Bestimmung in § 151 Abs. 1 Satz 1 zu erfolgen, für eine einschränkendere Überprüfung aufgrund von § 21 VRG besteht weder ein Anlass noch eine Berechtigung.[157]

Zudem geht in RRB 3359/85 auch die erwähnte Berufung auf die Rechtssprechung des Bundesgerichtes fehl, da dieses an den dort angegebenen Stellen (BGE 105 Ia 349 ff. und 104 Ia 305 ff.) Ausführungen über die Abgrenzung der staatsrechtlichen Beschwerde aufgrund von Art. 85 lit. a OG (Stimmrechtsbeschwerde) von derjenigen wegen Verletzung der Gewaltentren-

---

Kölz Vertretung, S. 49 ff.;
Kölz/Häner, S. 119 ff., 165 f. und 202 f.

[156] RRB 3359/85
Auf diesen Entscheid nehmen verschiedene neuere RRB Bezug. Vgl. RRB 2001/86; 2116/87; 3188/87; vgl. auch BRZ 6,102-105/87.

[157] Anders dagegen der zitierte Entscheid des Regierungsrates, der die Legitimation zur Anfechtung von Beschlüssen eines Gemeindeparlamentes durch Stimmberechtigte dieser Gemeinde mit dem Argument verneinte, dass diese **als Vertreter öffentlicher Interessen**" auftreten würden und "**selber keine weitergehende Betroffenheit geltend**" machten, "**weshalb § 21 VRG eine materielle Behandlung**" ihrer Begehren ausschlisse. Dabei besteht aufgrund der gemachten Ausführungen eine Besonderheit im Gemeindebeschwerdeverfahrens gerade darin, dass nicht die Legitimationsvorschrift des VRG, sondern die weiter gefasste Legitimationsbestimmung in § 151 Abs. 1 Satz 1 GG zur Anwendung kommt.

nung aufgrund von Art. 84 Abs. 1 lit. a OG macht. Mit dem Verhältnis von § 151 zu § 152 des zürcherischen Gemeindegesetzes und den daraus folgenden Legitimationsvorschriften hat das nichts zu tun.

6. Beschwerdefrist und Beschwerdeschrift

a) Allgemeines

Das Interesse an der Raschheit eines Prozessverfahrens sowie die Rechtssicherheit bedingen gewisse formelle Voraussetzungen, die bei der Erhebung eines Rechtsmittels erfüllt sein müssen.[158] Es sind dies die Einhaltung der Frist, in der das Rechtsmittel erhoben werde muss, sowie die Beachtung der Formvorschriften, denen eine Rechtsmittelerhebung zu genügen hat.

b) Beschwerdefrist

Für die Beschwerdefrist verweist das Gemeindegesetz auf das Wahlgesetz, wo die Beschwerdefrist gleich wie im Verwaltungsrechtspflegegesetz 20 Tage beträgt.[159] Der Fristenlauf "**beginnt am Tag nach der schriftlichen Mitteilung, nach der amtlichen Veröffentlichung und sonst mit der Kenntnis des Beschwerdegrundes zu laufen**". Bei allgemein verbindlichen Gemeindebeschlüssen, die veröffentlicht werden,[160] beginnt die Frist zur Erhebung einer Gemeindebeschwerde damit am Tag nach deren Veröffentlichung. Wie Gemeindebeschlüsse veröffentlicht werden müssen, wird kantonalrechtlich nirgends vorgeschrieben. Es kann deshalb streitig werden, ob ein Gemeindebeschluss gültig publiziert wurde und damit die Frist zu laufen begann. In der Regel enthalten die Gemeindeordnungen entsprechende Vorschriften. Nach diesen ist im Streitfalle abzuklären, ob eine genügende Publikation erfolgte. Bei Gemeindebeschlüssen, die nicht veröffentlicht werden, beginnt die Beschwerdefrist mit Kenntnis des Beschwerdeführers vom Beschwerdegrund zu laufen.[161]

---

[158] vgl. Strehler, S. 87
[159] § 151 Abs. 2 GG in Verbindung mit § 128 Abs. 1 WG; vgl. auch § 22 Abs. 1 und 2 VRG
[160] § 68a GG
[161] RRB 3217/86; BRZ 101/86

Fragen kann man sich, wann genehmigungspflichtige Gemeindebeschlüsse und genehmigungspflichtige Anordnungen und Erlasse von Gemeindebehörden anzufechten sind. Das Gesetz gibt darauf keine Antwort. Da ein Genehmigungsverfahren keinen direkten Zusammenhang mit einem allfälligen Rechtsmittelverfahren hat und deshalb das eine vom andern nicht zwingend abhängig ist, hat m.E. eine Anfechtung unabhängig davon zu erfolgen. Das bedeutet, dass ein Genehmigungsverfahren keinen Einfluss auf den Anfechtungszeitpunkt und damit auf den Beginn der Beschwerdefrist hat.[162]

c) Beschwerdeschrift

Für die Form und den Inhalt der Beschwerdeschrift enthalten weder das Gemeindegesetz noch das Wahlgesetz Vorschriften.[163] Im Wahlgesetz wird auf das Verwaltungsrechtspflegegesetz weiterverwiesen.[164] Gemäss § 22 Abs. 1 und § 53 VRG muss ein Rechtsmittel bei der Rechtsmittelinstanz - bei einer Gemeindebeschwerde ist das der Bezirksrat[165] - schriftlich eingereicht werden. Sie muss einen Antrag und dessen Begründung enthalten. Der angefochtene Beschluss ist beizulegen oder genau zu bezeichnen. Allfällige Beweismittel sind ebenfalls genau anzugeben und soweit möglich der Beschwerdeschrift beizulegen. Wenn eine Beschwerdeschrift diesen Erfordernissen nicht genügt, ist dem Beschwerdeführer unter Androhung des Nichteintretens eine kurze Nachfrist zur Behebung des Mangels anzusetzen.[166]

7. Beschwerdegründe

a) Allgemeines

Sind alle Prozessvoraussetzungen erfüllt, hat die Rechtsmittelinstanz

---

[162] Sinnvollerweise sollte bei einer erfolgten Anfechtung eines genehmigungspflichtigen Beschlusses das Genehmigungsverfahren in der Regel bis zum Abschluss des Rechtsmittelverfahrens sistiert werden. Ist die Anfechtung erfolgreich, wird das Genehmigungsverfahren gegenstandslos. Ist sie erfolglos, kann es fortgesetzt werden.
[163] vgl. § 151 GG und § 128-132 WG
[164] § 133 WG
[165] vgl. vorne S. 58 ff.
[166] vgl. § 22 Abs. 1, § 23 und 54 VRG

den mit einem Rechtsmittel angefochtenen Akt materiell daraufhin zu prüfen, ob Gründe vorliegen, die dessen Aufhebung oder Abänderung rechtfertigen.[167] Die dazu notwendigen Gründe können je nach Rechtsmittel verschieden umschrieben sein und werden nach dem Namen des Rechtsmittels Beschwerde- oder Rekursgründe genannt. Sie geben an, welche Mängel bei einem Anfechtungsobjekt beanstandet werden können,[168] und damit, was die Rechtsmittelinstanz überprüfen muss. Aus der Umschreibung der Rechtsmittelgründe ergibt sich notwendigerweise die Überprüfungsbefugnis der Rechtsmittelinstanz. Denn was in einem Rechtsmittelverfahren gerügt werden kann, muss die Rechtsmittelinstanz überprüfen können, sonst hätte es keinen Zweck, diesen Grund zuzulassen.[169] Die Rechtsmittelinstanz ist nicht nur berechtigt, sondern auch verpflichtet, ihre Kognition auszuschöpfen, wobei die ihr in einem Rechtsmittelverfahren grundsätzlich zustehende Kognition durch die Art der angefochtenen Sache manchmal Einschränkungen erfahren kann.[170]

Üblicherweise können in der verwaltungsinternen Rechtspflege als Rechtsmittelgründe Rechtsverletzungen, unrichtige und unvollständige Feststellung des rechtserheblichen Sachverhaltes sowie Unangemessenheit geltend gemacht werden.[171] Bei der Anfechtung von Gemeindeakten findet eine Ermessensüberprüfung aber Schranken an der Gemeindeautonomie.[172,173] Bei der verwaltungsexternen Rechtspflege ist in der Regel die Rüge der Unangemessenheit nicht zulässig.[174]

---

[167] vgl. vorne S. 55 f.
[168] Gygi Rechtspflege, S. 267
[169] Gygi Rechtspflege, S. 265 f. ;
Wädensweiler, S. 155
[170] Gygi Rechtspflege, S. 266;
Kölz Kommentar, § 20 N 11
[171] vgl. z.B. für die Bundesverwaltungsrechtspflege Gygi Rechtspflege, S. 267 f.;
für die zürcherische Verwaltungsrechtspflege Kölz Kommentar, § 20 N 10 ff.; § 50 N 1 ff. und § 51 N 1 ff.
[172] vgl. dazu vorne S. 7 ff.
[173] vgl. ferner zum Problem der Unterscheidung der Rechts- von der Ermessenskontrolle vorne S. 8 Fussnote 35
[174] vgl. Gygi Rechtspflege, S. 239;
Kölz Kommentar, § 50 N 28;
Kölz/Häner, S. 222;
Strehler, S. 106

b) Gesetzliche Regelung

Während die Legitimation zur Gemeindebeschwerde weiter gefasst ist als beim gewöhnlichen Verwaltungsrekurs, sind dagegen die Beschwerdegründe eingeschränkter, die mit ihr vorgebracht werden können. Sie kann in drei Fällen geltend gemacht werden, wobei die ersten beiden Fälle eigentümliche Umschreibungen von Beschwerdegründen enthalten, die von der historischen Entwicklung der Rechtsmittelmöglichkeiten gegen Gemeindebeschlüsse herrühren.[175]

Beschlüsse der Gesamtheit der Stimmberechtigten einer Gemeinde und eines Gemeindeparlamentes können einmal angefochten werden, "**wenn sie gegen gesetzliche Bestimmungen verstossen oder wenn Beschlüsse des Grossen Gemeinderates mit einem Gemeindebeschluss in Widerspruch stehen**". Dabei bilden der Verstoss gegen die Vorschriften über die Geschäftsbehandlung[176] und die Teilnahme von Nichtstimmberechtigten an Verhandlungen nur dann einen Beschwerdegrund, wenn ein derartiger Verstoss bereits in der entsprechenden Versammlung gerügt worden ist.[177] Ferner können Gemeindebeschlüsse angegriffen werden, "**wenn sie offenbar über die Zwecke der Gemeinde hinausgehen und zugleich eine erhebliche Belastung der Steuerpflichtigen zur Folge haben oder wenn sie Rücksichten der Billigkeit in ungebührlicher Weise verletzen**". Schliesslich können mit der Gemeindebeschwerde "**Unregelmässigkeiten bei der Vorbereiung und Durchführung**" von Abstimmungen und die "**Verletzung des Stimmrechts**" gerügt werden, wobei wiederum die Nichtbeachtung von Bestimmungen über die Geschäftsbehandlung und die Teilnahme von Nichtstimmberechtigten nur vorgebracht werden können, wenn dies bereits an der Verhandlung beanstandet worden ist.[178]

Die Umschreibungen in den ersten beiden Ziffern von § 151 Abs. 1 rev GG entsprechen der alten Regelung in § 151 Abs. 1 alt GG. Bei der Beurteilung, wann sie erfüllt sind, kann deshalb auf die Rechtssprechung und Literatur zu den alten Bestimmungen des Gemeindegesetzes zurückgegriffen werden.

---

175 vgl. dazu vorne S. 43 ff.
176 § 45-54 GG
177 § 151 Abs. 1 Ziff. 1 Satz 2 GG
178 § 151 Abs. 1 Ziff. 3 GG

(1) Rechtswidrigkeit

Der erste Beschwerdegrund in § 151 Abs. 1 Ziff. 1 GG lässt die Anfechtung eines Gemeindebeschlusses wegen Gesetzwidrigkeit zu, hingegen nicht wegen fehlerhafter Ermessensbetätigung, die noch keine Rechtsverletzung darstellt. Er zielt in erster Linie auf die Überprüfung eines Gemeindebeschlusses in inhaltlicher Hinsicht ab. Da er jedoch bezüglich der Anfechtung von bestimmten Verfahrensfehlern einschränkende Vorschriften enthält,[179] müssen auch mit dem ersten Beschwerdegrund derartige formelle Fehler vorgebracht werden können. Für solche Mängel ist jedoch seit der Revision die neue Bestimmung in Ziffer 3 gedacht.[180] Die Beschwerdegründe von Ziffer 1 und 3 in § 151 Abs. 1 GG können sich deswegen teilweise überschneiden.[181]

Vom Wortlaut her könnte nur der Verstoss gegen "**gesetzliche Bestimmungen**" und nicht auch ein Verstoss gegen Gewohnheitsrecht und ungeschriebene Grundsätze gerügt werden. Eine solche Auslegung lässt sich jedoch mit dem Sinn dieser Bestimmung nicht vereinbaren; hat sie doch die Aufgabe, eine Anfechtung eines Gemeindebeschlusses immer dann zuzulassen, wenn er gegen übergeordnetes Recht verstösst. Ein Gemeindebeschluss hat deswegen als gesetzwidrig im Sinne von § 151 Abs. 1 Ziff. 1 GG zu gelten, wenn er gegen bundesrechtliche oder kantonale Vorschriften auf Verfassungs-, Gesetzes- oder Verordnungsstufe verstösst.[182] Das gilt ebenso - aufgrund des Prinzips der Selbstbindung des Gesetzgebers - gegenüber kommunalen Vorschriften, soweit ein Gemeindebeschluss nicht gerade die Abänderung dieser kommunalen Vorschrift selbst zum Ziele hat.[183] Ferner können aufgrund von § 151 Abs. 1 Ziff. 1 GG Beschlüsse eines Gemeindeparlamentes angefochten werden, wenn diese mit Beschlüssen der Gesamtheit der Stimmberechtigten einer Gemeinde in Widerspruch

---

179 § 151 Abs. 1 Ziff. 1 Satz 2 GG
180 M.E. hätte man anlässlich der Revision besser die Anfechtung gestützt auf Ziffer 1 nur wegen inhaltlichen Mängeln zulassen sollen. Das wäre erreicht worden, wenn man vor "**gegen gesetzliche Bestimmungen verstossen**" ein "**inhaltlich**" eingefügt und den zweiten Satz in Ziffer 1 gestrichen und ihn dafür statt eines Verweises in Ziffer 3 von § 151 Abs. 1 GG übernommen hätte.
181 vgl. auch hinten S. 94 ff.
182 RBB 3121/86 E. 2;
Staatskalender 1985/86, S. 51;
Mettler/Thalmann, S. 385
183 Imboden/Rhinow, Nr. 62 A und B.I.b);
Etter, S. 67 f.;
Mettler/Thalmann, S. 385;
Streiff, S. 229

stehen.[184]

Soweit die Rüge der Gesetzwidrigkeit Verfahrensfehler betrifft, muss sie bereits an der Versammlung, an der die beanstandeten Vorstösse begangen wurden, vorgebracht worden sein.[185] Das betrifft aber nur die Teilnahme von Nichtstimmberechtigten an Verhandlungen sowie Verstösse gegen die Geschäftsbehandlung nach § 45 bis 54 GG, da das Gemeindegesetz in § 151 Abs. 1 Ziff. 1 nur von diesen Verstössen spricht.[186] Die bei derartigen Mängeln verlangte Rügepflicht soll die Behebung des Mangels an der gleichen Sitzung ermöglichen und dient so einerseits der Verfahrensökonomie und andererseits dem Grundsatz von Treu und Glauben.[187] Wer einen Mangel rechtzeitig feststellt und nichts zu dessen Behebung unternimmt, darf sich später nicht auf diesen Mangel berufen und verdient keinen Rechtsschutz. An die Rügepflicht dürfen aber keine zu hohen Ansprüche gestellt werden. Es muss klar sein, was beanstandet wird. Hingegen ist nicht erforderlich, dass angegeben wird, aus welchen juristischen Gründen eine Rüge erhoben wird,[188] weil das im Regelfall von einem Stimmberechtigten nicht erwartet werden kann. Daraus folgt aber auch, dass eine Rügepflicht bei den erwähnten Verfahrensfehlern nur dann verlangt werden sollte, wenn diese in der betreffenden Versammlung dem späteren Beschwerdeführer bekannt waren oder hätten bekannt sein müssen. Wenn die Teilnahme von Nichtstimmberechtigten an einer Gemeindeversammlung objektiv erst später erkennbar wird, so darf m.E. eine deswegen unterbliebene Rüge nicht mit dem Verlust des Beschwerderechts "bestraft" werden.

(2) Sachliche Gründe

Während der erste Beschwerdegrund die Anfechtung eines Gemeindebeschlusses wegen Gesetzwidrigkeit und damit in rechtlicher Hinsicht ermöglicht, erlaubt der zweite Anfechtungsgrund die Überprüfung eines

---

[184] § 151 Abs. 1 Ziff. 1 Satz 1 2. Hälfte GG;
Mettler/Thalmann, S. 385
[185] § 151 Abs. 1 Ziff. 1 Satz 2 GG;
vgl. dazu Mettler/Thalmann, S. 386 mit Hinweisen;
Wettstein Nr. 594 f. mit Hinweisen
[186] Etter, S. 119;
Mettler/Thalmann, S. 387 mit weiter Hinweisen
[187] Mettler/Thalmann, S. 386
[188] Mettler/Thalmann, S. 386 f.;
strenger Wettstein, N 594

Gemeindebeschlusses auch in anderer, sachlicher Hinsicht. Mit sachlicher Überprüfung ist die Anfechtung eines Gemeindebeschlusses aus Gründen, die noch keine Gesetzwidrigkeiten darstellen, gemeint.[189,190] Solche Gründe können in einer unzulässigen Ermessensbetätigung der Gemeinde oder eines Gemeindeparlamentes liegen, soweit diese noch keine Rechtsverletzung bedeutet.

Der zweite Beschwerdegrund erlaubt nicht wie in der allgemeinen Verwaltungsrechtspflege eine freie Überprüfung der gesamten Ermessensausübung. Sie ist nur in dem in Ziffer 2 von § 151 Abs. 1 GG eng umschriebenen Rahmen zulässig. Die Grenze, wann die aufgeführten Voraussetzungen erfüllt sind, ohne dass bereits eine Rechtsverletzung im Sinne von Ziffer 1 von § 151 Abs. 1 GG vorliegt, ist schwer zu ziehen. Das Gemeindegesetz enthält hierüber keine Anhaltspunkte. Sie müssen den Entscheiden des Regierungsrates zu § 151 alt GG entnommen werden, wobei die zugängliche Praxis schon älter ist. Beschwerdeentscheide gestützt auf § 151 Abs. 1 Ziff. 2 rev GG sind bis anhin keine zugänglich. Sehr bedeutend scheint dieser Beschwerdegrund deshalb in neuerer Zeit nicht zu sein.

Ein Gemeindebeschluss kann in sachlicher Hinsicht einmal angefochten werden, wenn er **"offenbar über die Zwecke der Gemeinde hinausgeht und zugleich eine erhebliche Belastung der Steuerpflichtigen zur Folge hat"**. Für die Beurteilung der Belastung der Steuerpflichtigen wird vor allem auf die durch den angefochtenen Beschluss verursachte Steuerfusserhöhung abgestellt. Dabei wurde die Erhöhung von 7 Steuerprozenten als erheblich und eine solche von 1/2 Steuerprozent als unerheblich taxiert.[191] Als weiteren Beurteilungspunkt wird das Verhältnis der Belastung zur Bedeutung der Angelegenheit betrachtet.[192]

---

[189] vgl. Mettler/Thalmann, S. 385 und 388

[190] Von der **rechtlichen** und **sachlichen** Überprüfung eines Gemeindebeschlusses ist seine Überprüfung aus **materiellen** und **formellen** Gründen zu unterscheiden. Eine Anfechtung aus formellen Gründen liegt vor, wenn ein Gemeindebeschluss wegen (rechtlichen) Mängeln im dazu führenden Verfahren angegriffen wird, während eine materielle Anfechtung gegeben ist, wenn eine Gemeindebeschwerde wegen (rechtlichen und sachlichen) Mängeln bezüglich des Inhaltes eines Gemeindebeschlusses erhoben wird (vgl. auch Fehr, S. 278; Bosshart Kommentar, § 20 N 1 sowie vorne S. 46 mit weiteren Hinweisen).

[191] ZBl 1957 S. 20; GBRR 1946, S. 11; 1935, S. 301 Nr. 1;
Mettler/Thalmann, S. 390;
Wettstein, N 631; beide mit Hinweisen auf ältere RRB

[192] Mettler/Thalmann, S. 390;
Wettstein, N 630

Allgemein muss es sich um namhafte Beträge handeln.[193]

Schwieriger ist die Frage, wann ein Gemeindebeschluss "**offenbar über die Zwecke einer Gemeinde hinausgeht**". Im Zeichen der heute ständig zunehmenden Verflechtung zwischen Gemeinde, Bund und Kanton einerseits und dem eigenen und übertragenen Wirkungskreis einer Gemeinde andererseits,[194] scheint für eine "offenbare Gemeindezwecküberschreitung" wenig Raum, die nicht zugleich eine rechtswidrige Kompetenzüberschreitung darstellt. Mettler/Thalmann erachten unter Berufung auf Wettstein eine Abgrenzung der zulässigen Gemeindezwecke nach drei Richtungen als möglich.[195] Erstens darf eine Gemeinde nur Aufgaben übernehmen, die im Gesamtinteresse liegen. Dabei spielt es keine Rolle, ob diese Aufgabenübernahme für eine Mehrheit oder bloss für eine Minderheit von unmittelbarer Bedeutung ist, sofern sie nicht ausschliesslich zur Befriedigung von Privatinteressen übernommen wird und sofern sich die Aufgabe zur Erfüllung im lokalen Rahmen eignet.[196] Zweitens darf die Gemeinde keine Aufgaben übernehmen, mit deren Regelung sie in die Rechte Dritter eingreift, noch darf sie bei der Durchführung ihrer Aufgaben solche Eingriffe durchführen.[197] Und schliesslich können unter den ersten beiden Voraussetzungen "sämtliche Aufgaben zum Gemeindezweck gemacht werden, die zu lösen das räumliche Zusammenwohnen einer Gruppe von Menschen als notwendig oder wünschenswert erscheinen lässt".[198,199,200]

Ein Gemeindebeschluss ist in sachlicher Hinsicht ferner anfechtbar,

---

[193] Staatskalender 1985/86, S. 49
[194] vgl. dazu vorne S. 6 f.
[195] Mettler/Thalmann, S. 389;
Wettstein, N 604
[196] vgl. GBRR 1918, S. 599 ff. Nr. 3
[197] vgl. ZBl 1957, S. 50; GBRR 1945, S. 326 Nr. 2; GBRR 1935, S. 301 Nr. 1; GBRR 1925, S. 400 Nr. 1
[198] Mettler/Thalmann, S. 389 f.;
Wettstein, N 605-610; je mit weiteren Hinweise auf ältere RRB
[199] Ob diese drei Kriterien zur Abgrenzung der zulässigen von den offenbar darüberhinausgehenden Gemeindezwecken tauglich sind, muss m.E. in der heutigen Zeit bezweifelt werden. Sobald nämlich eines der drei Kriterien als nicht erfüllt betrachtet werden muss, dürfte in der Regel auch ein Verstoss gegen die einer Gemeinde zustehenden Kompetenzen und damit eine Rechtsverletzung in Sinne von Ziffer 1 von § 151 Abs. 1 GG vorliegen, womit Ziffer 2 überflüssig wäre.
[200] Nicht als Zwecküberschreitung werden heute Beiträge an die Entwicklungshilfe und dergleichen betrachtet sowie die Unterstützung von Vereinen, sofern diese nich irgendeinen Zusammenahng mit der Gemeinde haben (vgl. Staatskalender 1985/86, S. 49).

wenn er "**Rücksichten der Billigkeit in ungebührlicher Weise verletzt**". Es stellt sich hier ebenfalls die Frage, wann eine solche ungebührliche Verletzung der Billigkeit vorliegen kann, ohne dass bereits eine Rechtsverletzung in Frage kommt. Diese Vorschrift soll nach Auffassung von Mettler/Thalmann und Wettstein die Minderheit in einer Gemeinde vor einer ungerechtfertigten Majorisierung schützen.[201] Eine Verletzung von Billigkeitsrücksichten durch einen Gemeindebeschluss soll dann vorliegen, wenn er gegen das bundesrechtliche Rechtsgleichheitsprinzip im Sinne von Art. 4 BV verstosse. Der "gemeinderechtliche Billigkeitsgrundsatz" decke sich hier mit dem "bundesverfassungsmässigen Rechtsgleichheitsprinzip", wobei er aber über dieses hinausgehen könne und eine Anfechtung eines Gemeindebeschlusses ermögliche, wenn dieser noch nicht im Sinne von Art. 4 BV willkürlich sei.[202] Wegen der Gemeindeautonomie sei § 151 Abs. 1 Ziff. 2 GG jedoch restriktiv und mit Zurückhaltung anzuwenden.[203] Da das Gesetz zudem verlange, dass die Billigkeit nicht nur verletzt, sondern in "**ungebührlicher Weise**" tangiert sein müsse, könnten nur schwerwiegende Verstösse gegen die Billigkeit zur Aufhebung eines Gemeindebeschlusses führen, weshalb hohe Anforderungen an das Mass der Unbilligkeit und die Ungerechtfertigkeit gestellt werden müssten. Dabei sei nicht von subjektiven Empfindungen, sondern von einer sachlichen Würdigung der Verhältnisse auszugehen. Gestützt auf diese Grundsätze habe die Praxis eine Verletzung von Billigkeitsrücksichten nur dann angenommen, wenn Gemeindebeschlüsse schwerwiegende Auswirkungen auf einzelne Personen oder Gruppen zeitige und sich diese nicht mit sachlichen Gründen rechtfertigen lasse.[204,205]

Bei dieser Umschreibung, wann ein Gemeindebeschluss Rücksichten der Billigkeit in ungebührlicher Weise verletzt, ist kaum noch ein Bereich denk-

---

[201] Mettler/Thalman, S. 391;
Wettstein, N 633
[202] Mettler/Thalmann, S. 391
[203] Mettler/Thalmann, S. 391 f. unter Berufung auf die unveröffentlichte regierungsrätliche Praxis und Bütikofer;
Bütikofer, S. 122
[204] Bütikofer, S. 120 ff.;
Mettler/Thalmann, S. 391 f. unter Berufung auf die unveröffentlichte regierungsrätliche Praxis und Bütikofer
[205] Nach dem Staatskalender 1985/86 liegt eine unzulässige Verletzung von Billigkeitsrücksichten vor, wenn ein Gemeindebeschluss "einzelne Einwohner oder Einwohnerkategorien gegenüber den andern krass und ohne hinreichende Gründe bevorzugt oder benachteiligt" (Staatskalender 1985/86, S. 49).

bar, in welchem die Voraussetzungen erfüllt sein können, ohne dass der Gemeindebeschluss gleichzeitig im Sinne der heutigen Rechtssprechung des Bundesgerichtes zu Art. 4 BV willkürlich ist.[206,207] Soweit er jedoch nach Bundesrecht als willkürlich zu gelten hat, ist er bereits nach Ziffer 1 von § 151 Abs. 1 GG wegen Rechtswidrigkeit anfechtbar. Eine Anfechtung nach Ziffer 2 erübrigt sich dann. Die aus dem letzten Jahrhundert stammende Möglichkeit,[208] einen Gemeindebeschluss wegen ungebührlicher Verletzung der Billigkeit anzufechten, dürfte m.E. durch die Entwicklung der bundesgerichtlichen Rechtssprechung zu Art. 4 BV gegenstandslos geworden sein.

(3) Verfahrensfehler

Neu ist der Beschwerdegrund in Ziffer 3 von § 151 Abs. 1 GG. Damit wollte man die Gemeindebeschwerde auch bei formellen Mängeln im Verfahren, das zum Gemeindebeschluss führt, zulassen und sie so mit der Beschwerde des Wahlgesetzes vereinigen.[209] Dass diese Absicht in den revidierten Rechtsmittelbestimmungen des Gemeindegesetzes nur teilweise verwirklicht wurde und überdies die redaktionelle Fassung von Ziffer 3 unvollständig ist, wurde bereits früher dargestellt.[210]

Ein Gemeindebeschluss kann seit der Revision mit der Gemeindebeschwerde auch wegen "**Unregelmässigkeiten bei der Vorbereitung und Durchführung**" von Abstimmungen "**oder wegen Verletzungen des Stimmrechts gemäss § 123 des Wahlgesetzes**" angefochten werden. Als Verfahrensmängel bei der Vorbereitung eines Gemeindebeschlusses oder bei der Abstimmung darüber haben m.E. alle Verstösse gegen einschlägige Bestimmungen zu gelten, die das Verfahren und Verhalten bei der Beratung und Beschlussfassung über einen Gemeindebeschluss betreffen.[211] Als Stimmrechtsverletzung ist jedes Verhalten zu betrachten, das einen Stimmberechtigten an der Ausübung seines Rechtes hindert, an der betreffenden Gemeinde- oder Gemeindeparlamentsabstimmung teilzunehmen und dabei unverfälscht seinen Willen

---

[206] vgl. zur heutigen Praxis zum Willkürverbot nach Art. 4 BV Thürer Willkürverbot, S. 413 ff. mit vielen Hinweisen
[207] ähnlich Staatskalender 1985/86, S. 49
[208] vgl. vorne S. 48 f.
[209] vgl. zur Revision vorne S. 49 ff.
[210] vgl. vorne S. 70 ff.
[211] so z.B. Verstösse gegen die Vorschriften in § 42-54, 104 und 105 GG

äussern zu können.[212]

Sofern eine gerügte Unregelmässigkeit die Teilnahme von Nichtstimmberechtigten an der Gemeindeversammlung sowie die Verletzung von Vorschriften über die Geschäftsbehandlung betrifft, muss die Rüge wegen des Vorbehaltes von Ziffer 1 Satz 2 in § 151 Abs. 1 GG bereits in der Verhandlung vorgebracht werden.[213] Es kann dazu auf die Ausführungen zum ersten Beschwerdegrund verwiesen werden.[214]

Eine Inkonsequenz der in Ziffer 3 getroffenen Regelung besteht darin, dass die Gemeindebeschwerde als Rechtsmittel gegen Gemeindebeschlüsse konzipiert ist. Sie setzt als Anfechtungsobjekt einen formellen Beschluss voraus.[215] Die überdies nur unvollständig[216] vom Wahlgesetz übernommene Formulierung, dass eine Gemeindebeschwerde erhoben werden kann "**bei Unregelmässigkeiten bei der Vorbereitung und Durchführung**" von Abstimmungen "**oder wegen Verletzungen des Stimmrechts**", bezieht sich aber nicht auf die Gemeindebeschlüsse selbst, sondern nur auf die Fehler, die in den zu ihnen führenden Abstimmungsverfahren auftreten. Die Ziffer 3 zielt damit auf andere Gegenstände als die eigentlichen Anfechtungsobjekte der Gemeindebeschwerde ab.[217,218] Auf die Tatsache, dass sich die Beschwerdefälle nach Ziffer 1 und 3 zudem überschneiden können, wurde bereits bei der Behandlung von

---

[212] vgl. zum Stimmrecht auch vorne S. 70
[213] § 151 Abs. 1 Ziff. 3 GG
[214] vgl. vorne S. 89 f.
[215] vgl. vorne S. 63 f.
[216] Es muss bei "Unregelmässigkeiten bei der Vorbereitung und Durchführung" "**von Abstimmungen**" ergänzt werden (vgl. vorne S. 74).
[217] Es zeigt sich hier wiederum, dass bei der Revision des Gemeindegesetzes die Beschwerdegründe des Wahlgesetzes zu unreflektiert in § 151 GG übernommen worden sind.
[218] Eine den aufgezeigten Schwächen der Formulierung in § 151 Abs. 1 Ziff. 1 bis 3 GG Rechnung tragende Fassung der Beschwerdegründe (vgl. dazu S. 63 ff. sowie S. 89 f. und 94 ff.), könnte etwa wie folgt lauten, wenn man sie inhaltlich gleich belassen würde (was auch einer Überprüfung wert wäre; vgl. S. 90 ff.):
"Beschlüsse ... können ... angefochten werden:
1. wenn sie inhaltlich gegen gesetzliche Bestimmungen verstossen oder wenn Beschlüsse des Grossen Gemeinderates mit einem Gemeindebeschluss in Widerspruch stehen;
2. unverändert;
3. wenn bei der Vorbereitung und Durchführung der zu ihnen führenden Abstimmungen Unregelmässigkeiten auftreten oder wenn bei der Abstimmung über ihr Zustandekommen das Stimmrecht nach § 123 des Wahlgesetzes verletzt wird."

Ziffer 1 hingewiesen.[219]

Die Formulierung der Beschwerdegründe in Ziffer 1 und 3 von § 151 Abs. 1 GG muss aufgrund der gemachten Ausführungen als misslungen bezeichnet werden.

c) Kognition der Beschwerdeinstanz

Wie zu Beginn dieses Kapitels erwähnt,[220] ergibt sich die Überprüfungsbefugnis des Bezirks- und Regierungsrates als Beschwerdeinstanzen aus der Umschreibungen der Beschwerdegründe. Sie haben deshalb einmal umfassend zu prüfen, ob Rechtsverletzungen im Sinne von § 151 Abs. 1 Ziff. 1 und 3 GG vorliegen, soweit eine allfällige Beschwerde nicht durch eine unterlassene Rüge von bestimmten Verfahrensfehlern verwirkt worden ist.

Bei der Anfechtung eines Gemeindebeschlusses gestützt auf § 151 Abs. 1 Ziff. 2 GG aus sachlichen Gründen ist eine Ermessensüberprüfung nur im dort umschriebenen Umfange zulässig. Soweit aber eine derartige Verletzung geltend gemacht wird, müssen m.E. der Bezirks- und der Regierungsrat umfassend prüfen, ob deren Voraussetzungen erfüllt sind.[221] Die Gemeindeautonomie, wie sie von der bundesgerichtlichen Rechtssprechung im Umfange der kantonalen Bestimmungen garantiert wird, findet in Ziffer 2 von § 151 Abs. 1 GG ihren Ausdruck und ihre gleichzeitigen Schranken. Solange sich die Beschwerdeinstanz im Rahmen der Beschwerdegründe von § 151 Abs. 1 Ziff. 2 GG hält, kann sie keine Gemeindeautonomieverletzung begehen, weil der Autonomiebereich der zürcherischen Gemeinde durch diese, allerdings sehr eng umschriebene Überprüfungsmöglichkeit von Gemeindebeschlüssen, eingeschränkt ist.[222]

---

[219] vgl. vorne S. 89 f.
[220] vgl. vorne S. 86 f.
[221] unzutreffend RRB 2116/87; 4296/86 und 3217/86; vgl. dazu vorne S. 68 Fussnote 64
[222] ähnlich Fehr, S. 346 f. zu § 151 alt GG

8. Beschwerdeerledigung

a) Allgemeines

Bereits der Erhebung eines Rechtsmittels kommen Wirkungen zu. Sie dauern an, während das Rechtsmittel in einem förmlichen Verfahren behandelt wird, das seinen Abschluss in einem Entscheid findet. In diesem Entscheid wird festgehalten, ob auf das Rechtsmittel eingetreten und wenn ja, ob ihm ganz, teilweise oder gar nicht stattgegeben werden kann.[223]

Das Gemeindegesetz enthält keine näheren Bestimmungen über den Ablauf des Beschwerdeverfahrens. Es verweist dazu auf die § 128-133 des Wahlgesetzes.[224]

b) Wirkung der Beschwerde

Für die Wirkung einer Gemeindebeschwerde bestimmt das Wahlgesetz, dass eine Beschwerde "**während eines Wahl- oder Abstimmungsverfahrens keine aufschiebende Wirkung**" hat, "**wohl aber nach dessen Abschluss. Die entscheidende Behörde kann abweichende Anordnungen treffen**".[225] Da eine Gemeindebeschwerde immer erst gegen einen Gemeindebeschluss erhoben werden kann und nicht schon während dessen Entstehungsverfahrens,[226] kommt ihr nach der erwähnten Bestimmung stets aufschiebende Wirkung zu, soweit diese vom Bezirks- oder vom Regierungsrat nicht entzogen wird.

Neben der beschriebenen Suspensivwirkung kommt der Gemeindebeschwerde auch eine Devolutivwirkung zu. Über sie ist von einer der Gemeinde oder dem Grossen Gemeinderat übergeordneten Instanz[227] zu entscheiden.[228]

---

[223] vgl. dazu vorne S. 55 f.
[224] § 151 Abs. 2 GG
[225] § 130 WG
[226] vgl. dazu vorne S. 63 f.
[227] in casu vom Bezirks- oder Regierungsrat (vgl. vorne S. 58 ff.)
[228] vgl. Kölz Kommentar, § 20 N 7 und § 50 N 155

c) Verfahren

Über den Ablauf des Beschwerdeverfahrens enthält das Wahlgesetz keine Bestimmungen, sondern verweist auf das Verwaltungsrechtspflegegesetz.[229] Dieser Verweis ergibt jedoch nicht, ob für das Beschwerdeverfahren des Gemeinde- und des Wahlgesetzes die Bestimmungen in § 26 über das Rekursverfahren oder in den § 56-62 über das Beschwerdeverfahren massgebend sind. Das VRG verweist zwar seinerseits in seinem Beschwerdeverfahren für ergänzende Vorschriften auf das Verwaltungs- und damit auch auf das Rekursverfahren nach § 4-31 VRG.[230] Dieser Verweis bezieht sich jedoch nicht auch auf die Bestimmung über das Rekursverfahren in § 26 VRG, da das Beschwerdeverfahren des VRG in den erwähnten § 56-62 bereits selbst über Verfahrensvorschriften verfügt.[231] Es ergibt sich somit das Problem, dass der Verweis im Wahlgesetz auf das VRG offen lässt, welche dessen Verfahrensbestimmungen anwendbar sind.

Die Bezeichnung der § 56 bis 62 VRG als Beschwerdeverfahren dürfte kaum für deren Anwendung sprechen, da sich die Beschwerdebegriffe des VRG und des WG nicht decken. Für die Anwendung der Bestimmung über das Rekursverfahrens in § 26 VRG spricht hingegen die Tatsache, dass es sich beim Gemeindebeschwerdeverfahren wie beim Verwaltungsrekurs um verwaltungsinterne Rechtspflege handelt, während die Verwaltungsgerichtsbeschwerde ein Institut der verwaltungsexternen Rechtspflege darstellt. M.E. muss sich deswegen der Verweis im Wahlgesetz auf die Bestimmungen des Rekurs- und nicht des Beschwerdeverfahrens des VRG beziehen. Immerhin ist diese unklare Regelung in § 133 WG nicht von allzu grossem Gewicht, da die Bestimmungen über das Beschwerde- und das Rekursverfahren des VRG teilweise ähnlich sind. Es hat deshalb für das Gemeindebeschwerde- wie auch für das Wahlbeschwerdeverfahren gleich wie für das Rekurs- und das Beschwerdeverfahren des VRG zu gelten, dass zuerst die Akten beizuziehen sind, sofern auf das Rechtsmittel eingetreten werden kann oder es nicht offensichtlich unbegründet ist. Der Vorinstanz und den am Verfahren Beteiligten ist Gelegenheit zur schriftlichen Vernehmlassung zu geben. Zudem kann ein zweiter Schriftwechsel oder auch eine mündliche

---

[229] § 133 WG
[230] § 70 VRG; vgl. Kölz Kommentar, § 70 N 1
[231] vgl. Kölz Kommentar, § 70 N 3

Verhandlung angeordnet werden.[232]

Hinsichtlich der Verfahrensmaximen, die das Beschwerdeverfahren des Gemeindegesetzes beherrschen, ist wie beim Verwaltungsrekurs vom Untersuchungsgrundsatz sowie von den Grundsätzen der Rechtsanwendung vom Amtes wegen und des rechtlichen Gehörs auszugehen.[233]

d) Beschwerdeentscheid

Die entscheidende Behörde hat die Abstimmung aufzuheben, "**wenn glaubhaft ist,**" dass die gerügte "**Unregelmässigkeit ... das Ergebnis der ... Abstimmung wesentlich**" beeinflussen könne.[234] Diese Bestimmung kann sich vom Sinn her nur auf die Beschwerdegründe von § 151 Abs. 1 Ziff. 3 und Ziffer 1 Satz 2 GG beziehen, die eine Gemeindebeschwerde aus formellen Gründen zulassen. Bei solchen formellen Mängeln handelt es sich allgemein um Unregelmässigkeiten bei der Vorbereitung und Durchführung der zum Gemeindebeschluss führenden Abstimmung und um die Verletzung des Stimmrechts bei der Abstimmung über den Gemeindebeschluss sowie speziell um die Nichtbeachtung von Vorschriften über die Geschäftsbehandlung und um die Teilnahme von Nichtstimmberechtigten an den Verhandlungen über die zum Gemeindebeschluss führende Materie.[235] Für die Beschwerdefälle von § 151 Abs. 1 Ziff. 1 Satz 1 und Ziffer 2 ergibt sie keinen Sinn, da diese ja nicht Unregelmässigkeiten im Abstimmungsverfahren zum Gegenstand haben, sondern die Anfechtbarkeit eines Gemeindebeschlusses wegen seines materiellen Inhaltes.[236] Wenn ein Gemeindebeschluss als einziger Mangel inhaltlich gegen ein kantonales Gesetz verstösst, ist das keine Unregelmässigkeit, die die Gemeindeabstimmung wesentlich beeinflussen würde. Er könnte nicht gestützt auf § 131 WG aufgehoben werden. Für die Gutheissung einer Gemeindebeschwerde aus materiellen Gründen enthält das Wahlgesetz keine Regelung. Es kommt deshalb das Ver-

---

[232] vgl. § 26 und 57 Abs. 1, § 58 und 59 Abs. 1 VRG
[233] vgl. Kölz Kommentar, Vorbem. zu § 19-28 N 2-16;
Kölz/Häner, S. 208;
zu den Prozessmaximen vgl. ausführlich Kölz Prozessmaximen, S. 1 ff.
[234] § 131 Abs. 2 WG
[235] vgl. vorne S. 89 f. und 94 ff.
[236] Solche materielle Mängel eines Gemeindebeschlusses können entweder in seiner Gesetzwidrigkeit oder in gewissen sachlichen Mängeln liegen (vgl. dazu vorne S. 89 ff.).

waltungsrechtspflegegesetz zum Zuge, auf das in § 133 WG verwiesen wird.[237]

(1) Bei materiellen Mängeln

Hebt eine Rechtsmittelinstanz in einem Rekursverfahren die angefochtene Anordnung auf, so kann sie in der Sache selbst entscheiden. Sie darf dabei über die gestellten Anträge hinausgehen oder sie zum Nachteil des Rekurrenten abändern[238] und die Sache ausnahmsweise auch an die Vorinstanz zur Neubeurteilung zurückweisen.[239]

Diese Regelung des Verwaltungsrechtspflegegesetzes wird m.E. dem Gemeindebeschwerdeverfahren nicht ganz gerecht, da bei ihr die Reformation des angefochtenen Entscheides durch die Rekursinstanz selbst im Vordergrund steht. Die Gemeindebeschwerde richtet sich - anders als der Rekurs des VRG - nicht hauptsächlich gegen Verfügungen einer Verwaltungsbehörde, sondern gegen Beschlüsse einer Gemeinde.[240] Wenn solche Beschlüsse die Gründe von § 151 Abs. 1 Ziff. 1 Satz 1 und Ziff. 2 GG erfüllen, dürfte es in der Regel für eine Rechtsmittelinstanz nicht angebracht sein, in der Sache selbst zu entscheiden. Bei einem Gemeindebeschluss handelt es sich nicht wie bei einer normalen Verfügung um einen gewöhnlichen Rechtsanwendungsakt, der im Rahmen eines allfälligen Ermessensbereiches aufgrund der gesetzlichen Normen vorbestimmt ist. Der Spielraum ist viel grösser. Das gilt sowohl hinsichtlich der Frage, wie eine Regelung sowie ob überhaupt eine Regelung getroffen werden soll. Dieser besonderen Situation wird das Gemeindebeschwerdeverfahren nur gerecht, wenn bei einer erfolgreichen Anfechtung eines Gemeindebeschlusses dieser bloss aufgehoben wird. M.E. sollte deshalb der Gutheissung einer Gemeindebeschwerde aus materiellen Mängeln normalerweise nur kassatorische Wirkung zukommen dürfen.

---

[237] Im Falle der Abweisung einer Gemeindebeschwerde stellt sich die Frage nach dem kassatorischen oder reformatorischen Charakter des Beschwerdeentscheides nicht (vgl. dazu die folgenden Ausführungen unter S. 100 ff.). Es hat dann mit der Feststellung sein Bewenden, dass die erhobene Gemeindebeschwerde abgewiesen wird. In der Sache selbst ist anders als bei deren Gutheissung nichts weiter zu entscheiden.

[238] § 27 VRG;
Kölz Kommentar, § 27 N 1 ff.

[239] Kölz Kommentar, § 28 N 5

[240] vgl. vorne S. 64 ff.

(2) Bei formellen Mängeln

Die für die Rüge von formellen Mängeln eines Gemeindebeschlusses vorgesehene Regelung, wonach der Bezirksrat eine Abstimmung aufzuheben hat,[241] wenn glaubhaft ist, dass die gerügten Unregelmässigkeiten das Ergebnis der Abstimmung wesentlich beeinflussen können, ist in zwei Richtungen bemerkenswert. Erstens genügt es nicht, bloss die in § 151 Abs. 1 Ziff. 3 und Ziffer 1 Satz 2 GG vorgesehenen Mängel zu rügen und zu beweisen. Zusätzlich muss glaubhaft sein, dass diese Mängel das Abstimmungsergebnis wesentlich beeinflussen können. Zweitens ist im Gesetz im Falle des Vorliegens der Voraussetzungen nicht die Ungültigerklärung des angefochtenen Gemeindebeschlusses vorgesehen, sondern die Aufhebung der dazu führenden Abstimmung.[242] Diese zweite Eigenheit ist ein weiterer Ausdruck einer schlechten Abstimmung des Beschwerdeverfahren des Wahlgesetzes auf das Beschwerdeverfahren des Gemeindegesetzes.[243] Im Ergebnis läuft es zwar auf das gleiche hinaus, wenn die zu einem Gemeindebeschluss führende Abstimmung kassiert wird statt dieser selbst. Wird die Abstimmung aufgehoben, liegt auch kein gültiger Beschluss mehr vor, da er dann nicht mehr als zustande gekommen gelten kann. Inkonsequent ist diese Regelung trotzdem, da beim Gemeindebeschwerdeverfahren das Anfechtungsobjekt ein Gemeindebeschluss ist und nicht die zu ihm führende Abstimmung. Wenn der Beschluss an einem Mangel im Sinne von § 151 Abs. 1 Ziff. 3 und Ziff. 1 Satz 2 GG leidet, hat das im Rechtsmittelverfahren nicht zur Folge, dass er kassiert wird, sondern die Abstimmung, die gar nicht Anfechtungsobjekt ist.

Die in § 131 Abs. 1 und 2 des Wahlgesetzes sonst noch vorgesehenen Möglichkeiten, eine Unregelmässigkeit wenn möglich noch vor Ablauf des Abstimmungsverfahrens zu beheben oder, wenn dies nicht mehr möglich ist, die Abstimmung zu verbieten, kommen bei einer Gemeindebeschwerde nicht in Betracht. Eine Gemeindebeschwerde kann erst gegen einen Gemeindebeschluss und

---

[241] Denkbar ist auch, dass statt der Kassation einer Abstimmung deren Berichtigung erfolgt, wenn dies aufgrund der Umstände von der Beschwerdeinstanz ohne weiteres möglich ist (z.B. bei blossen Rechenfehlern bei der Ermittlung des Abstimmungsresultates, die ohne weiteres korrigiert werden können).

[242] vgl. § 151 Abs. 1 Ziff. 1 Satz 2 und Ziff. 3 sowie § 151 Abs. 2 GG in Verbindung mit § 131 Abs. 2 WG.

[243] vgl. auch vorne S. 71 ff. und S. 98 f.

somit nach stattgefundener Abstimmung erhoben werden.[244]

(3) Inhalt des Beschwerdeentscheides und Kostenfolgen

Für den Inhalt des Beschwerdeentscheides kommen mangels Vorschriften im Wahlgesetz diejenigen des VRG zum Zuge.[245] Er muss eine Umschreibung des Sachverhaltes, die Prozessgeschichte, die Begründung und das Dispositiv enthalten.[246] Das Dispositiv umfasst den eigentlichen Entscheid in der Sache sowie eine Aufzählung der Zustellempfänger,[247] eine Regelung der Kosten- und Entschädigungsfolgen[248] sowie eine Rechtsmittelbelehrung. Eine Rechtsmittelbelehrung hat zu erfolgen, wenn gegen den Beschwerdeentscheid ein ordentliches Rechtsmittel zulässig ist.[249] Das bedeutet, dass der Beschwerdeentscheid des Bezirksrates eine solche enthalten muss, während im Beschwerdeverfahren vor dem Regierungsrat normalerweise keine anzubringen ist, da dagegen in der Regel kein ordentliches Rechtsmittel mehr zur Verfügung steht.[250,251,252]

Für die Kostenregelung enthält das Wahlgesetz eine Spezialvorschrift, die den Vorschriften des VRG vorgeht. Die Kosten des Beschwerdeverfahrens können nur "**bei grobem Verschulden dem Fehlbaren oder, bei ganzer oder teilweiser Abweisung der Beschwerde, dem Beschwerdeführer auferlegt werden, wenn die Beschwerde mutwillig erhoben worden ist**".[253] Über die Zusprechung von Parteientschädigungen wird im Wahlgesetz nichts bestimmt, weshalb m.E. aufgrund des Verweises in § 133 WG die Vorschriften von § 17

---

[244] vgl. vorne S. 63 f.
[245] § 151 Abs. 2 und § 133 WG
[246] § 28 Abs. 1 VRG;
Bosshart Kommentar, § 28 N 2;
Kölz Kommentar, § 28 N 1;
vgl. dazu z.B. RRB 4296/86 und 3121/86
[247] vgl. § 28 Abs. 2 VRG
[248] vgl. § 132 WG
[249] vgl. § 10 Abs. 2 VRG;
Kölz Kommentar, § 10 N 18 und § 28 N 2
[250] vgl. vorne S. 58 ff. und hinten S. 105 f.
[251] vgl. dazu z.B. BRZ 6, 102-105/87 und RRB 2116/87
[252] Kölz Kommentar, § 28 N 2
[253] § 132 WG

VRG[254] zur Anwendung zu bringen sind.[255]

9. Weiterzug

a) Allgemeines

Nach Abschluss eines Rechtsmittelverfahrens stellt sich die Frage, ob es mit dem in diesem Verfahren ergangenen Entscheid sein Bewenden hat oder ob er noch weiter gezogen werden kann. Ein Weiterzug leitet ein neues Rechtsmittelverfahren vor der nächsthöheren Instanz ein. Das nächstinstanzliche Verfahren kann gleich oder einschränkender geregelt sein als vor der ersten Rechtsmittelbehörde.

b) Gesetzliche Regelung

Der erstinstanzliche Beschwerdeentscheid des Bezirksrates kann nach § 129 Abs. 1 WG innert 20 Tagen an den Regierungsrat als Aufsichtsbehörde[256] weitergezogen werden. Fragen muss man sich, wer alles zu einem Weiterzug legitimiert ist. Es kommen dazu neben der Gemeinde und dem Grossen Gemeinderat als Urheber des angefochtenen Beschlusses alle diejenigen in Frage, die zur erstinstanzlichen Anfechtung eines Gemeindebeschlusses berechtigt sind. Neben den Stimmberechtigten einer Gemeinde sind das die Gemeindebehörden und die Personen mit einem rechtlichen Interesse.

Das Gemeindegesetz enthält in § 155 eine Bestimmung über den Weiterzug, die den Fall einer Amtsbeschwerde regelt.[257] Es handelt sich dabei um einen Weiterzug durch eine Gemeinde oder ein Gemeindeparlament, wenn einer ihrer Beschlüsse im Beschwerdeverfahren aufgehoben worden ist. Ausgeschlossen ist eine solche Amtsbeschwerde, wenn ein Beschluss wegen Nichtbeachtung der Bestimmungen über die Geschäftsbehandlung oder wegen Teil-

---

254 vgl. dazu hinten S. 134 f.
255 Zum Problem, auf welche Vorschriften des VRG sich der Verweis in § 133 WG bezieht, siehe vorne S. 98 f. .
256 vgl. vorne S. 58 ff.
257 vgl. zum Begriff der Amtsbeschwerde vorne S. 25 f.

nahme von Nichtstimmberechtigten an den Verhandlungen aufgehoben worden ist.[258] Vom Wortlaut her bezieht sich diese Einschränkung in § 155 Abs. 1 Satz 4 GG nur auf Beschlüsse von Gemeinden mit ordentlicher Gemeindeorganisation, da diese Bestimmung nur von der Gemeindeversammlung spricht. M.E. muss sie sich aber auf alle Gemeindeorganisationen beziehen, weil eine Differenzierung nach der Art der Gemeindeorganisation einer sachlichen Grundlage entbehren würde.

Handelt es sich beim aufgehobenen Beschluss um einen solchen einer **Gemeinde mit ordentlicher Gemeindeorganisation,** so beschliesst die Gemeindeversammlung, ob sie den Entscheid weiterziehen will.[259] Bei **Gemeinden mit Urnenabstimmung** bedarf es dazu eines Beschlusses der Gemeindevorsteherschaft zusammen mit der Rechnungsprüfungskommission.[260] Bei **Gemeinden mit Grossem Gemeinderat** bestimmt das Gemeindeparlament über den Weiterzug im Falle der Kassation eines Gemeindebeschlusses oder eines selbst gefassten Beschlusses.[261] Aufgrund dieser Regelungen ist davon auszugehen, dass die Gemeinde beziehungsweise ihr Parlament zum Weiterzug eines erstinstanzlichen Beschwerdeentscheides des Bezirksrates an den Regierungsrat legitimiert sind.

Weitere Bestimmungen über den Weiterzug enthalten weder das Gemeindegesetz noch das Wahlgesetz. M.E. darf daraus aber aber nicht geschlossen werden, dass nur die Gemeinde oder ihr Parlament zum Weiterzug berechtigt sind, weil lediglich sie in § 155 GG erwähnt werden. Diese Bestimmung regelt bloss, wer gemeindeintern zum Entscheid über einen Weiterzug befugt ist, wenn Gemeindebeeschlüsse im Beschwerdeverfahren aufgehoben werden. Sie besagt aber nichts über die zweitinstanzliche Beschwerdelegitimation der einzelnen Stimmbürger, Gemeindebehörden oder weiterer Personen mit rechtlichem Interesse.

In den Materialien gibt es keine Hinweise darauf, dass die Berechtigung weiterer Personen zum Weiterzug hätte abgeschafft werden sollen.[262]

---

[258] § 155 Abs. 1 Satz 4 GG
[259] § 155 Abs. 1 GG
[260] § 155 Abs. 2 GG
[261] § 155 Abs. 2 und 3 GG
[262] vgl. Weisung RR Wahlgesetz, S. 909 ff.;
Kommissionsprotokoll WG, S. 88-93, 153 und 196;

Zwar fehlt dem revidierten § 155 GG der erste Absatz des alten § 155 GG, wonach allen erstinstanzlichen Rekurrenten der Weiterzug offenstand.[263] Dafür heisst es jetzt in § 129 Abs. 1 WG, auf den in § 151 Abs. 2 GG verwiesen wird, dass gegen erstinstanzliche Beschwerdeentscheide "**bei der Aufsichtsbehörde wiederum Beschwerde eingereicht werden**" kann. Irgendwelche Einschränkungen, wonach gewisse erstinstanzliche Beschwerdeführer dazu nicht berechtigt wären, enthält das Wahlgesetz nicht. M.E. haben sich damit die Weiterzugsmöglichkeiten nicht verschlechtert. Es sind mangels einer einschränkenden Umschreibung in § 129 Abs. 1 WG nach wie vor alle am erstinstanzlichen Verfahren beteiligten Stimmberechtigten, Gemeindebehörden und Personen mit rechtlichem Interesse zum Weiterzug an den Regierungsrat zuzulassen, soweit sie mit ihren Anträgen nicht vollständig durchgedrungen sind.

Man kann sich vor dem Hintergrund des Quasi-Popularrechtsmittel-Charakters einer Gemeindebeschwerde zudem fragen, ob nicht generell alle zu einer Gemeindebeschwerde erstinstanzlich Legitimierten auch als zur Beschwerde an den Regierungsrat befugt zu betrachten sind, unabhängig davon, ob sie sich am erstinstanzlichen Verfahren beteiligt haben oder nicht. M.E. ist das gegenüber denjenigen zu bejahen, die gar keinen Anlass hatten, einen Gemeindebeschluss erstinstanzlich anzufechten. Das ist dann der Fall, wenn ein zweitinstanzlicher Beschwerdeführer mit einem Gemeindebeschluss einverstanden war und dieser vom Bezirksrat auf Beschwerde eines Dritten hin aufgehoben wird. Dagegen ist die Legitimation zum Weiterzug an den Regierungsrat zu verneinen, wenn der Bezirksrat den angefochtenen Gemeindebeschluss nicht aufhebt und ein am ersten Verfahren unbeteiligter Beschwerdeführer diesen erst jetzt beim Regierungsrat anfechten will.[264]

Der zweitinstanzliche Entscheid des Regierungsrates ist zugleich

---

Bericht RR Wahlgesetz, S. 2 oben
[263] vgl. § 155 Abs. 1 alt und rev GG
[264] In diesem Sine offenbar RRB 3217/86 E.1, der die Legitimation einer Gemeindevorsteherschaft zur Anfechtung eines Bezirksratsbeschlusses, der die von Dritten erhobene Gemeindebeschwerde abwies, verneint. Unzutreffend ist in diesem Entscheid allerdings die Begründung, wonach die Nichtbeteiligung am erstinstanzlichen Verfahren bewirke, dass die Gemeindevorsteherschaft durch den abweisenden Bezirksratsentscheid nicht in ihren Rechten im Sinne von § 21 VRG betroffen werde. Das kann für sich allein zwar zutreffen, doch beurteilt sich die Legitimation im Gemeindebeschwerdeverfahren nicht nach § 21 VRG, sondern nach § 151 Abs. 1 GG, der ein Betroffensein in den eigenen Rechten für alle Stimmbürger und die Behörden einer Gemeinde gerade nicht verlangt.

letztinstanzlich. Eine Anfechtung beim Verwaltungsgericht ist in der Regel nicht möglich.[265] Es bleibt damit bei zwei Rechtsmittelinstanzen im Gemeindebeschwerdeverfahren des Kantons Zürich. Rechtsmittel des Bundes sind gegen Rechtsmittelentscheide in einem Gemeindebeschwerdeverfahren, einmal abgesehen vom ausserordentlichen Rechtsmittel der staatsrechtlichen Beschwerde, keine zulässig. Bei Gemeindebeschlüssen handelt es sich im Normalfall nicht um Verfügungen und überdies werden sie nicht gestützt auf Bundesrecht, sondern meist aufgrund von kantonalem Verwaltungsrecht gefasst.[266]

Als einziges Rechtsmittel auf Bundesstufe kommt, wie erwähnt, die staatsrechtliche Beschwerde in Frage.[267] Voraussetzung für ihre erfolgreiche Erhebung ist bei Privaten die Verletzung in einem verfassungsmässigen Recht. Eine Gemeinde muss sich, soweit sie sich nicht auf ein Betroffensein wie ein Privater beruft, auf eine Verletzung ihrer Gemeindeautonomie, ihrer Existenz oder ihres Gemeindegebietes berufen können[268,269]

10. Vollstreckung

Wenn ein Rechtsmittelverfahren seinen endgültigen Abschluss gefunden hat, muss dem darin gefällten Entscheid Nachachtung verschafft werden. Er muss vollstreckt werden, wobei von der Natur der Sache her gewisse Entscheide keiner Vollstreckung bedürfen.[270]

Weder das Gemeindegesetz noch das Wahlgesetz enthalten Bestimmungen über die Vollstreckung, demgegenüber finden sich solche im

---

[265] vgl. dazu vorne S. 58 ff.

[266] vgl. dazu vorne S. 58 ff. sowie für eine denkbare Ausnahme S. 59 Fussnote 17

[267] Soweit bei einer Gemeindebeschwerde ausnahmsweise eine Beschwerde ans Verwaltungsgericht möglich ist und gleichzeitig mit der staatsrechtlichen Beschwerde die Verletzung von verfassungsmässigen Rechten gerügt wird, tritt eine Gabelung des Rechtsweges ein (vgl. § 49 VRG; Kölz/Häner, S. 219 f.).

[268] Auer, N 82, 298 und 348;
Kälin, S. 253 ff.;
Marti, N 122-129; je mit Hinweisen

[269] vgl. allgemein zur staatsrechtlichen Beschwerde:
Auer, S. N 281 ff.;
Kälin, S. 27 ff.;
Marti, N 1 ff.

[270] vgl. Kölz Kommentar, Vorbem. zu § 29-31 N 1 f. und § 29 N 1

VRG.[271] Im Beschwerdeverfahren des Gemeindegesetzes stellt sich die Frage einer Vollstreckung aber nicht. Beim Entscheid über eine Gemeindebeschwerde wird die Beschwerde entweder ganz oder teilweise abgewiesen oder der angefochtene Gemeindebeschluss ganz oder zum Teil kassiert. Wird die Beschwerde abgewiesen, so bleibt der angefochtene Gemeindebeschluss bestehen und es ist kein Beschwerdeentscheid zu vollstrecken mit der Einschränkung, dass die Kosten des Beschwerdeverfahrens von der Beschwerdeinstanz einzutreiben sind.[272] Wird ein Gemeindebeschluss aufgehoben, so ist der Entscheid darüber feststellender oder rechtsgestaltender Art, der wegen seiner Natur ebenfalls keiner Vollstreckung bedarf.[273]

---

[271] § 151 Abs. 2 GG in Verb. mit § 128-133 WG und § 29-31 VRG
[272] § 151 Abs. 2 GG in Verb. mit § 133 WG und § 29 Abs. 2 VRG
[273] vgl. Kölz Kommentar, Vorbem. zu § 29-31 N 1

C. Rekursverfahren

Die zu den einzelnen Punkten des Beschwerdeverfahrens gemachten dogmatischen Ausführungen über die Prozessvoraussetzungen, die Beschwerdegründe und das Verfahren gelten auch für das Rekursverfahren.[1] Es wird unter Hinweis auf die im Beschwerdeverfahren gemachten Darlegungen deshalb verzichtet, sie hier zu wiederholen.

Das Gemeindegesetz regelt den Gemeinderekurs nicht näher, sondern bestimmt in § 152 GG, dass "**gegen Anordnungen und Erlasse anderer Gemeindebehörden und Ämter ... Rekurs gemäss Verwaltungsrechtspflegegesetz erhoben werden**" kann. Damit kommen für den Gemeinderekurs die Vorschriften des Rekursverfahrens des VRG zur Anwendung,[2] wobei sich der Gemeinderekurs trotz der Formulierung im Gemeindegesetz nicht ganz mit dem Verwaltungsrekurs deckt. Die folgenden Ausführungen begnügen sich mit einer knappen Darstellung des Gemeinderekurses, soweit er mit dem Verwaltungsrekurs identisch ist, da hiezu einschlägige Literatur und Judikatur existiert.[3] Sie fallen etwas ausführlicher aus, wo sich im Verhältnis zum Verwaltungsrekurs Unterschiede ergeben.

1. Zuständigkeit

Zur Behandlung von Gemeinderekursen ist der Bezirksrat zuständig, in dessen Bezirk die Gemeinde liegt. Die Zuständigkeit des Bezirksrates ergibt sich anders als bei der Gemeindebeschwerde nicht direkt aus dem Gemeindegesetz,[4] sondern aus dem Verwaltungsrechtspflegegesetz. Dort ist die der verfügenden Behörde hierarchisch übergeordnete Verwaltungsbehörde zur Behandlung

---

[1] vgl. vorne S. 57 f., 61 ff., 66, 78 ff., 81 f., 85, 86 f., 97, 103
[2] § 19-28 VRG
[3] so z.B. Bosshart Kommentar, S. 23 ff.;
Kölz Kommentar, S. 36 ff.; je mit Hinweisen auf die Praxis
[4] vgl. vorne S. 58

von Rekursen zuständig.[5] Als obere Verwaltungsbehörde gilt diejenige Behörde, welche die Aufsicht über die untere ausübt.[6] Das ist im Verhältnis zur Gemeinde der Bezirksrat des Bezirks, in dem sich die Gemeinde befindet.[7] Der Bezirksrat amtet damit gleich wie bei der Gemeindebeschwerde als erste Instanz.

Bei der Anfechtung von behördlichen Akten von Spezialgemeinden, die ausnahmsweise in verschiedenen Bezirken liegen, ist der Bezirksrat örtlich zuständig, in dessen Bezirk die Gemeinde ihren räumlichen Schwerpunkt aufweist.[8]

Der Rekursentscheid des Bezirksrates ist an den Regierungsrat als die nächsthöhere Behörde weiterziehbar,[9] der damit ebenfalls wie im Beschwerdeverfahren als zweite Instanz tätig wird.[10] Anders als dort ist der Regierungsrat nicht in jedem Fall auch die letzte Instanz.[11] Soweit dem Gemeinderekurs eine Verfügung gestützt auf Bundesrecht zugrunde liegt, stehen gegenüber dem Rekursentscheid des Regierungsrates eidgenössische Rechtsmittel offen.[12] Ist kein eidgenössisches Rechtsmittel ausser der staatsrechtlichen Beschwerde möglich, kommt die Beschwerde ans kantonale Verwaltungsgericht in Frage,[13] sofern der betreffende Beschwerdefall im Enumerationskatalog des VRG vorgesehen ist.[14] Wurde mit dem Gemeinderekurs eine Verfügung angefochten, die sich sowohl auf Bundesrecht als auch auf kantonales Recht stützt, tritt eine Gabelung des Instanzenzuges ein.[15] Das subsidiäre Rekursverfahren nach § 152 GG kommt allerdings nur zur Anwendung, wenn ihm keines der zahlreichen be-

---

5 § 19 Abs. 1 VRG
6 vgl. Fehr, S. 207 ff.;
Kölz Kommentar, § 19 N 56
7 vgl. Art. 45 Abs. 1 KV; § 10 Abs. 1 Bezirksverwaltungsgesetz; § 141 Abs. 1 GG
8 vgl. vorne S. 60 f.
9 § 19 Abs. 1 VRG in Verbindung mit Art. 40 Ziff. 5 KV und § 149 Abs. 1 GG;
vgl. Kölz Kommentar, § 19 N 56
10 vgl. vorne S. 58
11 vgl. dazu vorne S. 58 ff. und S. 105 f.
12 vgl. zur Zuständigkeit und zum Verfahren in der Bundesverwaltungsrechtspflege:
Gygi Rechtspflege; S. 71 f. und 235 ff.;
Saladin, S. 39 ff.
13 § 49 VRG
14 § 47 Abs. 1 lit. c in Verbindung mit § 42 ff. VRG;
vgl. zur Zuständigkeit und zum Verfahren des Verwaltungsgerichts Kölz Kommentar, § 41 ff.
15 vgl. Kölz Kommentar, § 49 N 13;
Kölz/Häner, S. 219 f.

sonderen Rechtsmittelverfahren vorgeht.[16]

2. Anfechtungsobjekt

Der Gemeinderekurs ist zulässig "gegen Anordnungen und Erlasse".[17] Er setzt damit ein förmliches Anfechtungsobjekt voraus.[18] Als anfechtbare Beschlüsse[19] werden nicht nur wie beim Verwaltungsrekurs Anordnungen,[20] sondern auch Erlasse zugelassen. Unter Anordnungen sind Verfügungen und Entscheide zu verstehen,[21] während mit Erlassen generell-abstrakte Regelungen und damit Rechtssätze gemeint sind.[22]

a) Verfügungen und Entscheide

Eine Verfügung[23] im Sinne des VRG und damit auch im Sinne von

---

16 Vgl. dazu hinten S. 118 ff. . Die Weiterzugsmöglichkeit gegenüber einem regierungsrätlichen Entscheid im Gemeinderekursverfahren dürfte nicht sehr häufig sein, da ein Gemeinderekurs vor allem in nur kantonalrechtlich geregelten Materien erhoben wird, die nicht unter die Beschwerdefälle des Enumerationskataloges von § 42 ff. VRG fallen. Vgl. dazu z.B. RRB 3188/87; 3115/86; 2770/86; 2000/86; 1777/86; 1686/85.

17 § 152 GG

18 vgl. BRZ 89/85 S. 2 sowie vorne S. 63 f.

19 Soweit eine monokratisch organisierte Gemeindebehörde entscheidet, wird sie das nicht in Beschlussform, sondern in Verfügungs- oder Verordnungsform tun, da ein Beschluss begrifflich einen Mehrheitsentscheid voraussetzt (vgl. vorne S. 63).

20 vgl. § 19 Abs. 1 VRG

21 Bosshart Kommentar, Vorbem. zum zweiten Abschnitt N 3 und § 19 N 2;
Kölz Kommentar, § 19 N 1;
vgl. vorne S. 26 f.

22 vgl. Auer, N 332;
Gygi Rechtspflege, S. 134;
Gygi Verwaltungsrecht, S. 87 ff.;
Kölz Kommentar, § 50 N 143;
Wädensweiler, S. 88

23 vgl. zum Verfügungsbegriff z.B.:
Bosshart Kommentar, Vorbem. zum zweiten Abschnitt N 3;
Fleiner, § 21 N 1 ff.;
Gygi Rechtspflege, S. 126 ff.;
Gygi Verwaltungsrecht, S. 121;
Kölz Kommentar, § 19 N 1 ff.;
Saladin, S. 57 ff.;
Schwarzenbach, S. 107 ff.;
Fehr, S. 273 ff.

§ 152 GG liegt vor bei einer einseitigen Anordnung einer Behörde,[24] die die Regelung eines konkreten Falles[25] für einen individuellen Adressaten[26] zum Gegenstand hat. Dabei muss die Anordnung gestützt auf öffentliches Recht[27] ergehen, auf Rechtswirkungen ausgerichtet und verbindlich sein.[28]

Bei einem Entscheid kann es sich um einen Rechtsmittel-, einen Vor- und ausnahmsweise um einen Zwischenentscheid handeln.[29] Von einem Rechtsmittelentscheid spricht man bei der Überprüfung einer Verfügung durch die Oberbehörde in einem Rechtsmittelverfahren.[30] Der Vorentscheid stellt einen Teilentscheid über ein formelles oder materielles Einzelproblem dar,[31,32] während ein Zwischenentscheid eine verfahrensrechtliche Anordnung ist, die ein Verfahren nicht abschliesst.[33,34]

---

[24] Gygi Rechtspflege, S. 128;
Gygi Verwaltungsrecht, S. 122;
Kölz Kommentar, § 19 N 9;
Saladin, S. 67

[25] Fleiner, § 21 N 19;
Kölz Kommentar, § 19 N 8;
Saladin, S. 70 ff.;
Schwarzenbach, S. 110

[26] Gygi Rechtspflege, S. 128;
Gygi Verwaltungsrecht, S. 122;
Kölz Kommentar, § 19 N 6;
Saladin, S. 70 ff.

[27] Fleiner, § 21 N 15;
Kölz/Häner, S. 199;
Saladin, S. 74 ff.

[28] Gygi Rechtspflege, S. 128;
Kölz Kommentar, § 19 N 10;
Saladin, S. 64 ff.

[29] Wädensweiler, S. 86

[30] Kölz Kommentar, § 19 N 1

[31] Kölz Kommentar, § 19 N 22 f.;
Bosshart Kommentar, § 48 N 3

[32] Obwohl Vorentscheide nicht als Anfechtungsobjekt in § 19 VRG genannt werden, können sie selbständig angefochten werden, wenn dadurch sofort ein Endentscheid herbeigeführt und ein erhebliches Beweisverfahren erspart werden kann (Kölz Kommentar, § 19 N 23 mit Hinweisen). Als Endentscheid wird ein, die Streitsache instanzabschliessender, Entscheid bezeichnet (Kölz Kommentar, § 19 N 35).

[33] Gygi Rechtspflege, S. 140;
Kölz Kommentar, § 19 N 25 f.

[34] Zwischenentscheide sind nur dann selbständig anfechtbar, wenn sie für den Betroffenen einen Nachteil zur Folge haben, der sich später voraussichtlich nicht mehr beheben lässt (§ 19 Abs. 2 VRG).

b) Erlasse

Die generell-abstrakte Regelungen enthaltenden Gemeindeerlasse sind entweder Gesetze im formellen oder materiellen Sinn.[35] Als formelle Gesetze haben diejenigen kommunalen Erlasse zu gelten, die vom demokratischen Gesetzgeber stammen. Das heisst, sie müssen von der Gemeinde an einer Gemeindeversammlung oder an einer Urnenabstimmung angenommen worden sein oder von einem Gemeindeparlament stammen und zumindest dem fakultativen Referendum unterliegen.[36] Materielle Gemeindegesetze und damit Rechtsverordnungen sind diejenigen Erlasse, die von den Gemeindebehörden oder vom Grossen Gemeinderat unter Ausschluss des Referendums erlassen werden.[37] Nicht zu den Erlassen sind die sogenannten Verwaltungsverordnungen zu zählen, weil aus ihnen gegenüber Privaten keine Rechte und Pflichten fliessen und ihnen deswegen keine Rechtssatzqualität zukommt.[38,39]

Mit dem Gemeinderekurs sind nur materielle Gemeindegesetze von Gemeindebehörden anfechtbar. Formelle Gemeindegesetze und materielle Gemeindegesetze eines Gemeindeparlamentes sind nicht mit dem Gemeinderekurs, sondern mit der Gemeindebeschwerde anzufechten.[40]

Gemeindegesetze und die nicht dazu zählenden kommunalen Verwaltungsverordnungen werden unbesehen davon, ob es sich bei ihnen um formelle oder materielle Gesetze oder um blosse Dienstanweisungen handelt, als Verordnungen und Reglemente bezeichnet. Der Ausdruck "Gesetz" ist für kommunale Erlasse nicht üblich.[41] Wenn im Gemeinderecht von einem Reglement

---

35 vgl. zum Begriff des formellen und materiellen Gesetzes z.B.:
    Auer, N 18 f.;
    Gygi Verwaltungsrecht, S. 79 f. und 89 f.;
    Kölz Kommentar, § 50 N 20
36 Gygi Verwaltungsrecht, S. 89 und 104
37 Gygi Verwaltungsrecht, S. 104
38 Gygi Verwaltungsrecht, S. 101;
    Kölz Kommentar, § 50 N 157
39 Wenn eine Verwaltungsverordnung aber Aussenwirkungen entfaltet und keine auf sie gestützten Verfügungen getroffen werden, deren Anfechtung möglich oder dem Betroffenen zumutbar ist, kann sie wie ein Erlass angefochten werden (vgl. BGE 105 Ia 354 zur Zulässigkeit der staatsrechtlichen Beschwerde bei der Anfechtung von Verwaltungsverordnungen; Gygi Verwaltungsrecht, S. 103). Dieser Grundsatz sollte m.E. auch im kantonalen Gemeinderekursverfahren gelten.
40 vgl. vorne S. 64 ff. und 69 sowie hinten S. 115 f.
41 vgl. Art. 13 Ziff. 2 und Art. 18 Ziff. 7 lit. a-g MusterGO;

oder einer Verordnung die Rede ist, kann deshalb nicht unbesehen auf den Gesetzgeber und ihre Rechtssatzqualität und damit auf ihre Anfechtbarkeit geschlossen werden.

Durch die Anfechtbarkeit von Erlassen ist der Kreis der Anfechtungsobjekte beim Gemeinderekurs weiter gezogen als beim Verwaltungsrekurs, dessen klassisches Anfechtungsobjekt die Verfügung ist. Ihr Umfang ist aber enger als bei der Gemeindebeschwerde. Während diese gegen alle Arten von Beschlüssen zulässig ist,[42] können mit dem Gemeinderekurs nur Beschlüsse von Gemeindebehörden angefochten werden, die Anordnungen und Erlasse sind. Vor der Revision kannte das Gemeindegesetz diese Einschränkung nicht und es konnten ebenfalls alle Beschlüsse von Gemeindebehörden angefochten werden.[43]

c) Nicht anfechtbare Beschlüsse

Den Gemeindebehörden kommen als kommunale Vollzugsbehörden neben der Anwendung von Rechtssätzen, die sich in Verfügungen und Entscheiden äussert, und dem Erlass der von ihnen zu setzenden Verordnungen[44] noch zahlreiche andere Aufgaben zu. Sie haben sich um die allgemeinen Gemeindeangelegenheiten zu kümmern.[45] Dazu gehört insbesondere im Rahmen ihrer Kompetenzen die Besorgung der Finanzverwaltung.[46] Daneben haben sie die vor die Gemeindeversammlung, an die Urne oder vor ein Gemeindeparlament zu

---

Gygi Verwaltungsrecht, S. 89 und 104;
Mettler/Thalmann, S. 107

[42] vgl. dazu vorne S. 64

[43] vgl. § 152 alt GG;
Kölz Kommentar, § 19 N 46;
Mettler/Thalmann, S. 381
sowie vorne S. 52

[44] vgl. § 64 Ziff. 1 GG;
Art. 18 Ziff. 1, 3 und 7 MusterGO;
Etter, S. 51 f.;
Heiniger Gemeinderat, S. 194 ff.;
Mettler/Thalmann, S. 199

[45] vgl. § 64 Ziff. 2 und § 73 GG;
Art. 18 Ziff. 4 MusterGO;
Mettler/Thalmann, S. 201 f.

[46] Art. 19 Ziff. 1-7 MusterGO;
Mettler/Thalmann, S. 201

bringenden Geschäfte zu beraten und dazu Antrag zu stellen.[47] Ferner haben sie die Gemeinde nach aussen zu vertreten[48] und die ihnen obliegenden Wahlen vorzunehmen.[49,50] Den im Zusammenhang mit diesen weiteren Aufgaben von Gemeindebehörden gefassten Beschlüssen kommt in der Regel weder Verfügungs- noch Erlasscharakter zu, weshalb sie nicht mit dem Gemeinderekurs angefochten werden können. Der Gemeinderekurs ist damit im allgemeinen ausgeschlossen bei Beschlüssen im Bereiche der Finanzverwaltung, bei Beschlüssen über rechtsgeschäftliche Handlungen mit anderen Behörden oder Privaten,[51] bei Beschlüssen über Reglemente, Pflichtenhefte und Dienstanweisungen[52] für die ihnen unterstellten Gemeindeorgane,[53] bei Antragstellungen gegenüber der Gemeindeversammlung, einem Gemeindeparlament oder zuhanden der Stimmberechtigten an der Urne[54] und bei Beschlüssen im Zusammenhang mit Wahlen und Abstimmungen.[55] Ausnahmen sind denkbar, wenn einem Beschluss in einem dieser Gebiete derartige Aussenwirkungen zukommen, dass dem Betroffenen die Anfechtung ermöglicht werden muss, wenn er sonst ohne Rechtsschutz bliebe.[56,57]

Der Gemeinderekurs ist ferner unzulässig in Angelegenheiten, welche

---

47 § 64 Ziff. 3, § 79 Abs. 2, § 82 Abs. 2, § 111 Abs. 1 und 2, § 114 und 115 GG;
Art. 18 Ziff. 2 MusterGO;
Mettler/Thalmann, S. 195 ff.

48 Art. 18 Ziff. 5 und 6 MusterGO;
Mettler/Thalmann, S. 202 ff.

49 § 64 Ziff. 4 GG;
Art. 17 lit. a und b MusterGO

50 Die hier gemachten Ausführungen über den Aufgabenbereich von Gemeindebehörden beziehen sich in erster Linie auf den Gemeinderat, als der wichtigsten kommunalen Behörde. Sie gelten aber grundsätzlich unter Berücksichtigung der spezielleren und eingeschränkteren Kompetenzen der übrigen Gemeindebehörden auch für diese.

51 Wenn man der Zweistufentheorie folgt, ist die Anfechtung derartiger Beschlüsse denkbar (vgl. dazu hinten S. 124 f.).

52 vgl. RRB 3115/86 E. 1

53 vgl. Art. 18 Ziff. 7 lit. f MusterGO

54 vgl. auch ZBl 62 Nr. 17;
Kölz Kommentar, § 19 N 45; beide zu § 152 alt GG
Unklar RRB 2770/86, wo der Regierungsrat einen Rekurs abwies gegen den Entscheid eines Bezirksrates, der die Antragstellung eines Gemeinderates an die Gemeindeversammlung aufsichtsrechtlich und auf Rekurs hin aufgehoben hatte.

55 Hier kommen die Rechtsmittel des Wahlgesetzes zur Anwendung, siehe hinten S. 122 f. sowie vorne S. 73 Fussnote 95.

56 Vgl. RRB 3115/86 E. 1, wo in casu die Anfechtbarkeit einer Dienstanweisung verneint wurde.

57 Vgl. dazu auch vorne S. 112 Fussnote 39

das öffentliche Dienstverhältnis betreffen, soweit es sich nicht um Disziplinarsachen handelt.[58,59] Beschlüssen von Gemeindebehörden in dieser Materie dürfte in der Regel Verfügungscharakter zukommen, doch ist der Rekurs hier ausdrücklich ausgeschlossen.[60,61]

Wenn eine Gemeindebehörde einen nicht mit dem Gemeinderekurs anfechtbaren rechtswidrigen Beschluss fällt, verbleibt zu dessen Beseitigung lediglich die Möglichkeit einer Aufsichtsbeschwerde, wenn keine anderen Spezialrechtsmittel[62] bestehen.[63]

Ob die im Vergleich zur alten Regelung eingeschränktere Anfechtbarkeit von Beschlüssen von Gemeindebehörden bei der Revision beabsichtigt oder zumindest vorausgesehen wurde, lässt sich den Materialien nicht entnehmen und muss deshalb wohl bezweifelt werden.[64] Sie ist eine Folge der angestrebten und weitgehend verwirklichten Gleichstellung des Gemeinde- mit dem Verwaltungsrekurs. Die neue Regelung erscheint jedoch problematisch, da damit bei Beschlüssen der Gemeinde und des Grossen Gemeinderates, die direkt demokratisch legitimiert sind, das Anfechtungsobjekt sehr viel weiter umschrieben ist als bei Akten von Gemeindebehörden. Ein Zustand, der m.E. nach einer Änderung ruft.

---

[58] anders noch unter dem altem Gemeinderekurs (vgl. ZBl 80 (1979), S. 304 ff. E. 2)

[59] In Disziplinarsachen ist der Gemeinderekurs auch nur zulässig, soweit es nicht um eine vorzeitige Entlassung, eine Einstellung im Amte oder eine Versetzung ins provisorische Dienstverhältnis geht. In diesen Fällen ist direkt Rekurs ans Verwaltungsgericht zu erheben (§ 72 Abs. 2 GG und § 74 Abs. 1 VRG).

[60] § 152 GG in Verbindung mit § 4 Abs. 2 lit. b VRG

[61] Ob diese Verschlechterung des Rechtsschutzes im kommunalen Dienstrecht bei der Revision bedacht wurde, kann den Materialien nicht entnommen werden (vgl. Weisung RR Wahlgesetz, S. 909 ff.; Kommissionsprotokoll WG, S. 88-93, 153 und 196; Bericht RR Wahlgesetz, S. 2 oben.

[62] Ein solches ist beispielsweise mit der Beschwerde nach § 123 WG gegeben, wenn eine Gemeindebehörde einen nicht mit dem Gemeinderekurs anfechtbaren Ausgabebeschluss unter Missachtung der ihr zustehenden Finanzkompetenzen fällt. Dies stellt eine Umgehung der Gemeinde oder des Grossen Gemeinderates und damit eine Stimmrechtsverletzung im Sinne von § 123 Abs. 1 lit. b WG dar.

[63] vgl. dazu hinten S. 118 ff.

[64] vgl. Weisung RR Wahlgesetz, S. 909 ff.; Kommissionsprotokoll WG, S. 88-93, 153 und 195; Bericht RR Wahlgesetz, S. 2 oben

d) Anordnende und erlassende Behörde

(1) Oberste Gemeindebehörde

Damit Anordnungen und Erlasse mit dem Gemeinderekurs angefochten werden können, müssen sie von "**anderen Gemeindebehörden und Ämtern**" als von den Stimmberechtigten einer Gemeinde oder von einem Gemeindeparlament stammen.[65]

Als Gemeindebehörden haben Gemeindeorgane mit selbständigen Verwaltungs- und Entscheidbefugnissen nach aussen zu gelten, da nur mit diesen Kompetenzen ausgestattete Organe Verfügungen, Entscheide und Verordnungen erlassen können. Dazu sind die Gemeindevorsteherschaften (Gemeinderat, Schul- und Kirchenpflege), die Fürsorgebehörde, die Rechnungsprüfungskommission der ordentlichen Gemeindeorganisation und der ausserordentlichen Gemeindeorganisation mit Urnenabstimmung, die Kommissionen und Beamten mit selbständigen Verwaltungsbefugnissen und die Verwaltungsvorstände und Behördenausschüsse[66] zu zählen.[67] Nicht dazu gehören die von einem Gemeindeparlament gestützt auf § 105 GG gewählten Organe,[68] die von einer Gemeindeversammlung gestützt auf § 52 GG bestellten Kommission, die Vorsteherschaft einer Gemeindeversammlung nach § 46 Ziff. 2 GG und alle weiteren, im Gemeindegesetz nicht geregelten Hilfsorgane von Gemeindebehörden.[69,70] Nicht als Gemeindebehörden im Sinne von § 152 GG haben ferner blosse gemeindeinterne Verwaltungseinheiten zu gelten, denen nach aussen keine Befugnisse zukommen, unbesehen davon, wie sie in der Gemeindeordnung auch immer bezeichnet werden.

Neben der Behördeneigenschaft, die das anordnende oder erlassende

---

[65] vgl. § 151 Abs. 1 Satz 1 mit § 152 GG

[66] wie z.B. die Finanzkommission, die Baukommission, die Vormundschaftsbehörde, die Gesundheitsbehörde, die Werkkommission, die Steuerkommission, die Feuerwehrkommission, der Polizeirichter, die ad hoc- und die Spezialkommissionen

[67] Ebenfalls eine Gemeindebehörde stellt das Gemeindewahlbüro dar (vgl. vorne S. 18), wobei gegen deren Beschlüsse nicht der Gemeinderekurs, sondern die Rechtsmittel des Wahlgesetzes zum Tragen kommen (vgl. dazu hinten S. 122 f.).

[68] wie z.B. das Büro des Grossen Gemeinderates, die Geschäftsprüfungskommission, die Rechnungsprüfungskommission

[69] wie alle nur beratenden Ausschüsse und Kommissionen

[70] vgl. zu den Gemeindeorganen und -behörden ausführlicher vorne S. 17 ff.

Organ aufzuweisen hat, muss es sich bei diesem zudem um eine **oberste** Gemeindebehörde handeln. Sofern innerhalb einer Gemeindeverwaltung mehrere Instanzen bestehen, ist zuerst der innerkommunale Instanzenzug zu durchlaufen, bevor ein Gemeinderekurs an den Bezirksrat erhoben werden kann.[71] Das gemeindeintern zu erhebende Rechtsmittel wird als **Einsprache** bezeichnet und ist im Gemeindegesetz nicht näher geregelt.[72] M.E. ist diese Einsprache als gemeindeinterne Variante des Gemeinderekurses zu behandeln, mit der Eigenheit, dass sie nicht an eine kantonale Behörde, wie es der Bezirksrat darstellt, sondern an die nächsthöhere Gemeindebehörde zu erheben ist.[73,74] Nicht als oberste unter den aufgezählten Gemeindebehörden gelten die Verwaltungsvorstände und Behördenausschüsse[75] sowie die Beamten mit selbständigen Verwaltungsbefugnissen.[76] Gegen ihre Anordnungen und Erlasse ist der Gemeinderekurs noch nicht zulässig, sondern erst gegen den Einspracheentscheid der ihnen übergeordneten Gesamtbehörde.[77]

(2) Amt

Bis dahin war nur von Gemeindebehörden die Rede, die mit dem Gemeinderekurs anfechtbare Akte setzen, und nicht auch von Gemeindeämtern, die in § 152 GG ebenfalls genannt werden. Die Ämter werden erst seit der Revision erwähnt, vorher war dort nur von Behörden die Rede.[78] Es fragt sich, ob damit noch andere Organe als Gemeindebehörden im oben umschriebenen Sinne gemeint sind, deren Beschlüsse anfechtbar sein sollen. Aus den Materialien lässt sich auf keine derartige Absicht schliessen.[79] Bereits unter den alten Bestimmungen wurde nur eine Anfechtung von Akten von Gemeindeorganen mit Behördenqualität zugelassen.[80] Gemeindeinterne Organisationsträger, die keine

---

71 gl.M. Mettler/Thalmann, S. 392 f. zum alten Gemeinderekurs
72 vgl. § 57 Abs. 1 und § 115 Abs. 1 GG
73 vgl. § 152 GG in Verbindung mit § 19 Abs. 1 VRG
74 gl.M. Mettler/Thalmann, S. 393 zum Verhältnis der Einsprache zum alten Gemeinderekurs
75 vgl. § 57 Abs. 2 GG
76 vgl. § 115a Abs. 2 GG
77 § 57 Abs. 2 und § 115a Abs. 1 GG
78 vgl. § 152 alt und neu GG
79 vgl. Weisung RR Wahlgesetz, S. 909 ff.; Kommissionsprotokoll WG, S. 88-93, 153 und 196; Bericht RR Wahlgesetz, S. 2 oben
80 Mettler/Thalmann, S. 392

Behördenqualität aufweisen,[81] besitzen keine selbständigen Verwaltungs- und Entscheidungskompetenzen. Sie können deshalb auch keine anfechtbaren Anordnungen und Erlasse im Sinne von § 152 GG erlassen. Es muss deshalb m.E. davon ausgegangen werden, dass der Bezeichnung "Amt" in § 152 GG neben dem Ausdruck "**Gemeindebehörden**" keine selbständige Bedeutung zukommen kann.

Warum der Begriff "Amt" bei der Revision überhaupt eingefügt wurde, lässt sich aufgrund der Materialien nicht klären.[82] Es kann dazu nur vermutet werden, dass man damit ausdrücken wollte, dass neben den Verfügungen, Entscheiden und Erlassen von Kollegialbehörden, die selbst als Behörden bezeichnet werden, auch diejenigen von monokratisch organisierten Behörden mit anderen Namen mit dem Gemeinderekurs anfechtbar sein sollten. Eine Verdeutlichung, die überflüssig gewesen wäre, da auch einzelnen Beamten Behördenqualität zukommen kann.

Mit der Anfechtbarkeit von generell-abstrakten Akten, die von der Gemeinde und ihren Behörden erlassen werden, ist auf kommunaler Stufe neben der normalen Verwaltungsrechtspflege eine prinzipale Normenkontrolle gegenüber allen materiellen und formellen Gemeindegesetzen einschliesslich der Gemeindeverfassung verwirklicht. Damit existiert im Kanton Zürich gegenüber kommunalen Akten eine umfassende Verwaltungs- und Staatsrechtspflege.[83]

3. Verhältnis zu anderen Rechtsmitteln

a) Allgemeines

Der Gemeinderekurs ist wie die Gemeindebeschwerde ein subsidiäres Rechtsmittel.[84] Er ist nur zulässig, soweit ihm nicht Spezialbestimmungen vorge-

---

[81] wie z.B. die Verwaltungsabteilungen im Sinne von Art. 20 und 21 MusterGO
[82] vgl. Weisung RR Wahlgesetz, S. 909 ff.; Kommissionsprotokoll WG, S. 88-93, 153 und 196; Bericht RR Wahlgesetz, S. 2 oben
[83] Leider wird die Möglichkeit der abstrakten Normenkontrolle gegenüber Erlassen von Gemeindebehörden durch die neueste Praxis des Regierungsrates hinsichtlich der Legitimationserfordernisse stark entwertet (vgl. dazu hinten S. 130).
[84] vgl. vorne S. 66

hen.[85] Derartige Vorschriften sind zahlreich. Sie finden sich wie bei der Gemeindebeschwerde im Wahl- und Abstimmungswesen und im Erziehungs- und Kirchenwesen. Ferner gibt es Sondervorschriften u.a. im Polizeiwesen und im Steuerwesen. Das sind aber noch nicht alle Gebiete, in denen besondere Vorschriften über den Rechtsschutz bestehen. Die Regelung der Verwaltungsrechtspflege im Kanton Zürich ist in den verschiedenen Sachgebieten ebenso bunt und vielfältig wie unübersichtlich und unklar, da es in der Gesetzgebung viele nicht aufeinander abgestimmte Rechtsmittelbestimmungen sowie zahlreiche aus dem normalen Instanzenzug ausgegliederte Rechtspflegeorgane gibt.[86] Es ist deshalb im Einzelfall immer abzuklären, ob in einer Spezialgesetzgebung nicht Sonderbestimmungen bestehen, die dem Gemeinderekurs vorgehen.[87,88]

Bevor die Abgrenzung des Gemeinderekurses zu den aufgezählten Spezialgebieten behandelt wird, ist zuerst kurz das Verhältnis zur Aufsichtsbeschwerde, zum Verwaltungsrekurs und zu den anderen Rechtsmitteln des Gemeindegesetzes zu untersuchen.

b) Aufsichtsbeschwerde

Es ist hier gleich wie bei der Gemeindebeschwerde zu halten. Der Gemeinderekurs geht als Rechtsmittel dem blossen Rechtsbehelf der Aufsichtsbeschwerde vor. Soweit ein Gemeinderekurs wegen Fehlens von gewissen Voraussetzungen nicht (mehr) in Frage kommt, kann allenfalls noch eine Aufsichtsbeschwerde eingereicht werden.[89]

---

85   § 153 GG; § 10 Abs. 1 Bezirksverwaltungsgesetz, Art. 45 Abs. 2 KV
86   Vgl. Kölz Kommentar, § 19 N 56 sowie für eine umfassende Darstellung der Spezialverwaltungsgerichte im Kanton Zürich Bosshard, S. 99 ff. und 282 ff. .
     Bosshard weist daraufhin, dass fast jedes der Spezialverwaltungsgerichte über eigene Verfahrensvorschriften verfügt. Wegen der grossen Zahl der Spezialverwaltungsgerichte kommt es dadurch zu unübersichtlichen Verhältnissen, die eine Rechtszersplitterung begünstigen. Darüber hinaus erscheinen viele der Sondergerichte im Gebiete der Verwaltungsrechtspflege als überflüssig, weil sie nichts oder nur sehr wenig zu tun haben (vgl. Bosshard, S. 282 ff. und spez. S. 284 und 285).
87   vgl. BRZ 249/87 E. 2 und 3
88   Unproblematisch im Gegensatz zur Gemeindebeschwerde ist der Rechtsschutz gegen behördliche Verfügungen im Bürgerrechtswesen. Da der Gemeinderekurs weitgehend mit dem Verwaltungsrekurs zusammenfällt, konkurrenzieren sie sich nicht mehr gegenseitig (vgl. dazu vorne S. 77 f. und hinten S. 120 f.).
89   vgl. vorne S. 66 ff.

c) Verwaltungsrekurs

Der neue Gemeinderekurs nach § 152 GG und der Verwaltungsrekurs nach § 19 VRG scheinen auf den ersten Blick identisch zu sein. Diesen Eindruck vermitteln auch die Weisung des Regierungsrates an den Kantonsrat[90] und die beleuchtende Abstimmungszeitung an die Stimmbürger.[91,92] Die Vereinigung des alten Gemeinderekurses mit dem Verwaltungsrekurs war denn auch ein Ziel bei der Revision der Rechtsmittelbestimmungen im Gemeindegesetz.[93]

In § 152 GG wird lapidar festgehalten, dass gegen Anordnungen und Erlasse von Gemeindebehörden "**Rekurs nach Verwaltungsrechtspflegegesetz erhoben**" werden kann. Die völlige Verschmelzung des Gemeinderekurses mit dem Verwaltungsrekurs wurde damit aber nicht ganz erreicht. Der erste Unterschied besteht bei den Anfechtungsobjekten. Der Verwaltungsrekurs ist nur gegen Verfügungen möglich,[94] während das Gemeindegesetz den Gemeinderekurs darüber hinaus auch gegen generell-abstrakte Regelungen zulässt.[95] Mithin ist beim Gemeinderekurs das Anfechtungsobjekt weiter gefasst und nicht mit dem Anfechtungsobjekt des gewöhnlichen Verwaltungsrekurses identisch. Der Gemeinderekurs kann sich noch in zwei weiteren Punkten vom Verwaltungsrekurs unterscheiden, was im Gegensatz zum Anfechtungsobjekt allerdings nicht klar aus dem Wortlaut des Gemeindegesetzes hervorgeht. Einmal muss m.E. beim Gemeinderekurs die Legitimation bei der Anfechtung von Erlassen weiter gefasst werden, als dies beim Verwaltungsrekurs gestützt auf § 21 VRG der Fall ist.[96] Ferner ist die Kognition der Rekursinstanz bei der Entscheidung von Gemeinderekursen, bedingt durch die Gemeindeautonomie, unter Umständen eingeschränkter als beim gewöhnlichen Verwaltungsrekurs.[97]

---

90 Weisung RR Wahlgesetz, S. 910 und 912
91 Bericht RR Wahlgesetz, S. 2 oben
92 vgl. auch Staatskalender 1985/86, S. 50
93 vgl. Kommissionsprotokoll WG, S. 153 sowie vorne S. 53 f.
94 § 19 Abs. 1 VRG;
   Kölz Kommentar, § 19 1 ff. mit weiteren Hinweisen
95 § 152 GG;
   vgl. vorne S. 112 f.
96 anders jedoch RRB 3188/87;
   vgl. dazu hinten S. 128 ff.
97 vgl. dazu hinten S. 131 ff.

Trotz dieser verbleibenden Unterschiede hat sich durch die Revision das gegenseitige Verhältnis von Gemeinde- zum Verwaltungsrekurs geklärt, weil der Gemeinderekurs durch den ausdrücklichen Verweis in § 152 GG auf das VRG bis auf die aufgezählten Eigenheiten im Verwaltungsrekurs aufgeht und es dadurch kein Nebeneinander von Gemeinderekurs und Verwaltungsrekurs mehr geben kann.[98]

d) Andere im Gemeindegesetz vorgesehene Rechtsmittel

Für die Abgrenzung zur Gemeindebeschwerde kann auf die in ihrem Zusammenhang gemachten Ausführungen verwiesen werden.[99]

Neben den Vorschriften über den Gemeinderekurs und die Gemeindebeschwerde enthält das Gemeindegesetz vereinzelt noch einige andere Rechtsmittelbestimmungen. Für das Begehren um Berichtigung des Protokolls einer Gemeindeversammlung kennt das Gemeindegesetz den sogenannten **Protokollberichtigungsrekurs** nach § 54 Abs. 2 GG. Er ist innert 20 Tagen nach der Protokollauflage dem Bezirksrat einzureichen.[100,101] In Disziplinarsachen von kommunalen Beamten und Angestellten sieht § 72 Abs. 2 GG bei vorzeitiger Entlassung, bei Einstellung im Amt und bei Versetzung ins provisorische Dienstverhältnis einen direkten **Rekurs** ans Verwaltungsgericht vor.[102] Ferner hält § 114a Abs. 3 GG fest, dass gegen Beschlüsse der Kreisschulpflegen und ihrer Ausschüsse, soweit sie die Aufsicht über die Schule betreffen, **Rekurs** an die Bezirksschulpflege zu richten ist. Alle diese Bestimmungen gehen als lex specialis einer Gemeindebeschwerde oder einem Gemeinderekurs vor.

Daneben enthält das Gemeindegesetz in den § 57 Abs. 2 und § 115a Abs. 2 die bereits erwähnte Bestimmung, dass gegen "**Beschlüsse und Verfügungen**" von Verwaltungsvorständen und Ausschüssen sowie gegen

---

[98] anders noch unter § 152 alt GG:
vgl. Kölz Kommentar, § 21 N 72:
Sommer, S. 146
sowie vorne S. 50 ff.
[99] vgl. vorne S. 69
[100] § 54 Abs. 2 GG;
vgl. dazu Mettler/Thalmann, S. 401 ff.
[101] vgl. RRB 4307/85
[102] vgl. dazu § 74 ff. VRG sowie
Kölz Kommentar, § 74 ff. mit weiteren Hinweisen

"**Verfügungen**" von Beamten mit selbständigen Befugnissen zuerst **Einsprache** bei der Gesamtbehörde respektive beim Gemeinderat anzubringen ist, bevor ein Gemeinderekurs erhoben werden kann.[103,104]

e) Wahl- und Abstimmungswesen

Wahlen von Gemeindebehörden können mit dem Gemeinderekurs nicht angefochten werden, da Wahlen keine anfechtbaren Anordnungen und Erlasse im Sinne von § 152 GG sind.[105] Bei Wahlen kommt deshalb ausschliesslich das Wahlgesetz mit seinen Rechtsmittelbestimmungen zur Anwendung.[106]

Hingegen geht m.E. gleich wie bei der Gemeindebeschwerde der Gemeinderekurs als umfassendere Spezialbestimmung einer Stimmrechtsbeschwerde[107] bei der Anfechtung von Anordnungen und Erlassen vor.[108] Solange noch keine Anordnungen und Erlasse oder bloss nicht als solche zu qualifizierende und damit nicht mit einem Gemeinderekurs anfechtbare Beschlüsse[109] von Gemeindebehörden vorliegen, könnte eine Stimmrechtsbeschwerde erhoben werden, wenn Unregelmässigkeiten bei ihrer Vorbereitung auftreten.[110] Voraussetzung wäre dabei allerdings, dass der Beschwerdeführer durch derartige Unregelmässigkeiten in seinen Rechten betroffen wird,[111] was kaum je der Fall sein dürfte. Auf seine Stellung als Stimmberechtigter kann er sich nicht berufen, da er in Angelegenheiten, die in die Kompetenz von Gemeindebehörden fallen, nicht

---

[103] vgl. dazu vorne S. 116 f.
[104] Während beim Gemeinderekurs als Anfechtungsobjekte "**Anordnungen und Erlasse**" genannt sind, heissen sie bei der Einsprache nach § 57 Abs. 2 GG "**Beschlüsse und Verfügungen**" und bei derjenigen nach § 115a GG "**Verfügungen**". Eine tiefere Bedeutung dürfte diese unterschiedliche Terminologie kaum haben. M.E. sind auch bei den Einsprachen des Gemeindegesetzes die gleichen Anfechtungsobjekte wie beim Gemeinderekurs, also "**Anordnungen und Erlasse**", zuzulassen. Es ist nicht sinnvoll, den Kreis der anfechtbaren Gegenstände in einer unteren Instanz enger als in einer höheren zu ziehen, da man damit bloss Weiterzüge provoziert.
[105] Vgl. auch § 65 Abs. 6 Satz 4 GG und § 6 Abs. 1 WG. Im Gemeindegesetz wird dort für das Wahlverfahren auf das Wahlgesetz verwiesen, während das Wahlgesetz in § 6 Abs. 1 für die Beschlussfassung von Gemeindebehörden in Sachgeschäften auf § 40 WG und § 66 GG verweist. Vgl. dazu auch vorne S. 73 Fussnote 90.
[106] § 123 ff. WG
[107] vgl. zum Begriff der Stimmrechtsbeschwerde vorne S. 70 f.
[108] vgl. vorne S. 71 ff.
[109] z.B. Beschlüsse, die den Termin einer Gemeindeabstimmung festlegen und ihre Modalitäten regeln
[110] vgl. § 123 Abs. 1 lit. a WG
[111] vgl. § 124 WG

stimmberechtigt ist.[112]

f) Erziehungs- und Kirchenwesen

Es kann dazu auf die Ausführungen bei der Gemeindebeschwerde verwiesen werden.[113] Gegen Beschlüsse von Schul- und Kirchenpflegen kommen die Rechtsmittel der entsprechenden Spezialgesetzgebung zur Anwendung, wenn sie wegen ihres schulischen oder kirchlichen Inhaltes angefochten werden. In den übrigen Fällen ist Gemeinderekurs zu erheben.[114]

g) Bau- und Planungswesen

Die Baurekurskommissionen sind zur Behandlung von Rechtsmitteln gegen Verfügungen von Gemeindebehörden zuständig, die gestützt auf das PBG und RPG erlassen werden.[115] Es geht dabei meist um den baurechtlichen Entscheid, der von der kommunalen Baubehörde erteilt wird[116]. Eine Gabelung des Instanzenzuges tritt hier nicht auf, der subsidiäre Gemeinderekurs wird im Bau- und Planungswesen vom Rekurs nach PBG verdrängt.[117]

h) Polizeiwesen

Im Bereiche der Ortspolizei steht die Gemeinde nicht unter der Auf-

---

[112] vgl. § 123 Abs. 1 lit. b und § 124 WG;
BRZ 6, 102-105/87 E.2.b)
[113] vgl. vorne S. 74 f.
[114] vgl. für das Erziehungswesen:
Wyss, S. 33, 37 f., 45 f. und 276 ff.
Kölz Kommentar, § 5 N 10 f.;
Kleiner, S. 54;
für das Kirchenwesen:
§ 26, 34 Abs. 2 Ziff. 12 Kirchengesetz;
§ 3 kath. Kirchengesetz;
Schmid, N 379 ff. und 518 ff.;
Rübel, S. 33 und 37
[115] vgl. § 329 ff. PBG
[116] § 318 PBG
[117] ZR 85 (1986) Nr. 2;
vgl. allg. zu den Rechtsmitteln des zürcherischen PBG:
Ruckstuhl, S. 281 ff.;
Wädensweiler, S. 75 ff.

sicht des Bezirksrates, sondern unter derjenigen des Statthalters.[118] Dieser ist zur Behandlung von Rechtsmitteln in diesem Gebiet sowie neben den Gemeinde- und anderen Behörden und den Strafgerichten zur Handhabung des Übertretungsstrafrechts zuständig,[119] womit der Gemeinderekurs hier keine Anwendung findet.

i) Steuerwesen

Das Steuerwesen kennt eigene Rechtsmittel, weshalb der Gemeinderekurs in diesem Bereich auch ausgeschlossen ist.[120]

k) Zivilrechtspflege

Öffentlich-rechtliche Angelegenheiten werden in der Regel von den Verwaltungsbehörden und vom Verwaltungsgericht entschieden, während privatrechtliche Ansprüche vor den Zivilgerichten geltend zu machen sind.[121] Wenn Gemeindebehörden sich auf den Boden des Privatrechts begeben und als Privatrechtssubjekte privatrechtliche Verträge abschliessen, unterstehen Streitigkeiten daraus den Zivilgerichten.[122]

Dem Abschluss von privatrechtlichen Verträgen durch eine Gemeindebehörde geht in der Regel ein Beschluss voraus, ob und in welcher Art

---

118 § 12 Abs. 1 Bezirksverwaltungsgesetz
119 § 12 Abs. 1 Bezirksverwaltungsgesetz;
§ 328, 333 ff. und 358 ff. des Gesetzes betreffend den Strafprozess (Strafprozessordnung) vom 4. Mai 1919 (GS 321; zit. StPO);
vgl. allg. zum formellen Übertretungsstrafrecht im Kanton Zürich:
Aeppli Übertretung, S. 23 ff. und 77 ff.;
Noll, S. 101 ff.
120 vgl. § 89 ff. Steuergesetz;
§ 41 ff. Erbschafts- und Steuergesetz;
vgl. allg. zu den Rechtsmitteln im zürcherischen Steuerrecht:
Zuppinger I, S. 61-64 und Zuppinger II, S. 87-89
121 § 1 VRG;
vgl. zur Abgrenzung der Zivil- von der Verwaltungsrechtspflege z.B.:
Habscheid, N 203 ff.;
Guldener, S. 30 ff.;
Kölz Kommentar, § 1 N 1 ff.;
vgl. auch vorne S. 21
122 Bosshart Kommentar, § 1 N 3;
Habscheid, N 204

die Behörde einen derartigen Vertrag abschliessen will. Dieser Beschluss kann nach der Zweistufentheorie als eine vom privatrechtlichen Vertrag losgelöste, öffentlich-rechtliche Verfügung betrachtet werden, deren Überprüfung auf dem Verwaltungswege zu erfolgen hat.[123] Nach dieser Theorie wäre beispielsweise der Beschluss eines Gemeinderates, den Mietern einer gemeindeeigenen Liegenschaft zu künden, mit dem Gemeinderekurs anzufechten. Gegenüber der gestützt auf den Gemeinderatsbeschluss ausgesprochenen Kündigung könnte dann beim Mietgericht eine Erstreckung des Mietverhältnisses verlangt werden.[124] Ein derartiges zweistufiges Vorgehen würde dem Betroffenen einen doppelten Rechtsschutz bringen, der nicht etwa überflüssig wäre, da sich die Überprüfung eines behördlichen Aktes in der Zivilrechtspflege naturgemäss auf andere Dinge erstrecken muss als in der Verwaltungsrechtspflege.[125] Im Gebiete des Gemeinderekurses erscheint dieses zweistufige Vorgehen aufgrund der gesetzlichen Umschreibung der möglichen Anfechtungsobjekte leider kaum als zulässig, da Beschlüsse von Gemeindebehörden über privatrechtliche Handlungen m.E. kaum "Anordnungen und Erlasse" im Sinne von § 152 GG darstellen.[126]

4. Rekursfähigkeit

Es wird dazu bis auf die folgende Einschränkung auf die Ausführungen zur Beschwerdefähigkeit verwiesen.[127] Gemeindebehörden sind im Rekursverfahren nicht generell rekursfähig, sondern nur in dem beschränkten Umfange, wie sie selbst zur Rekurserhebung legitimiert sind.[128,129]

---

123 Knapp, N 66, 484, 737, 762;
Fleiner, § 19 N 6;
Bosshart Kommentar, § 1 N 3;
vgl. dazu BGE 89 I 258 sowie auch 105 Ia 391 und 106 Ia 69 (= Pra 69 (1980) Nr. 289 E. 3.
124 vgl. allg. zur Zweistufentheorie:
Fleiner, §19 N 6, § 24 N 56, § 39 N 22;
Knapp, N 66, 484, 762, 1710 und 1742;
ablehnend Gygi Verwaltungsrecht, S. 220 f.
125 Wobei heutzutage das Gemeinwesen, auch wenn es in privatrechtlicher Form handelt, mindestens teilweise an das öffentliche Recht gebunden betrachtet wird (vgl. Thürer Willkürverbot, S. 454 f. mit weiteren Hinweisen).
126 vgl. dazu auch vorne S. 113 ff.
127 vgl. vorne S. 78 ff.
128 Im Gemeindebeschwerdeverfahren sind die Gemeindebehörden dagegen immer zur Beschwerde befugt und haben deshalb stets als beschwerdefähig zu gelten (vgl. vorne S. 81).
129 vgl. zur Rekurslegitimation von Gemeindebehörden hinten S. 127 f. und S. 137 ff.

5. Rekurslegitimation

Anders als bei der Gemeindebeschwerde und beim alten Gemeinderekurs findet sich heute im Gemeindegesetz keine Bestimmung über die Legitimation zur Erhebung eines Gemeinderekurses mehr.[130] Es kommt deshalb die Legitimationsvorschrift des Verwaltungsrechtspflegegesetzes zur Anwendung.[131] In § 21 VRG wird die Legitimation zum Rekurs so umschrieben, dass "**zum Rekurs ... berechtigt**" ist," **wer durch eine Anordnung in seinen Rechten betroffen wird**". Diese Regelung ist deutlich enger als in § 152 alt GG, der eine Anfechtung durch jeden ermöglichte, "**der ... persönlich benachteiligt**" war.[132]

a) Gegenüber Anordnungen

Soweit die für den Gemeinderekurs neue und derjenigen des VRG entsprechende Umschreibung der Rekursbefugnis die Anfechtung von Verfügungen von Gemeindebehörden betrifft, wirft sie keine anderen Probleme auf, als es die Legitimation für den Verwaltungsrekurs bis anhin schon tat. Für die Beurteilung, wann die Legitimation nach § 21 VRG zu bejahen ist, kann deshalb auf die dazu publizierte Literatur und Rechtsprechung verwiesen werden.[133]

Gefordert wird für die Legitimation nach § 21 VRG ein Betroffensein in "**seinen Rechten**". Sie ist damit nicht nur enger als beim alten Gemeinderekurs und der heutigen Gemeindebeschwerde, sondern auch deutlich eingeschränkter als in der bundesrechtlichen Verwaltungsrechtspflege, wo eine Verletzung in schutzwürdigen Interessen genügt.[134] Der Rekurrent muss geltend machen, dass er in seinen Rechten betroffen ist. Er muss dazu darlegen können, dass eine Rechtsnorm durch die angefochtene Anordnung verletzt wird, die ihn in seinen Rechten schützt. Sein bloss faktisches Interesse an der Aufhebung der ange-

---

[130] vgl. § 152 GG rev GG mit § 151 Abs. 1 rev GG und § 152 alt GG
[131] § 152 rev GG in Verb. mit § 21 VRG
[132] § 152 alt GG;
vgl. dazu vorne S. 52
[133] vgl. z.B. Bosshart Kommentar, § 21 N 1 ff.;
Kölz Kommentar, § 21 N 1 ff.;
Moser, S. 297 ff.;
Pfleghard, S. 129;
Sommer, S. 145 ff.; je mit Hinweisen
[134] vgl. Art. 48 lit. a VwVG und Art. 103 lit. a OG

fochtenen Anordnung genügt nicht.[135] Die Umschreibung der Legitimation in § 21 VRG basiert auf der heute als überholt geltenden, aber in Gesetzgebung und Praxis noch immer nachwirkenden Theorie der subjektiven öffentlichen Rechte. Sie spricht nur denjenigen die Rekurslegitimation zu, die Adressaten oder Begünstigte einer der angefochtenen Anordnung zugrunde liegenden Norm sind. Sie führt dadurch im Bereiche der Leistungsverwaltung und bei der Reflexwirkung von Anordnungen auf Dritte zu unbefriedigenden Ergebnissen.[136]

Die enge Rekurslegitimation nach § 21 VRG erwies sich in der Praxis als zu einschränkend, weshalb sie etwas ausgedehnt werden musste. Ausnahmsweise genügen auch andere als rechtliche Interessen zu ihrer Erfüllung.[137] Soweit kommunale Verfügungen gestützt auf Bundesrecht ergehen, darf die Rekurslegitimation ferner nicht enger als die bundesrechtliche Beschwerdebefugnis umschrieben werden, wenn nachher bundesrechtliche Rechtsmittel möglich sind.[138]

Das nach § 21 VRG geforderte Rechtsschutzinteresse muss aktuell sein. Dieses Erfordernis kann wegfallen, wenn eine Anordnung angefochten wird, die sich wiederholt und deren Überprüfung regelmässig ausgeschlossen ist.[139]

Dritte sind zum Rekurs legitimiert, wenn sie gleich wie die Verfügungsadressaten in ihren Rechten betroffen sind.[140,141] Die Frage nach der Beschwerdebefugnis der Gemeindebehörden stellt sich hier nicht, da sie beim Ge-

---

[135] Kölz Kommentar, § 21 N 32;
Sommer, S. 145 f.;
vgl. auch RRB 3115/86; 3359/85

[136] vgl. dazu Kölz Legitimation, S. 745 ff. und Kölz Kommentar, § 21 N 4-7, je mit Hinweisen sowie Gygi Verwaltungsrecht, S. 164 ff. und Knapp, N 459-465

[137] vgl. Kölz Kommentar, § 21 N 15;
Kölz/Häner, S. 200

[138] vgl. Art. 48 lit. a VwVG; Art. 103 lit. a OG sowie
BGE 104 Ib 380 f.; 104 Ib 248 ff.;
Gygi Rechtspflege, S. 151;
Kölz/Häner, S. 201

[139] RB 1985, Nr. 10;
Kölz Kommentar, § 21 N 67 mit Hinweisen

[140] Kölz/Kommentar, § 21 N 38 mit Hinweisen

[141] vgl. zum Problem der egoistischen und ideellen Verbandsbeschwerde im Rekursverfahren:
Kölz Kommentar, § 21 N 64-66;
Kölz Vertretung, S. 59 ff.

meinderekurs die verfügenden Instanzen sind, die nicht gegen sich selbst Rekurs erheben können. Soweit jedoch eine andere als die verfügende Gemeindebehörde Rekurs erheben will, stellt sich das Problem trotzdem. Sie ist m.E. unter den gleichen Voraussetzungen zum Rekurs legitimiert, wie die verfügende Behörde gegenüber dem Rekursentscheid des Bezirksrates.[142] Ein Mitglied einer Kollegialbehörde ist hingegen nicht befugt, gegen den Beschluss der Gesamtbehörde Rekurs zu führen.[143]

b) Gegenüber Erlassen

Unbefriedigend ist die Situation bei der Anfechtung von Erlassen. Die Legitimation in § 21 VRG ist auf die Anfechtung von individuell-konkreten und nicht von generell-abstrakten Akten ausgelegt. Wenn man den Verweis des Gemeindegesetzes auf § 21 VRG unbesehen übernimmt, ist zur Anfechtung von Erlassen von Gemeindebehörden ein aktuelles Betroffensein in den eigenen Rechten erforderlich.

Eine derart restriktive Umschreibung der Rekursbefugnis wird den Verhältnissen nicht gerecht. Generell-abstrakte Regelungen könnten dann kaum je selbständig angefochten werden, weil man durch ihren Erlass selten bereits in den eigenen Rechten betroffen wird. Das ist erst bei ihrer Anwendung der Fall. Obwohl § 152 GG Erlasse ausdrücklich als anfechtbar erklärt, wäre damit ihre selbständige Anfechtung praktisch ausgeschlossen. Ihre Überprüfung könnte nur vorfrageweise in einem Anwendungsfall vorgenommen werden.

Diese Verschlechterung im kommunalen Rechtsschutz war bei der Revision nicht beabsichtigt.[144] Ebensowenig hat der Gesetzgeber die Folgen bedacht, als er es bei der Regelung der Legitimation zur Anfechtung von Erlassen von Gemeindebehörden mit einem pauschalen Verweis auf das Rekursverfahren des VRG bewenden liess.[145] Sie muss deshalb als gesetzgeberisches Versehen

---

[142] vgl. dazu hinten S. 137 ff.
[143] vgl. ZR 1969 Nr. 23;
Kölz Kommentar, § 21 N 87
M.E. allerdings unter dem Vorbehalt, dass keine Verletzungen von Verfahrensvorschriften in Frage stehen, welche die ordnungsgemässe Willensbildung innerhalb der Behörde schützen.
[144] vgl. vorne S. 53 f.
[145] vgl. Weisung RR Wahlgesetz, S. 909 ff.;
Kommissionsprotokoll WG, S. 88-93, 153 und 196;

gewertet werden. Dieses Versehen bewirkt, dass Gemeindebeschlüsse mit generell-abstraktem Inhalt mit der Gemeindebeschwerde selbständig überprüft werden können,[146] während das bei gleichartigen Beschlüssen von Gemeindebehörden mit dem Gemeinderekurs ausgeschlossen wäre. Das kann nicht der Sinn der im Gemeindegesetz getroffenen Regelung sein.[147,148] M.E. ist hier das Vorliegen einer unechten Gesetzeslücke zu bejahen. Die bei der Revision mit dem pauschalen Verweis auf das VRG getroffene Regelung für die Rekursbefugnis bei der Anfechtung von gemeindebehördlichen Erlassen lautet zu allgemein und lässt die durch die Eigenart von generell-abstrakten Regelungen erforderliche Ausnahme hinsichtlich der Legitimationsumschreibung vermissen.[149]

Die Legitimation zur Anfechtung von Beschlüssen von Gemeindebehörden mit generell-abstraktem Inhalt ist deshalb m.E. gegenüber der Bestimmung in § 21 VRG auszuweiten. Zu ihrer Erfüllung sollte bloss eine virtuelle Betroffenheit in eigenen Rechten verlangt werden,[150] wie dies auf Bundesebene bei der Anfechtung von kantonalen Erlassen mit der staatsrechtlichen Beschwerde bereits der Fall ist. Ein virtuelles Betroffensein liegt vor, wenn die Möglichkeit besteht, dass ein Erlass in Zukunft einmal auf einen Beschwerdeführer angewandt werden könnte. Das Bundesgericht lässt dazu bereits eine minimale Wahrscheinlichkeit genügen.[151,152]

Bericht RR Wahlgesetz, S. 2 oben

[146] vgl. vorne S. 82 ff.

[147] § 68 a GG verlangt zudem, dass "**allgemein verbindliche Beschlüsse von Gemeindeorganen ... unter Bekanntgabe ... der Rekursfrist veröffentlicht**" werden müssen. Eine solche Publikationsvorschrift erscheint sinnwidrig, wenn aufgrund einer engen Legitimationsumschreibung von vorneherein feststeht, dass niemand zur Rekurserhebung befugt ist. Diese Vorschrift wurde zudem erst nach der Revision der Rechtsmittelbestimmungen ins Gemeindegesetz eingefügt (vgl. OS 48,785 und 49, 155). Auf diesen Widerspruch weisen zu Recht BRZ 6, 102-105/87 E. 2.b) und BRZ 249/87 E. 2. hin.

[148] vgl. auch Brühwiler, S. 493

[149] vgl. zum Lückenbegriff z.B.: BGE 111 Ia 218 f.; 107 Ib 282;
Gygi Verwaltungsrecht, S. 83 ff.;
Riemer, S. 45-67;
Imboden/Rhinow, Nr. 23

[150] Ähnlich die bereits genannten BRZ 6,102-105/87 in E. 2.b) und BRZ 249/87 E.3, die die Legitimation so erweitern, dass "aktuelle schutzwürdige faktische Interessen" genügen. Vgl. dazu auch BRZ 254/87 E. 3, wo die Legitimation mangels virtuellem Betroffensein in den Rechten des Rekurrenten verneint wurde.

[151] vgl. Auer, N 358;
Kälin, S. 247 ff.;
Marti, N 99; je mit Hinweisen

[152] im gleichen Sinne Kilchenmann für das bernische Gemeinderecht (Kilchenmann, S. 97)

Leider hat der Regierungsrat in seinem ersten dazu gefällten Entscheid eine Erweiterung der Rekurslegitimation abgelehnt.[153] Im wesentlichen hat er dies damit begründet, dass sich sonst das Rekursrecht "zur Popularbeschwerde ausweite", womit "durch eine solche Ausuferung des Rekursrechts ... die Rechtsverwirklichung wesentlich erschwert oder verzögert" würde. Diese Begründung vermag nicht zu überzeugen. Sie geht auf das Hauptproblem nicht ein, dass die Legitimationsvorschrift in § 21 VRG zur Anfechtung von individuell-konkreten und nicht von generell-abstrakten Akten konzipiert ist. Zudem bestand bereits unter dem alten Gemeinderekurs eine weitere Legitimationsumschreibung,[154] die keineswegs eine "wesentliche Erschwerung oder Verzögerung der Rechtsverwirklichung" zur Folge hatte. Ebensowenig lässt sich das von der auf Bundesebene deutlich grosszügigeren Legitimationsvorschrift in Art. 48 lit. a VwVG und von der Legitimationspraxis bei der Anfechtung von kantonalen Erlassen mit der staatsrechtlichen Beschwerde behaupten. Es wird noch keine Popularbeschwerde zugelassen, wenn für die Legitimation "nur" ein "virtuelles Betroffensein" in den eigenen Rechten verlangt wird. Der Regierungsrat hat m.E. im zitierten Entscheid eine Ausweitung der Rekurslegitimation zu Unrecht der gleichzeitigen Zulassung der Popularbeschwerde gleichgesetzt.

6. Rekursfrist und Rekursschrift

Die Frist zur Erhebung eines Gemeinderekurses beträgt 20 Tage. Sie beginnt mit der Mitteilung des Anfechtungsobjektes oder mangels einer solchen mit dessen Kenntnisnahme durch den Rekurrenten zu laufen.[155] Bei besonderer Dringlichkeit kann die Rekursfrist bis auf 48 Stunden abgekürzt werden.[156] Der Rekurs muss schriftlich beim Bezirksrat eingereicht werden und einen Antrag und eine Begründung enthalten. Der angefochtene Entscheid ist beizulegen oder genau zu bezeichnen.[157,158]

---

[153] RRB 3188/87 E. 1.
[154] vgl. vorne S. 52
[155] § 22 Abs. 1 VRG
[156] § 22 Abs. 2 VRG
[157] § 22 Abs. 1 und 23 Abs. 1 VRG
[158] vgl. zur Rekursschrift vorne S. 86

7. Rekursgründe

§ 20 Abs. 1 VRG regelt die Rekursgründe. Mit dem Gemeinderekurs können "alle Mängel des Verfahrens und der angefochtenen Anordnung geltend gemacht werden". Es kann eine Rechtsverletzung, unrichtige oder unvollständige Sachverhaltsfeststellung und Unangemessenheit gerügt werden.[159] Dem Bezirks- und dem Regierungsrat als Rekursinstanzen steht eine umfassende Kognition sowohl in rechtlicher und tatsächlicher Hinsicht als auch bezüglich der Ermessensüberprüfung zu.

Dieser Grundsatz wird durch den vom Bundesgericht entwickelten Schutz der Gemeindeautonomie eingeschränkt. Soweit eine Gemeinde im Sinne der bundesgerichtlichen Rechtsprechung in einem Gebiet autonom ist,[160] kann sie sich mit der staatsrechtlichen Beschwerde zur Wehr setzen, dass die kantonalen Rechtsmittelbehörden formell im Rahmen der Kontrollbefugnis bleiben, die ihnen nach kantonalem Recht zusteht, und materiell bei der Anwendung der kommunalen, kantonalen oder bundesrechtlichen Normen, die den betreffenden Sachbereich ordnen, nicht gegen das Willkürverbot verstossen, oder soweit eidgenössisches oder kantonales Verfassungsrecht in Frage steht, dieses richtig auslegen und anwenden.[161] Dieser Schutz der Gemeindeautonomie hat Auswirkungen für die Kognition des Bezirksrates und des Regierungsrates im Gemeinderekursverfahren.[162,163] Damit sie keine Gemeindeautonomieverletzung begehen, müssen sie nach der angeführten bundesgerichtlichen Praxis bei der Überprüfung von kommunalen Akten im Rahmen ihrer Kognitionsbefugnis bleiben und das materiell massgebende Recht richtig anwenden. Für den Umfang der ihnen zustehenden Kognition wird nicht einfach auf die Umschreibung im VRG

---

[159] Bosshart Kommentar, § 20 N 1 f.;
Kölz Kommentar, § 20 N 10-17

[160] Eine Gemeinde ist nach der bundesgerichtlichen Praxis dann in einem Sachgebiet autonom, wenn das kantonale Recht diesen Bereich nicht abschliessend regelt, sondern ihn ganz oder teilweise der Gemeinde zur Regelung überlässt und ihr dabei eine relativ erhebliche Entscheidungsfreiheit in der Gestaltung dieses Bereiches einräumt (vgl. dazu vorne S. 8).

[161] Pra 76 (1987) Nr. 18 E. 2. und Nr. 19 E. 2.a); BGE 112 Ia 63 E. 3.a);
vgl. dazu ausführlicher vorne S. 9 f.

[162] vgl. allgemein zur Überprüfungsbefugnis vorne S. 86 ff.

[163] Im Randtitel zu § 27 VRG ist ebenfalls von einer Überprüfungsbefugnis die Rede. Dort ist das Recht der Rekursinstanz gemeint, zugunsten des Rekurrenten über sein Rekursbegehren hinauszugehen oder die angefochtene Anordnung zu seinem Nachteil abzuändern (sog. reformatio in melius aut in peius; Kölz Kommentar, § 27 N 1 ff.; vgl. dazu hinten S. 134).

abgestellt. Denn dann wäre nach § 20 VRG immer eine umfassende Überprüfung von kommunalen Akten möglich. Der bundesgerichtliche Schutz der Gemeindeautonomie bestünde dann einzig darin, dass die Rekursinstanz das massgebliche Recht richtig anwenden müsste.[164] Die sich im Rekursverfahren auch auf die Ermessensbetätigung erstreckende Überprüfungsbefugnis erfährt gegenüber Gemeindeakten in der zürcherischen Praxis in drei Richtungen Einschränkungen.[165] Sie wird beschränkt, wenn das kommunale Recht Ermessensbestimmungen enthält,[166] wenn das kantonale Recht der Gemeinde eine relativ erhebliche Entscheidungsfreiheit belässt[167,168] oder wenn es um die Auslegung von unbestimmten Rechtsbegriffen des kommunalen Rechts geht.[169,170,171] In diesen Fällen hat sich die Rekursinstanz bei der Überprüfung Zurückhaltung aufzuerlegen und darf eine vertretbare Ermessensausübung der Gemeindebehörden nicht durch eine eigene ersetzen.[172]

Eine Rekursinstanz kann bei der Anfechtung einer Anordnung gleichzeitig auch die ihr zugrunde liegende Rechtsnorm auf ihre Rechtmässigkeit hin überprüfen.[173] Diesem akzessorischen Prüfungsrecht wird beim Gemeinderekurs eine geringere Bedeutung als im allgemeinen Verwaltungsrekursverfahren zukommen, da mit dem Gemeinderekurs bereits eine abstrakte Normenkontrolle

---

[164] vgl. BGE 104 Ia 47
[165] Kölz Kommentar, § 20 N 16
[166] RB 1981 Nr. 20 mit Hinweisen;
Kölz Kommentar, a.a.O.
[167] RB 1984 Nr. 106; 1983 Nr. 19; 1982 Nr. 36-38;
Kölz Kommentar, a.a.O.
[168] Dieser Fall dürfte in der Regel immer gegeben sein, wenn die Anfechtung eines Erlasses in Frage steht.
[169] RB 1982 Nr. 38; 1981 Nr. 20;
Kölz Kommentar, a.a.O.
[170] Auf die Problematik der Abgrenzungen von Rechts- und Ermessenskontrolle wurde früher bereits hingewiesen (vgl. vorne S. 8 Fussnote 35).
[171] vgl. im übrigen zum Ermessen und zum unbestimmten Rechts- oder Gesetzesbegriff z.B.
Heiniger Ausnahmebewilligung, S. 56 ff., 59 ff. und 78 ff.;
Gygi Rechtspflege, S. 300 ff.;
Gygi Verwaltungsrecht, S. 145 ff. und spez. S. 151
[172] RB 1981 Nr. 20;
vgl. Kölz Kommentar, a.a.O.;
vgl. ferner zum gleichen Problem im Rekursverfahren nach § 329 PBG:
Ruckstuhl, S. 303;
Wädensweiler, S. 108
[173] Kölz Kommentar, § 20 N 18

möglich ist.[174] Es erscheint deshalb und auch wegen der tiefen Stellung eines kommunalen Erlasses in der Normenhierarchie[175] keine besondere Zurückhaltung bei der akzessorischen Überprüfung einer kommunalen Norm notwendig, wie sie sonst teilweise beim Verwaltungsrekurs verlangt wird.[176]

8. Rekurserledigung

a) Wirkung des Rekurses

Dem Lauf der Rekursfrist und nicht erst der Rekurserhebung kommt aufschiebende Wirkung zu.[177] Der Bezirksrat oder der Regierungsrat können aus besonderen Gründen die Suspensivwirkung entziehen.[178,179]

b) Verfahren

Wenn auf ein Rekurs eingetreten werden kann und er sich nicht als offensichtlich unbegründet erweist, sind die Akten beizuziehen. Diese stehen den am Verfahren Beteiligten zur Einsicht offen.[180] Der Vorinstanz und den am vorinstanzlichen Verfahren Beteiligten ist Gelegenheit zur schriftlichen Vernehmlassung einzuräumen.[181] Im Rekursverfahren vor dem Bezirksrat ist die Gemeindebehörde, deren Anordnung angefochten ist, immer zur Vernehmlassung aufzufordern, da sie die Vorinstanz darstellt. Das sollte trotz einer fehlenden klaren gesetzlichen Grundlage auch im zweitinstanzlichen Rekursverfahren vor dem Regierungsrat gelten, in welchem die verfügende Gemeindebehörde bloss als "Vorinstanz der Vorinstanz" zu gelten hat, um so die Eigenheit der Ge-

---

174 vgl. vorne S. 112 f.
175 vgl. Kölz Kommentar, § 20 N 19;
a.M. Schiesser, S. 329
176 vgl. Kölz Kommentar, § 20 N 19 ff.
177 Anders verhält es sich bei der Gemeindebeschwerde, wo erst der Beschwerdeerhebung aufschiebende Wirkung zukommt (vgl. vorne S. 97).
178 § 25 Abs. 1 VRG
179 vgl. allg. zur Rekurswirkung:
Bosshart Kommentar, § 25 N 1 ff.;
Kölz Kommentar, § 25 N 1 ff.
180 § 26 Abs. 1 VRG
181 § 26 Abs. 2 VRG

meindebehörde als Vertreterin des kommunalen öffentlichen Interesses zu berücksichtigen.[182] Die Rekursinstanz kann, falls notwendig, einen zweiten Schriftenwechsel anordnen oder die Beteiligten zu einer mündlichen Verhandlung vorladen.[183,184]

c) Rekursentscheid

(1) Inhalt

Der Bezirks- und Regierungsrat können sowohl zugunsten des Rekurrenten über dessen Rekursbegehren hinausgehen als auch die angefochtene Anordnung zu seinem Nachteil abändern,[185] wobei er vor einer reformatio in peius anzuhören ist. Er kann seinen Rekurs zurückziehen, wenn ihm eine Verschlechterung seiner Stellung droht.[186]

Inhaltlich muss der Rekursentscheid den Sachverhalt kurz umschreiben und die Prozessgeschichte, eine Begründung und das Dispositiv enthalten.[187] Das Dispositiv hat den eigentlichen Entscheid, eine Bezeichnung der Zustellempfänger,[188] eine Kosten- und Entschädigungsregelung[189] und eine Rechtsmittelbelehrung[190] zu umfassen. Der Rekursentscheid des Bezirksrates hat stets auf die Rekursmöglichkeit an den Regierungsrat hinzuweisen. Im Entscheid des Regierungsrates ist eine Rechtsmittelbelehrung nur anzubringen, wenn ein weiteres,

---

[182] Kölz Kommentar, § 26 N 4 mit weiteren Hinweisen
[183] § 26 Abs. 3 VRG
[184] vgl. allg. zum Rekursverfahren:
Bosshart Kommentar, § 26 N 1 ff.;
Kölz Kommentar, § 26 N 1 ff.
sowie zu den ihn beherrschenden Prozessmaximen:
Kölz Kommentar, Vorbem. zu § 19-28 N 2 ff.;
Kölz Prozessmaximen, S. 1 ff.
[185] § 127 VRG
[186] Kölz Kommentar, § 27 N 2
[187] § 28 Abs. 1 VRG;
Bosshart Kommentar, § 28 N 2;
Kölz Kommentar, § 28 N 1
[188] vgl. § 28 Abs. 2 VRG
[189] vgl. § 13-17 VRG
[190] § 10 Abs. 2 VRG

ordentliches Rechtsmittel möglich ist.[191,192] Der Rekursentscheid muss dem Rekurrenten, der Vorinstanz und allfällig weiteren am Rekursverfahren Beteiligten schriftlich zugestellt werden. Soweit Dritte durch die Abänderung einer Anordnung einer unteren Instanz in ihren Rechten betroffen werden, ist auch ihnen der Entscheid mitzuteilen.[193]

(2) Kosten- und Entschädigungsfolgen

Für die Regelung der Kosten- und Entschädigungsfolgen kommen die § 13-17 VRG zur Anwendung. Danach hat der unterliegende Rekurrent die Kosten nach Massgabe seines Unterliegens zu tragen. Wenn er obsiegt, sind die Kosten in der Regel auf die Staatskasse zu nehmen.[194] Nach dem revidierten § 17 Abs. 2 VRG[195] kann neuerdings die unterliegende Partei oder Amtsstelle unter etwas erleichterten Voraussetzungen zu einer angemessenen Umtriebsentschädigung an den obsiegenden Gegner verpflichtet werden. Eine Umtriebsentschädigung kann nicht mehr bloss bei offensichtlicher Unbegründetheit eines Rechtsbegehrens oder einer angefochtenen Anordnung ausgerichtet werden,[196] sondern auch wenn die rechtsgenügende Darlegung komplizierter Sachverhalte und schwieriger Rechtsfragen besonderen Aufwand erforderte oder den Beizug eines Rechtsbeistandes rechtfertigte.[197,198]

(3) Reformation, Kassation und Rückweisung

Der Bezirks- und Regierungsrat haben im Normalfall in der Sache selbst zu entscheiden, der Gemeinderekurs hat dann reformatorischen Charakter.[199] In der Praxis wird auch eine Rückweisung an die Gemeindebehörde zu-

---

191 vgl. vorne S. 102
192 vgl. allg. zur Rechtsmittelbelehrung Kölz Kommentar, § 10 N 16 ff.
193 § 28 Abs. 2 VRG
194 § 13 Abs. 2 und 3 VRG
195 Diese Änderung des VRG vom 6. September 1987 wurde vom Regierungsrat auf den 1. Januar 1988 in Kraft gesetzt (OS 50, 221).
196 § 17 Abs. 2 lit. b VRG
   Diese Regelung entspricht der alten Vorschrift in § 17 Abs. 2 VRG. Vgl. dazu Bernet, S. 11 f. und 38 sowie Kölz Kommentar, § 17 N 2 ff. .
197 § 17 Abs. 2 lit. a VRG
198 vgl. allg. zum Rekursentscheid:
   Bosshart Kommentar, § 28 N 1 ff.;
   Kölz Kommentar, § 28 N 1 ff.
199 Kölz Kommentar, § 20 N 8

gelassen, obwohl das VRG diese Möglichkeit im Gegensatz zum verwaltungsgerichtlichen Verfahren nicht ausdrücklich vorsieht.[200] In derartigen Fällen ist die Rekursinstanz bloss kassatorisch tätig.[201]

Da eine Rückweisung das Verfahren verlängert, sollte von ihr einerseits nur zurückhaltend Gebrauch gemacht werden, wobei sie andererseits im Gemeinderekursverfahren häufiger als im normalen Rekursverfahren notwendig erscheint, um der besonderen Stellung der Gemeindebehörden Rechnung zu tragen.[202] Eine Rückweisung ist ins Auge zu fassen, wenn besondere örtliche Verhältnisse zu berücksichtigen sind.[203] Sie ist m.E. zudem immer vorzunehmen, wenn eine kassierte Anordnung aufgrund von Ermessensbestimmungen oder von unbestimmten Rechtsbegriffen des kommunalen Rechts zu entscheiden ist oder wenn der Gemeindebehörde zu ihrer Regelung vom kantonalen Recht eine relativ erhebliche Entscheidungsfreiheit zusteht.[204] Sie ist damit an die Gemeindebehörde zur Neubeurteilung zurückzuweisen, wenn sie nach Bestimmungen zu entscheiden ist, denen gegenüber die Überprüfungsbefugnis des Bezirks- und des Regierungsrates durch die Gemeindeautonomie eingeschränkt wird.[205] Der Schutz der Gemeindeautonomie bewirkt lediglich, dass die Rekursinstanzen die angefochtene Anordnung nur eingeschränkt überprüfen dürfen. Aber auch im Rahmen einer eingeschränkten Prüfung können sie Mängel feststellen, die ihre Aufhebung rechtfertigen. Wenn in derartigen Fällen keine Rückweisung erfolgt, kann die Gemeindeautonomie durch den Bezirksrat oder den Regierungsrat indirekt verletzt werden, wenn sie als Rekursinstanzen in den von der Gemeindeautonomie geschützten Gebieten anders als die Gemeindebehörden entscheiden würden.

---

[200] vgl. § 27 VRG mit § 63 und 64 VRG;
Kölz Kommentar, § 28 N 5
[201] vgl. Kölz Kommentar, § 20 N 8
[202] vgl. Kölz Kommentar, § 28 N 5,
Kölz/Häner, S. 209
[203] Kölz Kommentar, § 28 N 5;
Kölz/Häner, S. 209 f.
[204] vgl. dazu Hinderling, S. 51 ff.;
Kölz Kommentar, § 28 N 5;
Kölz/Häner, S. 209 f.;
v.Werra, Art. 31 N 3;
Fehr, S. 351 f.
[205] vgl. zur Kognition des Bezirksrates und des Regierungsrates im Gemeinderekursverfahren vorne S. 131 ff.

Eine Kassation ohne Rückweisung ist m.E. ferner vorzunehmen, wenn ein Erlass aufzuheben ist. Es ist nicht Sache des Bezirks- oder des Regierungsrates, an der Stelle der zuständigen Gemeindebehörden generell-abstrakte Regelungen zu treffen. Eine Rückweisung entfällt, da ein Erlass nicht wie eine Anordnung im Falle einer Kassation neu beurteilt werden muss. Es steht in der Regel im Belieben der betreffenden Gemeindebehörde, ob sie anstelle ihres aufgehobenen Erlasses einen neuen setzen oder darauf verzichten will.[206]

9. Weiterzug

Der Rekursentscheid des Bezirksrates stellt eine "**Anordnung einer unteren Verwaltungsbehörde**" dar, die unter den gleichen Voraussetzungen, wie sie für die Rekurserhebung an ihn selbst gelten, an den Regierungsrat weitergezogen werden kann.[207,208] Es sind deshalb die gleichen Legitimationserfordernisse zu erfüllen.[209] Dabei ist m.E. die Einschränkung zu machen, dass man einen Weiterzug nicht zulassen sollte, wenn darauf verzichtet wurde, eine ungünstig lautende Anordnung einer Gemeindebehörde anzufechten, sofern diese durch den Bezirksrat für den Rekurrenten nicht zusätzlich nachteilig abgeändert wird.[210,211]

Nach § 155 Abs. 1 alt GG war die Gemeindebehörde, deren Beschluss angefochten wurde, immer auch selbst zum Weiterzug an den Regierungsrat befugt. Dieser Fall eines Behördenrekurses wurde mit Amtsrekurs bezeichnet.[212] In den revidierten Rechtsmittelbestimmungen des Gemeindegesetzes gibt es keine

---

[206] vgl. dazu auch die Ausführungen in S. 100 zur Kassation von Gemeindebeschlüssen wegen materiellen Mängeln.

[207] § 19 Abs. 1 VRG

[208] siehe für die notwendigen Rekursvoraussetzungen vorne S. 108 ff., 110 ff., 118 ff., 125 f., 126 ff., 130

[209] vgl. zur Legitimation nach § 21 VRG vorne S. 125 ff.

[210] vgl. Kölz Kommentar, § 70 N 6 für das Beschwerdeverfahren vor Verwaltungsgericht sowie BGE 99 Ib 78 und Gygi Rechtspflege, S. 155 für die Bundesrechtspflege

[211] Noch einschränkender ist die Praxis im Baurekursverfahren, wo der Nachbar, der den baurechtlichen Entscheid nicht verlangt und sich nicht am Rekursverfahren vor der Baurekurskommission beteiligt hat, nicht zur Beschwerde ans Verwaltungsgericht zugelassen wird, selbst wenn die Baurekurskommission die Bauverweigerung einer Gemeindebehörde aufhebt (RB 1981 Nr. 143; BEZ 1981 Nr. 4). Vgl. dazu die Kritik von Wädensweiler, S. 124 Fussnote 390.

[212] zu den Begriffen Behördenbeschwerde, Amtsbeschwerde, Behördenrekurs und Amtsrekurs siehe vorne S. 24 ff.

derartige Vorschrift mehr. Ebensowenig findet sich eine solche im VRG.[213,214] Für den neuen Amtsrekurs kommt deshalb m.E. die vom Verwaltungsgericht zur engen Legitimationsvorschrift von § 21 VRG entwickelte Praxis für die Beschwerdebefugnis einer Gemeinde zur Anwendung.[215] Nach dieser ist eine Gemeinde zum Rekurs berechtigt, wenn sie durch eine Anordnung wie ein Privater in ihren Rechten betroffen wird,[216] wenn sie eine falsche Anwendung ihres kommunalen Rechts rügt sowie wenn ihr durch das kantonale Recht eine qualifizierte Ermessensfreiheit zusteht, in die eine Rekursinstanz eingreift.[217,218,219] Eine Gemeindebehörde muss deshalb, abgesehen vom ersten Fall, immer dann zum Weiterzug an den Regierungsrat zugelassen werden, wenn es um Anordnungen

---

[213] vgl. § 155 alt und rev GG sowie § 21 VRG;
Kölz Beschwerdebefugnis, S. 102;
Kölz Kommentar, § 21 N 71;
Kölz/Häner, S. 202

[214] § 155 rev GG enthält lediglich Vorschriften über den Weiterzug eines bezirksrätlichen Entscheides im Gemeindebeschwerde- und nicht auch im Gemeinderekursverfahren (vgl. dazu auch vorne S. 103 ff.).

[215] Man muss sich hier wieder fragen, ob die Revision die Rekursmöglichkeiten von Gemeindebehörden überhaupt beschneiden wollte. Den Materialien kann diese Absicht nicht entnommen werden (vgl. Weisung RR Wahlgesetz, S. 909 ff.; Kommissionsprotokoll WG, S. 88-93, 153 und 196; Bericht RR Wahlgesetz, S. 2 oben). Diese Einschränkung des Amtsrekurses ist jedoch eine zwingende Folge der weitgehenden Verschmelzung des Gemeinde- mit dem Verwaltungsrekurs. Eine generelle Zulassung des Amtsrekurses kann heute m.e. wegen des klaren gesetzlichen Verweises in § 152 GG auf das Rekursverfahrens des VRG nicht mehr vertreten werden, auch wenn dies wünschenswert erscheint (vgl. Kölz Beschwerdebefugnis, S. 123; Kölz Kommentar, § 21 N 79).

[216] Das dürfte im Gemeinderekursverfahren kaum je der Fall sein, da eine Gemeindebehörde in fremden und nicht in eigenen Verhältnissen verfügt und nur solche Anordnungen Gegenstand eines Rechtsmittelverfahrens nach § 152 GG sein können. Das erwähnte Legitimationskriterium bezieht sich auf Anordnungen, die in Gemeindeangelegenheiten eingreifen und erstinstanzlich von anderen Instanzen als der Gemeinde selbst beschlossen werden.

[217] BEZ 1985 Nr. 44 E. 1.; 1983 Nr. 20; RB 1981 Nr. 8;
Kölz Kommentar, § 21 N 74 ff. und N 79;
Kölz Beschwerdebefugnis, S. 102-104;
Moser, S. 299;
Ruckstuhl, S. 299;
Wädensweiler, S. 133;
je mit zahlreichen Hinweisen auf die Praxis

[218] Der Regierungsrat hat seine kritisierte engere Praxis (vgl. Kölz Kommentar, § 21 N 80 f.) derjenigen des Verwaltungsgerichtes angeglichen (vgl. RRB Nr. 2614/84 in BEZ 1984 Nr. 37).

[219] vgl. im übrigen allg. zur Behördenbeschwerde und zur Beschwerdebefugnis der Gemeinde in der Verwaltungsrechtspflege:
Gygi Rechtspflege, S. 163 ff.;
Kölz Behördenbeschwerde, S. 361 ff.;
Kölz Beschwerdebefugnis, S. 97 ff.;
Kölz Kommentar, § 21 N 71 ff.;
Kölz Vertretung, S. 49 ff.;
Kölz/Häner, S. 119 ff., 165 f., 202 f.

und Erlasse geht, in denen die Überprüfungsbefugnis des Bezirksrates durch die Gemeindeautonomie eingeschränkt ist.[220]

Sofern ein regierungsrätlicher Rekursentscheid ans Verwaltungsgericht weitergezogen werden kann,[221] bestimmt sich die Legitimation ebenfalls nach § 21 VRG.[222] Sind eidgenössische Rechtsmittel möglich,[223] gelten deren Vorschriften.

10. Vollstreckung

Rekursentscheide werden von der ersten Instanz und damit von der Gemeindebehörde vollstreckt, sofern der Bezirksrat oder der Regierungsrat nichts anderes anordnen.[224] Wird das Rekursbegehren abgewiesen oder der angefochtene Erlass oder die angefochtene Anordnung bloss kassiert, bedarf der Entscheid darüber, abgesehen von der Kostenregelung,[225] keiner Vollstreckung.[226] Die angefochtene Anordnung selbst ist von der verfügenden Gemeindebehörde zu vollziehen,[227] während ein Erlass keiner Vollstreckung im Sinne von § 29 ff. VRG bedarf.

---

[220] vgl. vorne S. 131 ff.
[221] vgl. dazu vorne S. 109 mit Hinweisen
[222] § 70 in Verb. mit § 21 VRG;
vgl. Bosshart Kommentar, § 70 N 1;
Kölz Kommentar, § 70 N 3 und 4;
Kölz/Häner, S. 220
[223] vgl. dazu vorne S. 109 mit Hinweisen
[224] § 29 Abs. 2 Satz 1 VRG
[225] Die Kosten des Rekursverfahrens sind von der Rekursinstanz zu erheben (§ 29 Abs. 2 Satz 2 VRG).
[226] vgl. Kölz Kommentar, Vorbem. zu § 29-31 N 1;
vgl. auch vorne S. 106 f.
[227] vgl. § 29 Abs. 1 VRG; Art. 18 Ziff. 3 MusterGO;
Kölz Kommentar, § 29 N 1

ANHANG

Rechtsmittelbestimmungen des revidierten Gemeindegesetzes

Auszug aus dem revidierten GG von 1926 mit den Änderungen vom 4. September 1983 (OS 48,785):

B. Rechtsmittel
I. Beschwerde

§ 151. Beschlüsse der Gemeinde und des Grossen Gemeinderates können von den Gemeindebehörden, von Stimmberechtigten und von denjenigen Personen, die ein rechtliches Interesse daran haben, durch Beschwerde angefochten werden:

1. wenn sie gegen gesetzliche Bestimmungen verstossen oder wenn Beschlüsse des Grossen Gemeinderates mit einem Gemeindebeschluss in Widerspruch stehen; die Nichtbeachtung von Bestimmungen über die Geschäftsbehandlung und die Teilnahme von Nichtstimmberechtigten an den Verhandlungen bilden nur dann einen Beschwerdegrund, wenn ein solcher Verstoss schon in der Versammlung gerügt worden ist;

2. wenn sie offenbar über die Zwecke der Gemeinde hinausgehen und zugleich eine erhebliche Belastung der Steuerpflichtigen zur Folge haben oder wenn sie Rücksichten der Billigkeit in ungebührlicher Weise verletzen;

3. bei Unregelmässigkeiten bei der Vorbereitung und Durchführung oder wegen Verletzungen des Stimmrechts gemäss § 123 des Wahlgesetzes; Ziffer 1 Satz 2 bleibt vorbehalten.

Über Beschwerden entscheidet der Bezirksrat; §§ 128-133 des Wahlgesetzes sind anwendbar.

II. Rekurs

§ 152. Gegen Anordnungen und Erlasse anderer Gemeindebehörden und Ämter kann Rekurs gemäss Veraltungsrechtspflegegesetz erhoben werden.

III. Sonderreglung

§ 153. Abweichende Bestimmungen über besondere Gegenstände und Zuständigkeiten bleiben vorbehalten.

§ 154. (aufgehoben)

IV. Weiterzug durch die Gemeinde

§ 155. Ist ein Beschluss der Gemeinde im Rechtsmittelverfahren aufgehoben worden, entscheidet die Gemeindeversammlung darüber, ob die Gemeinde ihrerseits den Rechtsmittelweg beschreiten soll, sofern die Aufhebung nicht wegen Nichtbeachtung der Bestimmungen über die Geschäftsbehandlung oder wegen Teilnahme von Nichtstimmberechtigten an den Verhandlungen erfolgt ist.

In Gemeinden mit Grossem Gemeinderat bedarf der Weiterzug eines Beschlusses des Grossen Gemeinderates, in Gemeinden mit Urnenabstimmung eines in gemeinsamer Sitzung zu fassenden Beschlusses der Gemeindevorsteherschaft und der Rechnungsprüfungskommission.

Ist ein Beschluss des Grossen Gemeinderates aufgehoben worden, bedarf der Weiterzug eines Beschlusses des Grossen Gemeinderates.

Der Beschluss der Gemeindeversammlung oder des Grossen Gemeinderates kann nachgebracht werden, wenn die Gemeindevorsteherschaft das Rechtsmittel bereits ergriffen hat.

§ 156. (aufgehoben)

Rechtsmittelbestimmungen des alten Gemeindegesetzes

Auszug aus dem GG von 1926 in der alten Fassung (GS 131.1; OS 33,339):

B. Rekursrecht
I. Gemeindebeschlüsse

§ 151. Beschlüsse der Gemeinden und des Grossen Gemeinderates können von den Gemeindebehörden, jedem Stimmberechtigten und denjenigen Personen, die ein rechtliches Interesse daran haben, angefochten werden:

1. wenn sie gegen gesetzliche Bestimmungen verstossen oder wenn Beschlüsse des Grossen Gemeinderates mit einem Gemeindebeschluss in Widerspruch stehen. Die Nichtbeachtung von Vorschriften über die Geschäftsbehandlung oder die Teilnahme von Nichtstimmberechtigten an den Verhandlungen bilden einen Rekursgrund nur dann, wenn diese Verstösse schon in der Versammlung gerügt worden sind;

2. wenn sie offenbar über die Zwecke der Gemeinde hinausgehen und zugleich eine erhebliche Belastung der Steuerpflichtigen zur Folge haben oder wenn sie Rücksichten der Billigkeit in ungebührlicher Weise verletzen.

II. Erlasse von Gemeindebehörden

§ 152. Beschlüsse von Gemeindebehörden, die mit den bestehenden Vorschriften im Widerspruch stehen, können von jedem, der dadurch persönlich benachteiligt wird, angefochten werde, sofern es sich nicht um Ansprüche handelt, die bei den Gerichten einzuklagen sind.

III. Gemeindewahlen

§ 153. Auf Rekurse gegen die Gültigkeit von Wahlen findet das Wahlgesetz Anwendung.

IV. Rekurseinreichung

§ 154. Die Rekurse sind innert 20 Tagen, von der amtlichen Veröffentlichung oder schriftlichen Mitteilung des Beschlusses an gerechnet, durch Einreichung einer begründeten Rekursschrift und unter Beilegung des angefochtenen Beschlusses beim Bezirksrat anhängig zu machen.[1]

Vorbehalten bleiben die gesetzlichen Bestimmungen über die Zuständigkeit anderer Bezirksbehörden.

V. Rechtsmittel

§ 155. Gegen den Entscheid des Bezirksrates steht den Rekurrenten und der Gemeindebehörde innert 20 Tagen der Rekurs an den Regierungsrat zu.

Ist durch den Entscheid des Bezirksrates ein Beschluss einer Gemeindeversammlung aufgehoben worden, so hat die Gemeindevorsteherschaft zur Entscheidung, ob ein Rechtsmittel ergriffen werden soll, eine Gemeindeversammlung einzuberufen, sofern die Aufhebung nicht erfolgte wegen Nichtbeachtung von Vorschriften über die Geschäftsbehandlung oder wegen Teilnahme von Nichtstimmberechtigten an den Verhandlungen.

Ist durch den Entscheid des Bezirksrates ein Beschluss der Gemeinde aufgehoben worden, so bedarf es in Gemeinden mit Grossem Gemeinderat zur Rekurserhebung eines Beschlusses des Grossen Gemeinderates, in Gemeinden mit Urnenabstimmung eines in gemeinsamer Sitzung zu fassenden Beschlusses der Gemeindevorsteherschaft und der Rechungsprüfungskommission.

Hat der Bezirksrat einen Beschluss des Grossen Gemeinderates aufgehoben, so bedarf es zur Rekurserhebung eines Beschlusses des Grossen Gemeinderates.

...[2]

---

[1] Fassung gemäss Bereinigungsgesetz vom 5. April 1981; in Kraft seit 1. Januar 1981
[2] aufgehoben durch Bereinigungsgesetz vom 5. April 1981, in Kraft seit 1. Januar 1981

VI. Verfahren

§ 156. Die Rekursentscheide des Bezirksrates und des Regierungsrates erfolgen in der Regel auf Grund eines einmaligen Schriftenwechsels.

Der Präsident des Bezirksrates und die zuständige Direktion des Regierungsrates können zur Aufrechterhaltung des bestehenden Zustandes und zur Sicherung bedrohter rechtlicher Interessen vorsorgliche Massnahmen treffen.

Rechtsmittelbestimmungen des Wahlgesetzes

Auszug aus dem Wahlgesetz von 1983 (GS 161; OS 48, 785):

IX. Beschwerdeverfahren
Zulässigkeit

§ 123. Eine Beschwerde ist zulässig

a) wegen Unregelmässigkeiten bei der Vorbereitung und Durchführung von Wahlen und Abstimmungen;

b) wegen Verletzung des Stimmrechts (Ausübung der politischen Rechte bei Wahlen und Abstimmungen, Initiativen und Referenden).

Unzulässig ist eine Beschwerde gegen Beschlüsse der Stimmberechtigten des Kantons und der obersten kantonalen Behörden.

Frist

§ 128. Die Beschwerdefrist beträgt 20 Tage. Für die Stimmregisterbeschwerde bleibt § 9 Abs. 4 vorbehalten.

Die Frist beginnt am Tag nach der schriftlichen Mitteilung, nach der amtlichen Veröffentlichung und sonst mit der Kenntnis des Beschwerdegrundes zu laufen.

Weiterzug

§ 129. Gegen den Entscheid kann innert 20 Tagen bei der Aufsichtsbehörde wiederum Beschwerde eingereicht werden. § 92 bleibt vorbehalten.

Diese Beschwerde ist auch gegen Entscheide über Unvereinbarkeit, Amtszwang, Wahlablehnung und Entlassung aus dem Amt gegeben.

Aufschiebende Wirkung

§ 130. Die Beschwerde hat während eines Wahl- oder Abstimmungsverfahrens keine aufschiebende Wirkung, wohl aber nach dessen Abschluss. Die entscheidende Behörde kann abweichende Anordnungen treffen.

Entscheid

§ 131. Stellt die entscheidende Behörde aufgrund der Beschwerde oder von Amtes wegen eine Unregelmässigkeit fest, so trifft sie, wenn möglich noch vor Ablauf des Wahl- oder Abstimmungsverfahrens, die nötigen Anordnungen zur Behebung des Mangels.

Die Behörde untersagt die Wahl oder Abstimmung oder hebt sie auf, wenn glaubhaft ist, die Unregelmässigkeit könne das Ergebnis der Wahl oder Abstimmung wesentlich beeinflussen, Abhilfe aber nicht mehr möglich ist.

Die Behörde kann zur Abklärung Nachzählungen vornehmen.

Kosten

§ 132. Die Kosten des Beschwerdeverfahrens können bei grobem Verschulden dem Fehlbaren oder, bei ganzer oder teilweiser Abweisung der Beschwerde, dem Beschwerdeführer auferlegt werden, wenn die Beschwerde mutwillig erhoben worden ist.

Ergänzendes Recht

§ 133. Das Beschwerdeverfahrens richtet sich im übrigen nach dem Verwaltungsrechtspflegegesetz.

Rekursbestimmungen des Verwaltungsrechtspflegegesetzes

Auszug aus dem VRG von 1959 (GS 175.2; OS 40, 546):

C. Rekurs
I. Weiterziehbare Anordnungen

§ 19. Anordnungen einer unteren Verwaltungsbehörde, durch welche eine Sache materiell oder durch Nichteintreten erledigt worden ist, können durch Rekurs an die obere Behörde weitergezogen werden.

Zwischenentscheide sind weiterziehbar, wenn sie für den Betroffenen einen Nachteil zur Folge haben, der sich später voraussichtlich nicht mehr beheben lässt.

II. Rekursgründe

§ 20. Mit dem Rekurs können alle Mängel des Verfahrens und der angefochtenen Anordnung geltend gemacht werden.

Neue Begehren verfahrensrechtlicher Art und neue tatsächliche Behauptungen sowie die Bezeichnung neuer Beweismittel sind zulässig.

III. Zulassung zum Rekurs

§ 21. Zum Rekurs ist berechtigt, wer durch eine Anordnung in seinen Rechten betroffen wird.